Coran, mode d'emploi

« L'islam des Lumières »

Farid Esack

Coran, mode d'emploi

Traduit de l'anglais par Jean-Louis Bour

Préface de Rachid Benzine

Albin Michel

Albin Michel
▪ *Spiritualités* ▪

Collection « L'islam des Lumières »
dirigée par Jean Mouttapa
et Rachid Benzine

Titre original :
THE QUR'AN : A SHORT INTRODUCTION

Publié en accord avec
Oneworld Publications, Oxford, England.
Traduction française :

22, rue Huyghens, 75014 Paris
ISBN : 2-226-15181-8

Pour Frère Norman Wray,
qui m'a fait connaître Rahman,
et dont la vie est un reflet
de la miséricorde du Tout miséricorde.

Préface

Né en 1957 dans un des faubourgs misérables du Cap, Farid Esack est l'une des figures parmi les plus connues de la société sud-africaine. Formé à la jurisprudence et à la théologie musulmanes au Pakistan, il a participé activement, dans les années quatre-vingt, à la lutte contre l'apartheid. Convaincu que le combat pour la justice est inséparable de la véritable piété, il développe depuis une vingtaine d'années une « théologie islamique de la libération » qui s'appuie sur une nouvelle herméneutique coranique. Plusieurs de ses ouvrages sont considérés comme des maîtres livres, particulièrement : *Qur'an, Liberation and Pluralism : An Islamic Perspective of Interreligious Solidarity against Oppression (Coran, libération et pluralisme. Une approche islamique de la solidarité interreligieuse contre l'oppression)* ; *On Being a Muslim : Finding a Religious Path in the World Today (Etre musulman. Inventer un chemin de foi dans le monde d'aujourd'hui)*, et le livre que nous sommes maintenant heureux de pouvoir offrir au public francophone, *Coran, mode d'emploi.*

Ces dernières années, une abondante littérature concernant l'islam s'est déversée sur les rayons des libraires français, et le phénomène ne semble pas près de se tarir. Pour la plupart, il s'agit d'ouvrages de sciences politiques ou d'analyses sociologiques. Lorsqu'il s'agit de témoignages ou de documents de société, ceux-ci se caractérisent souvent plus par une recherche du « sensationnel » que par un souci de rigueur. Rares sont les œuvres qui s'efforcent d'étudier le contenu même de la foi et de la pensée musulmanes, l'histoire du message et de sa diffusion, la construction de l'orthodoxie et la constitution des institutions religieuses et politiques, en se servant des outils de la critique scientifique moderne. Seule semble faire exception la publication de livres se rapportant au soufisme, c'est-à-dire aux courants mystiques de l'islam. Les librairies et maisons d'édition musulmanes, quant à elles, ont le souci de diffuser une littérature considérée comme « édifiante ». Les livres de piété et les ouvrages de type « catéchisme » (ce qu'il faut croire et ce qu'il ne faut pas croire, faire ou ne pas faire...) constituent l'essentiel de ce qui est proposé, avec la réédition d'un certain nombre de textes appartenant au patrimoine classique. De ce fait, tous ceux qui désirent exercer leur intelligence critique sur les questions propres à la théologie musulmane ne trouvent guère leur nourriture au milieu d'une production pourtant pléthorique.

Le livre *Coran, mode d'emploi* tranche ainsi complètement avec ce que nous sommes habitués à trouver. Voici, en effet, un ouvrage de présentation du Coran qui, tout en s'inscrivant dans un grand respect de ce que représente le « Livre de Dieu » pour tous les musulmans, n'en est pas pour autant un ouvrage de piété. Se situant comme un « amoureux (du Livre sacré) doué de sens critique », rendant compte du long « voyage dans le monde du Coran » qu'il ne cesse de faire depuis des années, Farid Esack a choisi de faire connaître à un large public toute une série de questions et de débats qui entourent, depuis les origines de l'islam, ce Livre à nul autre pareil. Alors que les savants musulmans, en règle générale, se méfient des travaux sur le Coran accomplis par des non-musulmans, le théologien sud-africain se saisit sans complexe de ces recherches exogènes dès lors qu'elles offrent toutes les garanties de rigueur scientifique. Considérant que le Coran n'appartient pas qu'aux musulmans mais à toute l'humanité en quête de vérité, il donne droit de cité, dans l'étude de l'islam et du Coran lui-même, à ceux qu'il appelle joliment les « amis de l'amoureux ». Et, avec passion mais exigence, il nous donne un ouvrage de vulgarisation qui a les qualités d'un livre savant.

L'approche originale de Farid Esack se manifeste dès son introduction. Alors que d'ordinaire le Coran est présenté à partir de l'histoire de sa « descente » telle qu'elle est transmise depuis des siècles par la tradition apologétique musulmane, il commence par mettre en valeur ce que représente pour les musulmans d'aujourd'hui ce texte vivant qui « possède une personnalité quasi humaine ». Car un texte, s'il existe bien évidemment indépendamment de ses lecteurs ou auditeurs, ne se révèle néanmoins vivant qu'à partir du moment où des lecteurs et des auditeurs s'en saisissent. Ainsi le Coran est, certes, ce message réuni « entre deux couvertures », mais il est aussi ce que les musulmans en ont fait et en font. La Parole récitée de Dieu ne trouve sens que si elle est écoutée, et le livre écrit n'a d'efficacité que dans la mesure où il est lu, interprété, utilisé... La réception du message intéresse Farid Esack autant que le message lui-même, et il donne à comprendre que la force du Coran réside justement dans ses capacités « dialogiques ». Contrairement à ceux qui ont une conception figée du Coran et de ses interprétations, l'auteur dévoile ici sa foi dans un Coran reçu « comme discours actif de Dieu » aujourd'hui.

Cette vision d'un Coran qui ne cesse de créer du sens et de la liberté d'interprétation, Farid Esack l'applique aux temps qui ont vu l'émergence du phénomène coranique et de l'islam. Le Coran est « entré dans le monde » par le médium qu'a représenté le Prophète Muhammad. Toute une tradition musulmane véhicule l'idée d'un Muhammad passif dans cette réception du Coran. Pourtant, souligne après d'autres Farid Esack, les « circonstances de la révélation », qui constituent une science coranique depuis les premiers temps de l'islam, nous montrent une Parole de Dieu qui est, en permanence, « en prise » avec ce que vivent le Prophète et ses premiers Compagnons. Dieu parle au Prophète, mais le Prophète parle aussi à Dieu, et de nombreux indices, dans le texte coranique lui-même, montrent que l'expérience de Muhammad est également présente dans le Coran, « en dialogue » avec la Parole divine. Farid Esack, lors de ses études au Pakistan, a découvert (grâce à un religieux catholique auquel il dédie d'ailleurs son livre) l'œuvre du savant pakistanais Fazlur Rahman (1919-1988) qui l'a manifestement beaucoup influencé. Considéré comme le pionnier de l'érudition musulmane moderniste contemporaine, Rahman a avancé l'idée que « le Coran est entièrement la Parole de Dieu dans la mesure où il est infaillible et totalement exempt de mensonge, mais, dans la mesure où il est venu dans le cœur du Prophète et ensuite sur sa langue, il est entièrement sa Parole ». Farid Esack ne prend pas directement position sur cette question difficile de la participation de Muhammad au processus de révélation et à son « fruit » : le Coran que nous connaissons. Mais il a le mérite d'exposer les différentes thèses qui existent ou qui ont existé, ouvrant ainsi des possibilités de réflexion et de choix à ses lecteurs. Son livre, de fait, se présente comme l'opposé d'un ouvrage de « prêt-à-penser », dont le discours religieux fournit tant d'exemples, quels que soient les pouvoirs religieux qui s'expriment.

Alors que les docteurs de la loi musulmans rechignent à considérer le Coran comme un texte littéraire, craignant d'abaisser son statut de Parole divine s'il vient à être analysé comme peut l'être n'importe quelle production littéraire humaine, Farid Esack (après d'autres chercheurs comme les Egyptiens Amin al-Khûli, Muhammad Khalafallâh et Nasr Hamid Abû Zayd) fait le choix de prendre le Coran aussi comme une œuvre littéraire. Il s'attache à sa structure, aux genres littéraires qu'il comporte, au type de langue arabe qui est le sien (celui du Hijaz du temps du Prophète ? celui des bédouins de l'ensemble régional que formait la péninsule arabique ?...), et il situe le Coran-œuvre littéraire au sein de la production littéraire arabe et proche-orientale du septième siècle. Ce faisant, l'auteur rappelle que, pour être compris, le message coranique avait besoin de « se couler » dans le moule culturel où il a été délivré, même si cela s'est produit avec l'intention de changer profondément le monde des Arabes, premiers destinataires du message. Et il donne à la « descente » du Coran au sein de l'humanité une densité d'autant plus grande.

Farid Esack n'ignore aucune des grandes questions que soulève l'intelligence critique face au phénomène coranique et à son corollaire, la naissance de l'islam. Ainsi rappelle-t-il et expose-t-il les débats sur la nature « créée » ou « incréée » du Coran qui ont vu s'affronter, aux huitième et neuvième siècles, les écoles théologiques mu'tazilite, hanbalite et ash'arite. Il récapitule l'essentiel de ce que les chroniqueurs, puis les historiens – musulmans et non musulmans – nous ont appris sur la manière dont le Coran, en tant que recueil de textes écrits, a été rassemblé. Il souligne que cette « collection » du texte coranique ne s'est pas faite d'une manière aussi simple que celle qui est souvent rapportée par l'enseignement religieux musulman. Il explique, également, la façon dont s'est imposé le dogme musulman de l'« inimitabilité » du Coran, et il s'attache à comprendre comment la *Sunna* (Tradition) du Prophète a été recueillie, puis élevée à un statut de texte quasi révélé. Toutes ces questions ont pu être abordées, par le passé, par les orientalistes occidentaux, et elles se retrouvent dans les travaux de chercheurs contemporains non musulmans comme Alfred-Louis de Prémare ou Jacqueline Chabbi, pour ne citer que des Français. Mais il est rare de les voir abordées de front par un intellectuel qui se revendique ouvertement de l'islam.

Farid Esack, cependant, n'est pas le seul à se saisir de la foi et de la tradition musulmanes en les confrontant aux outils de la critique scientifique contemporaine. Il s'inscrit dans toute une mouvance de « nouveaux penseurs de l'islam » qui se font entendre depuis une trentaine d'années à travers tout le monde islamique. En lisant ces auteurs, on se dit que quelque chose est en train de changer dans l'intelligence de leur foi que peuvent avoir les musulmans. Une « nouvelle conscience islamique » est peut-être bien en train de naître : non plus une conscience se traduisant par des replis identitaires et par des manifestations de peur et d'agressivité, mais une conscience qui ne craint pas d'entrer en dialogue avec le reste du monde, et tout particulièrement avec la recherche académique.

Rachid Benzine

Introduction

Les musulmans ont souvent exprimé par un déploiement de métaphores l'expérience que leur faisait vivre la lecture du Coran. Il a par exemple été comparé à un brocart de Damas : « La beauté des motifs de son graphisme apparent comporte un envers, à côté duquel celui qui ne fait pas attention risque de passer, voyant ce qui est devant lui, mais sans le voir dans sa plénitude. Ou bien le Livre est comme une épouse voilée, dont le visage caché n'est connu que dans l'intimité de la perfection de la vérité. Il est comme une perle, pour laquelle le plongeur doit descendre au fond, afin de briser la coquille qui à la fois protège et dissimule le trésor » (Cragg, 1988, p. 14). Le regretté Fazlur Rahman utilisait quant à lui l'image d'un pays, se servant des catégories que sont les « citoyens », les « étrangers » et les « envahisseurs » pour décrire comment les chercheurs abordaient le Coran (1984, p. 81). Je vais poursuivre sur le thème de la beauté pour proposer une vue d'ensemble des approches du Coran et de l'érudition coranique. Sans vouloir en aucune façon, au cours de cette réflexion sur les différentes lectures savantes du Coran, anticiper sur la discussion de la nature terrestre du Coran, j'exploite l'analogie avec la personnalité et le corps d'une bien-aimée, et la façon de l'aborder. Le corps qui vient immédiatement à l'esprit est celui d'une femme, ce qui est en soi remarquable autant pour ce que cela révèle que par ce que cela recèle. Le corps féminin est généralement présenté et considéré comme passif, et le plus souvent objectivé comme « quelque chose » qui doit être approché, même quand il est vivant, et « orné »- par une sorte d'habillage lui permettant d'exercer un réel pouvoir dans un monde patriarcal. Pourtant ce corps, ou cette personne, « fait » également quelque chose à celui qui l'approche. Qu'il soit approché surtout par des hommes est aussi révélateur du monde de l'érudition coranique, un monde où les seuls acteurs importants sont de façon générale masculins. Lorsque le corps féminin est approché par d'autres femmes, on est alors face à une question qu'il faut passer sous silence. Comme dans le monde religieux dans son ensemble, au sein duquel les femmes jouent un rôle clé et pourtant, sur le plan de l'autorité et de la représentation publique, restent à la périphérie, l'érudition coranique est réellement le domaine des hommes ; la contribution des femmes, quand elle existe, est habituellement ignorée. Je comprends et je reconnais que mon analogie convient à de nombreux stéréotypes patriarcaux. Pourquoi le Coran ne se prête-t-il pas à une analogie avec le corps masculin ? Que se passerait-il si un chercheur concerné par la question de l'inégalité entre les sexes insistait pour exploiter cette dernière analogie, et que deviendrait alors ma propre analogie ? Comment traiter la question des partenaires à caractéristiques multiples, dans une époque postmoderne où on trouve des catholiques bouddhistes et des païens chrétiens ?, etc. Voilà des questions intéressantes, mais qui resteront inexplorées. Comme toute analogie, il se pourrait que la mienne soit poussée trop loin et qu'elle induise en erreur à plus d'un égard.

L'amoureux sans esprit critique

Le premier niveau d'approche[1] du Coran peut être comparé à celui d'un amoureux sans esprit critique vis-à-vis de sa bien-aimée. La présence et la beauté de la bien-aimée peuvent transporter l'amoureux vers un autre plan d'existence qui lui permet de faire l'expérience d'une extase sublime, d'oublier ses malheurs, ou d'y réagir. Cela peut consoler son cœur douloureux, et représenter la stabilité et la certitude dans un monde plutôt tourmenté : elle est tout pour lui. L'amoureux est souvent stupéfait quand il arrive que d'autres lui demandent : « Que trouves-tu en elle ? – Que voulez-vous dire ? Je vois tout en elle, elle est la réponse à tous mes besoins. N'est-elle pas

> une clarification de toutes choses (16 : 89),
> un remède pour tous [les maux] qu'on peut trouver au fond des cœurs (10 : 57)[2] ?

Etre avec elle, c'est être en présence du divin. » Pour la plupart des amoureux, il est parfaitement satisfaisant de jouir de la relation sans se poser aucune question à son sujet. Quand elles viennent de l'extérieur, les questions sur la conformation physique de la bien-aimée, sur le fait de savoir si elle est vraiment d'ascendance noble, engendrée par-delà le monde de la chair et du sang, et née dans la

> Mère des cités (42 : 7),

comme dit la sagesse commune, ou si ses bijoux sont authentiques, toutes ces questions seront vraisemblablement considérées comme motivées par la grossièreté ou la jalousie.

L'amoureux ordinaire, mais pourtant ardent, considérera que de telles questions sont au mieux une diversion qui empêche de jouir d'une relation, plutôt que de s'interroger ou se tourmenter à son sujet. Au pire, elles sont jugées comme reflétant une perversité et une intransigeance préméditées. Un tel amoureux correspond à la position du musulman ordinaire à l'égard du Coran, dans une relation qui sera analysée plus en détail dans le premier chapitre de ce livre.

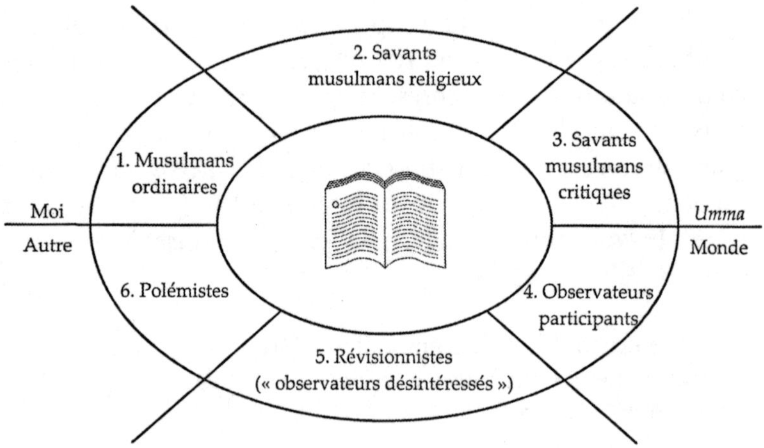

Approcher le Coran

L'amoureux érudit

Le deuxième niveau est celui de l'amoureux qui veut expliquer au monde pourquoi sa bien-aimée est si sublime, pourquoi elle est un vrai présent de Dieu qui appelle l'approbation universelle. Il entre dans les moindres détails des vertus de sa bien-aimée, de ses origines sans tache et de sa nature exquise. Cet amoureux pieux, et en même temps érudit, se lamente littéralement sur l'incapacité des autres à reconnaître ce que sont la beauté de sa bien-aimée, l'harmonie de sa conformation et sa sagesse, qui dépassent tout ce qu'on peut imaginer et qui inspirent le respect. « Elle est unique dans sa perfection, et ce ne peut être que le pur aveuglement, la jalousie et/ou l'ignorance qui empêchent les autres de le reconnaître. » C'est le chemin de l'érudit musulman religieux, fondé sur la foi préalable dans le fait que le Coran est la parole absolue de Dieu. Parmi les grandes œuvres contemporaines [3] qui sont venues de ces érudits, on trouve les exégèses de Abû l-'Alâ'Mawdûdi (mort en 1977) [4], Amin Ahsan Islahi (mort en 1997) [5], Husayn Tabâtabâ'i (mort en 1981) [6] et Muhammad Asad (1937-) [7], 'Â'isha 'Abd al-Rahmân (Bint al-Shati) [8], et l'œuvre sur les études coraniques de Muhammad Husayn al-Dhahabî [9], Muhammad 'Abd al-'Azîm al-Zarqani [10] (deux savants égyptiens contemporains) et Abû al-Qâsim al-Khu'i (mort en 1922) [11]. D'autres ont écrit sur des aspects spécifiques de la beauté de la bien-aimée, sur l'ornementation de son discours et la profondeur de sa sagesse. Outre le monde des livres, Internet offre un nouveau terrain d'expression où un grand nombre de chercheurs musulmans, souvent autodidactes, engagent un combat virulent contre tous ceux qui contestent la nature divine du Coran [12] (pour dépeindre les attitudes des érudits de cette catégorie, j'ai essentiellement utilisé les œuvres des savants cairotes anciens comme Badr al-Dîn Zarkashi, mort en 794/1391, et Jalâl al-Dîn al-Suyûtî, mort en 911/1505, et, parmi les contemporains, Zarqani et al-Khu'i).

L'amoureux doué de sens critique

Le troisième type d'amoureux, tout en étant épris de sa bien-aimée, verra les questions sur sa nature et ses origines, son langage, sur le fait de savoir si sa chevelure a été teinte et ses ongles vernis, etc., comme le gage d'un amour plus fort et d'un engagement plus profond, qui non seulement résistent à toutes ces questions et aux réponses inconfortables qu'une investigation rigoureuse peut éventuellement produire, mais sont en réalité fortifiés par elles. Inversement, il se peut que cette relation soit le résultat d'un mariage arrangé, qu'il n'ait tout simplement jamais connu d'autre bien-aimée que celle-là, et que ce soit sa curiosité de chercheur qui le pousse à l'interroger ainsi. Sur la question de savoir si le Coran est la parole de Dieu, sa réponse pourrait être : « Oui, mais cela dépend de ce que l'on entend par "parole de Dieu". Peut-être est-elle divine, mais la seule façon pour moi d'entrer en relation avec elle, c'est de le faire en tant qu'être humain. Elle est devenue chair et je ne peux interroger ses origines divines. Je ne peux par conséquent l'aborder que comme si elle était une créature de ce monde. » (« L'étude du texte, dit Nâsr Hâmid Abû Zayd, doit procéder de la réalité et de la culture comme données empiriques. A partir de là, nous parvenons à une compréhension scientifique du phénomène du texte » [1993, p. 27]). Tel est le chemin décisif de l'érudition musulmane critique, une catégorie qui peut dialoguer avec les deux catégories précédentes – de même qu'avec les deux suivantes – mais qui ne s'entend habituellement pas très bien avec elles. Ce qui ne peut pas être mis en cause, c'est la vénération de cet amoureux pour sa bien-aimée. Il perçoit avec colère l'objectivation de la bien-aimée par les deux premières catégories comme un outrage, car la « vraie » valeur de la bien-aimée n'est pas reconnue. « Mon monde est en désordre, dit cet amoureux, et je ne peux simplement tenir à toi pour tes qualités esthétiques ; je sais que tu es capable de beaucoup plus que cela ! » Ainsi que le demande Abû Zayd : « Que de choses sont scellées parce qu'on réduit le Coran à des prières et à des lois ! [...] Nous transformons le Coran en un texte qui évoque le désir érotique ou qui intimide. Avec ses racines et ses branches, je veux extraire le Coran de cette prison, afin qu'il redevienne producteur de l'essence de la culture et des arts dans notre société » (1994, p. 27). Parmi les œuvres majeures de ces savants, on trouve l'œuvre exégétique de Fazlur Rahman (mort en 1988) [13], les études de linguistique et de philosophie de Mohammed Arkoun [14], l'investigation littéraire du Coran et la critique du discours religieux d'Abû Zayd [15], et les analyses littéraires de Fuat Sezgin [16].

L'ami de l'amoureux

La ligne de démarcation entre la catégorie précédente, l'amoureux doué de sens critique, et la catégorie suivante, l'observateur participant, est souvent ténue. De la même façon qu'on est parfois conduit à s'étonner devant certains couples (« Sont-ils toujours amoureux, ou restent-ils ensemble uniquement par égard pour le bon vieux temps ? »), on peut aussi s'interroger sur les amis intimes de quelqu'un, qui manifestent un amour insolite pour sa bien-aimée (« Que se passe-t-il réellement ? »). En d'autres termes, l'amoureux doué de sens critique est-il réellement toujours amoureux, ou l'ami fervent à la fois de l'amoureux et de la bien-aimée n'est-il pas lui aussi peut-être amoureux ? De même, on s'est interrogé sur le point de savoir dans quelle mesure l'observateur participant a intégré les sensibilités musulmanes, quand il écrit sur le Coran d'une manière telle qu'on peut se demander s'il n'est pas vraiment amoureux de la bien-aimée du musulman. Ainsi, ce que ces deux catégories ont en commun vient du fait que les catégories extrêmes les accusent d'être proches soit des non-musulmans, soit des musulmans.

L'observateur participant, le premier de la catégorie de ceux qui ne se proclament pas amoureux ou qui nient l'être, ressent un énorme sentiment de responsabilité face aux sensibilités de l'amoureux, et il est également souvent un ami proche de l'amoureux et de la bien-aimée. « La beauté se lit fréquemment dans les yeux de celui qui la contemple, argumente-t-il, et si c'est ce que le Coran signifie pour les musulmans et s'ils l'ont reçu comme la parole de Dieu, alors qu'il en soit ainsi. Nous ne savons pas si Gabriel l'a réellement communiqué à Muhammad, et nous ne le saurons jamais. Ce que nous savons vraiment, c'est que le Coran a été et continue à être reçu par les musulmans comme tel. Pouvons-nous laisser ouverte la question des "autres options possibles" et l'étudier comme une Ecriture reçue, qui est également un phénomène historique ? » Wilfred Cantwell Smith (1980), qui met plus l'accent sur les dimensions spirituelles de cette réception – contrairement à Montgomery Watt qui insiste sur les dimensions sociologiques –, est sans nul doute le savant le plus en vue à adopter cette position [17]. « Etant donné qu'il fut d'abord transmis sous forme orale, demande en outre William Graham, pouvons-nous nous concentrer sur le Coran comme texte sacré oral, plutôt que comme texte écrit [18] ? » D'autres, dans cette même catégorie, peuvent avoir leurs propres objets d'adoration et d'amour, tout en reconnaissant la beauté de la bien-aimée du musulman. Peut-être peuvent-ils même l'aimer, dans un sens toutefois différent, mais en hésitant à exprimer cet amour par crainte d'être mal compris (« J'ai toujours admis le point de vue selon lequel Muhammad a authentiquement cru que les messages qu'il recevait – et qui constituent le Coran – provenaient de Dieu. J'ai hésité pendant un certain temps à parler de Muhammad comme d'un Prophète, parce que cela aurait été mal interprété par les musulmans... » (Watt, 1994, p. 3)[19]. Un autre érudit du même genre, dont les travaux ont été pour moi source d'inspiration, est Kenneth Cragg, le pasteur anglican d'Oxford que Fazlur Rahman décrivait comme « un homme qui n'était peut-être pas un citoyen à part entière du monde du Coran, mais certainement pas non plus un étranger, encore moins un envahisseur ! » (1984, p. 81)[20]. L'approche irénique de l'étude du Coran cherche semble-t-il à faire contrepoids aux « offenses passées » que les savants ont infligées aux musulmans, et elle a souvent pour but de « mieux évaluer la religiosité islamique et de favoriser une attitude nouvelle à son égard » (Adams, 1976, p. 40). Cette catégorie de savants accepte dans ses grandes lignes l'historiographie musulmane et ses affirmations concernant le développement du Coran. Alors que les deux premières catégories – le « musulman ordinaire » et le savant religieux, ce dernier étant de plus en plus conscient de leur présence – les trouvent dérangeants et souvent condamnables, ils sont souvent dans un dialogue vigoureux et mutuellement enrichissant avec le savant musulman critique qui constitue la troisième catégorie.

Le voyeur

Le second observateur de cette catégorie ne ressent pas une telle responsabilité et affirme qu'il est simplement à la recherche des faits qui concernent le corps de la bien-aimée. Il affirme en réalité être un « observateur désintéressé » (Rippin, 2001, p. 154). Voulant mettre en question tous les paramètres de la « sagesse » reçue, il peut même suggérer que l'idée d'une communauté homogène appelée « les musulmans », qui a émergé au cours d'une période de vingt-trois ans en Arabie, est une idée contestable – pour parler par euphémisme. La bien-aimée, selon lui, n'a pas de pedigree arabe sans tache, encore moins est-elle « engendrée, non pas créée ». Elle est au contraire la « progéniture illégitime de parents juifs » (« Le cœur du message du Prophète [...] apparaît comme du messianisme juif » [Crone et Cook, 1977, p. 4]), ou de parents juifs et chrétiens (« Le contenu du Coran [...] consiste presque exclusivement en éléments adaptés de la tradition judéo-chrétienne » [Wansbrough, 1977, p. 74]). Ces savants considèrent l'ensemble du corpus littéraire musulman sur l'histoire islamique comme faisant partie de l'histoire du salut, qui « n'est pas un compte rendu historique d'événements liés au salut et ouvert à l'étude de l'historien ; l'histoire du salut n'a pas eu lieu ; c'est une forme littéraire qui possède son propre contexte [...] et doit être abordée à l'aide de moyens appropriés, à savoir l'analyse littéraire » (Rippin, 2001, p. 155). Fondées sur ce type d'analyse, l'œuvre de John Wansbrough (1977)[21], d'Andrew Rippin (qui a beaucoup fait pour rendre accessibles les écrits lapidaires, techniques et même souvent obtus de Wansbrough) et celle plus récente d'un chercheur écrivant sous le nom de « Christoph Luxenborg » (2000)[22] cherchent à prouver que la première période de l'islam fait preuve d'une « grande flexibilité dans les attitudes des musulmans à l'égard du texte et d'une lente évolution vers l'uniformité [...] qui n'atteint son point culminant qu'au quatrième siècle de l'hégire » (*ER*, voir « Qur'an »). Alors que certains de ces chercheurs, qu'on appelle souvent « révisionnistes », ont mis l'accent sur une approche littéraire du Coran, leurs points de vue sont étroitement liés à l'idée que l'histoire musulmane est essentiellement le produit d'un milieu judéo-chrétien, argument présenté par Patricia Crone (1977) et Michael Cook (Crone et Cook, 1977 et Cook, 1981), deux chercheurs dont la contribution à la pensée révisionniste est immense[23]. L'hypothèse de base de ce groupe de chercheurs est qu'il est indispensable de procéder à une approche critique à la source, à la fois du Coran et des récits de ses débuts, qu'il faut comparer ces récits avec d'autres – extérieurs aux sources musulmanes – et utiliser les preuves matérielles contemporaines, y compris celles qui découlent de l'épigraphie, de l'archéologie et de la numismatique.

Point n'est besoin de dire que cette approche, qui est une forme de voyeurisme, et son désintéressement supposé n'ont pas été accueillis favorablement par ceux qui admettent ouvertement une relation entre eux-mêmes d'une part, et l'amoureux et/ou la bien-aimée d'autre part. Comme le voyeur qui peut se bercer d'illusions en pensant qu'il est un simple observateur sans bagage, ces chercheurs « objectifs » prétendent n'avoir, dans leur approche du Coran, aucune motivation de nature confessionnelle, ni aucune arrière-pensée autre que celle d'analyser le corpus dans l'intérêt de l'érudition. Il n'y a malheureusement aucune recherche innocente.

Le polémiste

Lié à la dernière catégorie, on trouve le polémiste, qui a en réalité peu en commun avec la méthodologie de ceux qui le soutiennent, les révisionnistes, bien que l'amoureux sans esprit critique – et à l'occasion aussi, de façon assez injuste, l'amoureux à l'esprit critique (cf. Rahman, 1984, p. 88) – les mette dans le même sac[24]. Le polémiste est en fait entiché d'une autre femme, soit la Bible, soit le sécularisme. Ayant vu sa propre bien-aimée présentée comme uniquement humaine

– bien que dotée d'un esprit divin dans le cas de la première de ces bien-aimées, la Bible – et terrorisé par la perspective que la bien-aimée de son ennemi musulman puisse attirer un nombre croissant d'adeptes, il tente désespérément de prouver que « ta bien-aimée est aussi humaine que la mienne ». Ayant essayé en vain, pendant des siècles, de convaincre les musulmans de la beauté de sa propre bien-aimée (la Bible), il en vient maintenant à parler au musulman de la laideur de la sienne (celle du musulman). Relevant de la même catégorie, on trouve celui qui s'alarme de l'influence politique supposée croissante de l'amoureux, et qui suggère que ses actes sont le résultat de ce que lui chuchote sa bien-aimée. Souscrivant à une mentalité du genre « cherchez la femme », il demande, en maniant la rhétorique : « Le Coran ne demande-t-il pas de tuer ? Aussi la bien-aimée doit-elle être démasquée et remise à sa place, afin qu'elle ne puisse plus exercer une emprise aussi pernicieuse sur son amoureux. » Les méthodologies des révisionnistes ne sont jamais sérieusement discutées par ce polémiste – il en est d'ailleurs incapable –, car s'il se mettait à y réfléchir sérieusement, son propre cadre de référence fondamentaliste volerait probablement en éclats. Pour le polémiste, toutes ces questions viennent en conclusion des recherches des révisionnistes – quoique disparates et provisoires (Wansbrough dit à propos de ses propres travaux qu'ils sont « conjecturaux », « incomplets », « temporaires et catégoriquement provisoires ») – sur la nature complètement humaine et faillible de la bien-aimée de ces musulmans. Les pamphlets, les tracts et Internet sont les supports d'expression des polémistes.

Dans quelle catégorie le présent livre entre-t-il ?

Le lecteur peut à juste titre se demander quelle est la place du présent livre. Même s'il s'agit avant tout d'un travail descriptif, je ne prétendrai pas – ce serait un point de vue indéfendable – qu'il est « désintéressé » : je suis un musulman à l'esprit critique et progressiste, qui étudie le Coran et qui respecte tout effort de recherche sérieuse. J'ai ainsi calmement exposé et critiqué les positions diverses, sans attaquer les motivations d'un groupe particulier de chercheurs.

Outre que ce travail est d'un accès facile, il s'agit sans nul doute de la première tentative pour présenter des points de vue et des tendances différents dans l'érudition coranique, d'une façon critique, et sans promouvoir une position particulière. J'admets que certains pourront soutenir que tel point de vue ne mérite pas qu'on lui fasse autant de place ; c'est au lecteur d'en juger. Je crois essentiel, pour celui qui cherche à comprendre le Coran et à l'aborder, d'être également initié à l'ensemble des opinions à son sujet, et cela d'une manière non polémique. Alors que ce travail suit les contours généraux de l'érudition musulmane critique, dans la plupart de ses hypothèses sur l'histoire prophétique des premiers temps[25], d'autres approches sont également proposées à la réflexion du lecteur.

Au cours des années de mon propre voyage dans le monde du Coran, j'ai été frappé par la nature conflictuelle de la relation entre les musulmans et les autres. Avec quelques exceptions notables, il semble souvent que nous sommes tout simplement incapables d'entendre ce que les critiques extérieurs ont à dire sur notre texte. Cette capacité à écouter – même si elle n'est qu'un prélude au rejet ultérieur – est une condition pour survivre aujourd'hui dans le monde de la recherche. Voici sans aucun doute le premier livre d'introduction au Coran écrit par un musulman pratiquant cette écoute.

Non seulement j'ai une approche critique de l'étude du Coran, mais je suis sud-africain. Une des notions que l'érudition religieuse partage avec la pensée scientifique moderniste est la non-historicité supposée du chercheur. Faisant référence aux commentateurs du Coran, Jane McAuliffe note que « le lecteur cherche en vain une telle référence [à son environnement politique, social et économique courant][...] Il est souvent difficile de déterminer, par la seule preuve interne, si un commentaire a été écrit en Anatolie ou en Andalousie, si son commentateur a déjà vu un Mongol ou un croisé ou s'il a déjà discuté avec un chrétien ou fait des affaires avec l'un d'eux » (1991, p. 35). Aussi bien les savants musulmans religieux que ceux qui prétendent mener une recherche « désintéressée » répugnent à admettre leur propre histoire, par crainte de laisser penser que les vérités qu'ils écrivent pourraient être liées à celle-ci. Comme d'autres chercheurs progressistes tels que les théologiens de la libération ou les théologiens féministes, j'insiste sur le fait que les chercheurs ont leur histoire propre, à laquelle ils ne peuvent échapper, une histoire liée à l'appartenance à une classe sociale ou un sexe, à une race ou à une période. Je reconnais librement la mienne, particulièrement dans le premier chapitre où je puise dans mon héritage musulman sud-africain pour expliquer ce que le Coran signifie pour les musulmans.

Pour clarifier quelques termes

Dans l'islam, comme dans toute autre religion, la doctrine s'est développée sur une longue période, et l'un des mots à utiliser avec précaution dans tout travail de recherche critique, pour décrire l'opinion de la majorité des érudits musulmans sur un sujet particulier, est « orthodoxie ». Ce terme suggère qu'il y a une croyance fixée, déterminée par un corps de savants universellement reconnu, que ceux qui sont en désaccord avec elle ou avec des points de détail sont des « hérétiques » et que cette croyance représente l'opinion de la majorité, voire de tous les musulmans. Ce mot en lui-même est étranger à la tradition savante islamique, où l'on ne trouve que les termes *qawl al-salaf al-salih* (l'opinion des prédécesseurs pieux) ou *jamhûr* (le peuple). Le fait que l'islam n'ait pas d'*ecclesiae* pour déterminer de façon irrévocable cette opinion et pour mesurer le degré de conformité de ses adversaires, ou que la majorité des gens, dans le monde d'aujourd'hui, se disant « musulmans » adhèrent probablement à ce qui a été de différentes façons décrit comme l'islam « inférieur », « populaire », « rural », « non scripturaire » ou ésotérique (*bâtin*), suggèrent que même des termes assez inoffensifs comme « majoritaire » ou « courant dominant » ne sont pas totalement appropriés. Il y a pourtant des notions relatives au Coran qui sont bien établies et acceptées par la grande majorité des chercheurs du dernier millénaire, si ce n'est plus. A défaut d'autre chose, je l'ai appelée « opinion majoritaire ». D'autres termes, comme « traditionnel », « progressiste », *shi'a*, etc., sont tous expliqués dans une note à l'occasion de leur première utilisation.

L'utilisation du Coran

Chaque fois que possible, j'ai essayé d'utiliser des citations du Coran pour illustrer un point ou étayer une affirmation. Ainsi le lecteur, outre qu'il est ici entraîné dans un discours sur le Coran, est également conduit en permanence à écouter le Coran, même si c'est dans un contexte que j'ai choisi [...] [26]. Le système de notation que j'utilise est le numéro de chapitre suivi du numéro du ou des versets, séparés par deux points.

1

Le Coran dans la vie des musulmans

Il était toujours enveloppé dans un sac spécialement cousu. Non seulement « lui », mais aussi tout ce qui conduisait à « lui ». Ainsi, durant mon enfance, mon livre de lecture arabe fut toujours traité avec un profond respect. Si par hasard notre premier livre d'arabe tombait par terre, il devait être ramassé sur-le-champ, embrassé, posé sur le front pour renouveler notre engagement vis-à-vis de son caractère sacré, comme pour dire « pardonne-moi » ainsi qu'on le ferait avec un bébé qu'on chérit. La rapidité à s'amender était aussi justifiée par la nécessité d'éviter tout châtiment divin immédiat susceptible de frapper le coupable négligent. De retour de la *madrasa* – l'école coranique –, où nous devions nous rendre chaque jour après l'école pendant deux heures, essentiellement pour apprendre à réciter le Coran, le livre de lecture était placé sous le Coran, sur la plus haute étagère de la maison, fabriquée spécialement à cette intention. Enfants, nous attendions le jour où un camarade d'études terminait son livre de lecture d'arabe et abordait le Coran lui-même ; la famille de l'élève devait fournir des petits paquets de sucreries à tous ses camarades de classe. Terminer la récitation du Coran donnait lieu à une célébration encore plus importante, qui durait parfois toute une journée. Jusqu'à l'apparition des jardins d'enfants dans les années 70, la *madrasa* était le premier lieu d'instruction pour les musulmans sud-africains. En vérité, pour beaucoup de musulmans vivant dans les nombreuses régions pauvres du monde, elle reste le seul. Nous étions reliés à une tradition musulmane universelle et séculaire d'apprentissage de la lecture du Coran. En Angleterre, j'ai rencontré un copte égyptien qui avait mémorisé la moitié du Coran parce que c'était la seule forme d'enseignement disponible dans son village, et que ses parents avaient considéré qu'un peu d'instruction valait mieux que pas du tout.

Notre expérience du Coran commence avec l'alphabet, se poursuit en assemblant les mots et, au-delà, en arrive au premier chapitre (*al-Fâtiha*). Elle saute ensuite tout le livre, pour aller directement aux chapitres courts de la fin de la trentième partie du Coran, d'où nous parcourons notre chemin « à reculons ». Quand nous apprenons ces chapitres courts, nous ne sommes « pas simplement en train d'apprendre quelque chose machinalement, mais plutôt d'intérioriser les rythmes internes, les structures stables et les dynamiques textuelles – et nous les installons dans notre cœur de la façon la plus profonde qui soit. Peu à peu, [nous abordons] les autres sections du Coran. Pourtant, la discipline établie par cette rencontre précoce et orale avec le texte subsiste toute la vie » (Sells, 1999, p. xx).

Comme toute bonne ménagère musulmane – il n'y a pas abondance de « ménagers » –, ma regrettée mère récitait un verset particulier du Coran avant de faire la cuisine, pour demander que le repas rassemble un maximum de convives. En apercevant un chien qui s'approchait, nous récitions rapidement un verset que nous avions mémorisé, pour détourner ses mauvaises intentions possibles. La phrase en malayu-afrikaans « *toe batcha ek alles ek ken* » (« et ainsi j'ai récité tout ce que je savais ») fait souvent partie intégrante du récit qu'un musulman fait, pour son entourage, d'un événement menaçant ou dangereux. Comme je l'ai découvert il y a quelques années, les marxistes jusqu'au-boutistes du Parti communiste du Baloutchistan au Pakistan ouvraient leur conférence annuelle par une récitation du Coran. Revenons au Cap : le club local de rugby a organisé une récitation de A à Z du Coran pour célébrer son cinquantième jubilé. En Californie, l'organisation internationale homosexuelle musulmane tire son nom (*al-Fâtiha*) du nom du premier chapitre du Coran (*Ouverture*).

Le Coran est mémorisé par fragments par pratiquement tous les musulmans, récité dans les prières quotidiennes, ou répété aux funérailles et dans les rituels de rappel, chanté à côté du nouveau-né, du malade ou du mourant. Quiconque le mémorise en entier peut obtenir la remise totale de sa peine de prison à Dubaï, et la mémorisation de chaque trentième est récompensée par la remise de la même proportion de la peine. La formule « Dieu Seul sait... ! » met un point final à toute dispute. Pratiquement toute demeure musulmane est ornée d'un verset du Coran sous diverses formes de calligraphie, à la fois pour décorer la maison et pour la protéger, les habitants connaissant rarement la signification de la calligraphie encadrée. Je me souviens avoir vu un poème d'amour en ourdou accroché au mur d'une maison du Cap et, comme j'en demandais la signification aux habitants de la maison, les entendre dire : « C'est un verset du Coran. » Comme l'écriture leur semblait être de l'arabe, il devait donc s'agir, pour eux, d'un extrait du Coran. Qu'un texte vienne du Coran suffit à le rendre digne d'être encadré et accroché au mur [« Je veux juste t'avoir à mes côtés ; savoir que tu es là avec moi me suffit »] en dépit des lamentations de l'amoureux au sens critique qui appelle à un usage plus qu'ornementatif.

Par la façon dont nous avons traité le texte écrit comme un objet qui est supposé avoir une valeur, l'attention s'est progressivement écartée des possibilités de le lire avec l'intention de le comprendre. Le texte s'est ainsi transformé en un objet qui a

> une valeur en soi... une parure pour les femmes, une amulette pour les enfants ou un tableau à accrocher au mur et à présenter au milieu d'objets de valeur en or ou en argent (Abû Zayd, 1993a, p. 337).

Sa langue, l'arabe, est une langue sacrée pour les musulmans, constitutive de notre identité. Les pèlerins qui visitent La Mecque, venant du monde non arabe, disent combien ils doivent résister à la tentation de ramasser dans la rue tout bout de papier imprimé en arabe ; les pages déchirées ou endommagées de notre livre de lecture arabe étaient brûlées et enterrées. Que l'arabe fasse partie de l'identité du musulman – quel(le) qu'il (elle) soit – se reflète dans l'anecdote suivante racontée par deux étudiants du Connecticut observant un groupe d'élèves d'une *madrasa*.

> Deux garçons se mirent à plaisanter dans une langue que je ne parvenais pas à identifier. Après quelques minutes de jeu, Tim s'arrêta et demanda au garçon quelle langue il parlait. Il répondit : « Je parle le bengali, l'anglais et le musulman. » Tim et moi échangeâmes un regard et Tim dit en riant : « Je ne savais pas que le "musulman" était une langue. » Les garçons protestèrent, et l'un dit : « Mais que penses-tu que nous fassions ici ? » Alors, un autre garçon surgit et le repoussa en disant : « Eh ! Ce n'est pas le musulman que nous apprenons, nous apprenons l'arabe, souviens-toi ! » Tous rirent et approuvèrent. Alors un garçon d'environ cinq ans dit : « C'est de l'arabe, c'est la langue du Coran » (Thompson et Talgar, non publié).

Pour beaucoup de musulmans à travers le monde, le garçon aurait pu aussi bien en rester à sa confusion entre « arabe » et « musulman », tant les deux sont devenus liés (je ne vais pas jusqu'à nier l'amertume de nombre de gens, de l'Iran au Maroc en passant par l'Indonésie, irrités par l'arabisation de l'islam, et par un manque de respect à l'égard de leur propre héritage culturel et linguistique). Mukarram ibn Manzûr (mort en 1312), dans l'introduction de son fameux lexique *Lisân al-'arab*, dit que Dieu a rendu la langue arabe supérieure à toutes les autres langues, et l'a promue encore plus haut en révélant le Coran dans cette langue devenue la langue des gens du paradis. Il cite un hadith[1] (tradition) attribué au Prophète Muhammad : « Ils [les gens] aiment les Arabes pour trois raisons : je suis arabe, le Coran est en arabe et la langue du paradis est l'arabe » (Ibn Manzûr, 1994, 1 : 7). Les textes écrits se conforment à une langue et à ses règles, ou ils s'en éloignent. Dans le cas du Coran, le développement de la langue est fondé sur lui, et les règles de cette langue sont enracinées avant tout dans le texte.

Tel est le Coran. Selon les termes de Cragg, « au plan liturgique il est, de tous les textes sacrés, le plus répété et le plus récité. L'islam reçoit les informations qu'il contient plus explicitement et plus catégoriquement que tout autre pratique religieuse familiale [...] Ainsi vénéré et préservé, il est la plus déterminante des Ecritures dans la régulation de la justice et de la vie » (1988, p. 15). Non, il n'est pas la « Bible des musulmans ». Alors que le Coran assume dans la vie des musulmans beaucoup des fonctions que la Bible assume dans celle des chrétiens, il représente pour les musulmans ce que Jésus-Christ représente pour des chrétiens pieux, ou la Torah antérieure, la loi éternelle de Dieu, pour des juifs[2]. De même, l'histoire de la controverse théologique, dans l'islam primitif, autour de la nature du Coran, jusqu'à ce que l'« orthodoxie » choisisse finalement ce qui constitue le « vrai dogme », n'est pas sans rappeler les controverses anciennes dans le monde chrétien concernant la nature de Jésus-Christ et sa relation au Père, qui furent en fin de compte déterminées – non qu'il y ait quoi que ce soit de « définitif » ni de « choisi » – par le concile de Nicée en 325 après J.-C.[3] (de la même façon que de petits résidus d'opinions dissidentes sur la nature du Christ ont survécu, aujourd'hui réveillés sous l'impact de la pensée critique moderne et postmoderne dans le christianisme, ainsi en est-il dans l'islam au sujet de la nature du Coran[4]).

> Le Coran est *le* miracle central de l'islam, et ce miracle de la parole divine se réalise encore et encore, non sous forme visuelle ou matérielle, mais verbalement dans la récitation [...] Ses phrases sont répétées dans les incantations à la mosquée, dans l'enseignement et la mémorisation à l'école coranique, et dans les prières des croyants. Le livre fournit la base pour l'étude de la théologie et de la loi musulmanes. Au niveau populaire, ses textes sont parfois vus comme des talismans [...] et dans le domaine de l'art, il a transmis quelque chose de sa puissance religieuse à l'art musulman de la calligraphie (Moore, 1993, p. 56).

Le Coran est vivant

Pour les musulmans, le Coran est vivant et possède une personnalité quasi humaine. J'ai des amis en Inde qui ne se changent pas dans leur chambre par égard car « il y a un exemplaire du Coran sur l'étagère du haut ». Le Coran, pensent les musulmans, nous observe et intercédera auprès de Dieu en notre faveur au Jour du jugement[5]. Mahmoud Ayoub, le savant libanais contemporain, l'explique ainsi :

> Bien que le Coran ait pris la forme et la physionomie d'un discours humain, il reste dans son essence un archétype céleste libre des limitations des sons et des lettres humains. Parce que le Coran est à l'intersection du plan humain de l'existence et de la parole transcendante de Dieu, il est doté de cette personnalité quasi humaine, de sentiments et d'émotions, et il est même prêt, le Jour de la résurrection, à s'opposer à ceux qui l'ont abandonné dans cette vie et à intercéder pour ceux qui se sont

nourris de ses enseignements (*Encyclopedia of Religion*, voir « Qur'an », p. 176).

Le pouvoir du Coran se reflète dans un *âya* (verset) qui dit :

> Si Nous avions fait descendre ce Coran sur une montagne, on aurait vu celle-ci se fendre de la crainte de Dieu (59 : 21).

Des passages en sont utilisés comme amulette pour protéger de la maladie ou du « mauvais œil » : quelques versets contenant la prière que Noé fit, selon le Coran, quand il monta dans l'arche[6] sont collés sur les pare-brise de véhicules, de Chicago à Jakarta, pour protéger le chauffeur et les passagers. De riches demeures, dans de nombreux pays musulmans, portent le verset

> Cela n'est dû qu'à la grâce de mon Seigneur (27 : 40)

collé sur les portes ou les murs pour parer à toute intention mauvaise, qu'il s'agisse du vol ou de l'envie, ou pour éviter qu'il soit insinué que la richesse du propriétaire a été mal acquise. Quant aux habitants, ils pensent que leur protection est assurée en collant quelques versets, appelés les « versets du Trône » (*âyât al-kursî*), derrière la porte d'entrée[7].

Selon une tradition musulmane, en 619, alors qu'il revenait de Ta'if, où il avait subi une profonde humiliation personnelle, et même une agression physique, le Prophète Muhammad s'arrêta pour commencer les prières facultatives la nuit, et un groupe de djinns[8] s'approcha pour l'écouter. Profondément émus, ils repartirent avec la foi en Muhammad et dans le Coran :

> Nous venons d'entendre un Coran prodigieux (*qur'ânan 'ajaban*), il guide à la droiture : nous croyons en lui (72 : 1-2).

Dans cette affirmation, attribuée aux djinns, résident peut-être les deux fonctions majeures que le Coran assume dans la vie des musulmans : récitation et guidance.

Le Coran comme parole récitée de Dieu

Outre la consolation que le Coran promet de procurer aux croyants dans l'au-delà, les musulmans trouvent dans sa récitation une source immense de réconfort et de guérison en ce monde. Il est récité près du lit du malade, au moment de l'agonie, pour faciliter le passage de l'âme qui s'en va vers l'autre monde et pour apporter du réconfort à ceux qui restent ici-bas, comme s'il disait : « Quoi qu'il en soit, sois assuré que Dieu est là ! Contente-toi d'écouter Sa parole ! » Le Coran se décrit lui-même comme

> ce qui apporte aux croyants guérison, miséricorde (17 : 82).

Pour les musulmans, le Coran possède un pouvoir immense : on dit qu'il peut – et même qu'il suffit de quelques-unes des lettres isolées qui l'introduisent – arrêter net un tremblement de terre. Voici une anecdote : vers 1967, Salie Manie, aujourd'hui membre du Parlement sud-africain, était au lit avec la grippe quand il reçut la visite d'un ami. Soudain, la maison commença à trembler et des objets tombèrent au sol. Ne sachant s'il s'agissait d'un séisme majeur ou d'un petit tremblement de terre, Salie s'écria : « *Batcha ! Batcha !* » (« Récite ! Récite ! [c'est-à-dire Récite le Coran »]) à quoi son ami répondit : « *Wat moet ek batcha ?* » (« Que dois-je réciter ? ») Salie répliqua : « *Batcha alles wat jy ken !* » (Récite ce que tu sais !) Et l'ami commença : « *alif, bâ, tâ, thâ, jim,...* » (le début de l'alphabet). On n'est pas certain de l'effet que l'alphabet arabe eut sur le cours des événements mais le fait est que, le lendemain, les journaux rapportèrent que nous avions évité un énorme tremblement de terre.

Michael Sells, auteur de *Approaching the Qur'ân (Aborder le Coran)*, parle d'un après-midi au Caire où il s'est trouvé dans une situation insolite :

> Les rues de la ville bruyante et effervescente étaient étrangement calmes, et pourtant les cafés étaient pleins de gens agglutinés autour des téléviseurs. Pour des événements particuliers – la mort d'une personnalité éminente, un match de football important –, on peut s'attendre à trouver les gens dans les cafés, suivant l'événement à la télévision. Ce qui avait attiré aujourd'hui les gens des rues vers les cafés, c'était la prestation d'un des récitants du Coran les plus populaires d'Egypte. Quand je rentrai à mon hôtel, le salon était plein d'hommes, dont certains étaient des Egyptiens chrétiens, regardant et écoutant la récitation télévisée avec un immense intérêt (1999, p. ix).

Dieu – un hadith attribué au Prophète nous l'apprend – a lu les sourates *Tâ-Hâ* et *Yâ-Sîn* un millier d'années avant de créer l'univers, et quand les anges ont entendu le Coran récité, ils ont dit : « Bénie soit la communauté chez laquelle il sera descendu, et bénies soient les langues qui le prononceront. » Pour plus d'un croyant, on ne peut imaginer activité plus noble que celle que Dieu Lui-même a accomplie. On rapporte que le Prophète a dit : « Lisez le Coran, car vous recevrez une récompense correspondant à dix bonnes actions pour chaque lettre du Coran que vous aurez lue ; notez bien que je ne dis pas que *alif lâm mîm* est un mot, mais plutôt que *alif* est une lettre, *lâm* une autre lettre et *mîm* encore une autre. » De nombreux autres dits attribués au Prophète affirment que la simple récitation du Coran, ou de parties du Coran, est un acte vertueux en soi, indépendamment du fait qu'il faut aussi aborder le Coran comme un livre de guidance morale et légale.

> Le Jour du jugement, il sera dit à la personne qui se sera consacrée au Coran : « Continue à réciter le Coran et à gravir les niveaux qui montent vers le paradis, et récite-le lentement, comme tu as eu l'habitude de le faire durant ta vie terrestre ; ta demeure ultime sera là où tu arriveras au dernier verset de ta récitation » (Maliki, 1980, 6 : 36).
>
> Jamais des gens ne se rassemblent dans une des maisons de Dieu, pour réciter le Coran et se le lire les uns aux autres, sans que la sérénité ne descende sur eux et que la miséricorde ne les enveloppe, sans que les anges ne les entourent et que Dieu ne les mentionne dans l'assemblée des anges (*ibid.*).

Abû Hâmid al-Ghazâli (mort en 505/1111) rapporte une « conversation » que Ahmad ibn Hanbal (mort en 241/800), grand juriste et théologien musulman, aurait eue avec Dieu au cours d'un rêve. Ibn Hanbal demanda à Dieu comment ceux qui étaient proches de Lui avaient réussi à atteindre cette proximité. Dieu répondit : « Par mon discours, ô Ahmad », et Ibn Hanbal demanda alors : « En comprenant la signification de ton discours ou sans la comprendre ? » A cette question, on rapporte que Dieu répondit : « En comprenant autant que sans comprendre » (Ghazâli, cité par Qasem, 1979, p. 26). La dimension orale du Coran est à l'évidence très importante dans une société accordant une valeur aussi éminente à la poésie et à la parole parlée ou récitée. Il est également évident que la mémorisation et la récitation du Coran, ou de parties du Coran, constituaient une part importante de la vie religieuse des premiers musulmans, et étaient considérées comme un acte d'une haute valeur spirituelle. Le Prophète lui-même récitait souvent le Coran et, à d'autres moments, demandait à d'autres de le lui lire. 'Abd Allâh ibn Mas'ûd (mort en 652), un Compagnon[9] du Prophète, rapporte que le Prophète lui a dit : « Lis-moi le Coran. » [Ibn Mas'ûd] dit : « Vais-je te le lire alors que c'est à toi qu'il a été révélé ? » Il répondit : « J'aime l'entendre de quelqu'un d'autre. » Ibn Mas'ûd poursuit en disant : « Je lui lus alors la sourate *Les femmes* jusqu'au verset

> Comment en serait-il autrement, quand Nous avons fait surgir de toute nation son témoin, et te produisons toi-même en témoin de tous ceux-là ? (4 : 41)

Il dit alors : "C'est assez pour aujourd'hui". Des larmes coulaient de ses yeux. »

Cette prépondérance écrasante du Coran comme parole récitée – par rapport à ce qu'il est comme parole écrite ou lue – se révèle, comme William Graham (1984) et Fazlur Rahman (1966) l'ont montré, dans la signification du mot « Coran » lui-même, dans la façon dont les premiers musulmans ont considéré le texte et dans différents versets coraniques. Dans le chapitre suivant, je traite de la signification du mot « Coran » et de la manière dont il dénotait la parole orale, et non une Ecriture fixée et complète [10]. « Le sens de *qur'ân* [11] comme "nom propre" dans le Coran recouvre une réalité fondamentalement orale et certainement continuellement mouvante, plutôt qu'un codex "écrit et clos" tel qu'il sera plus tard représenté par les *masâhif* [copies écrites] » (Graham, 1984, p. 373). Dans le Coran lui-même, l'impératif « *Qul !* » (« Dis ! »), qui introduit plus de trois cents passages, « est lui-même un rappel frappant du fait que ces textes sont destinés à être récités à haute voix » (*ibid.*, p. 367). La nature orale du Coran, qu'on voit dans la réponse du djinn mentionnée précédemment, est aussi confirmée par un certain nombre de versets :

> N'agite pas ta langue pour le hâter : à Nous de l'assembler et d'en fixer la lecture et quand Nous l'aurons lu, suis-en bien la lecture (75 : 16-18).
>
> Ne prétends pas hâter le Coran (20 : 114).
>
> Nous avons rendu le Coran facile, en vue du Rappel (54 : 17).

Et psalmodie le Coran distinctement. Nous lancerons sur toi une parole dense (73 : 4).

Pour la grande majorité des musulmans d'aujourd'hui, le Coran prend tout son sens dans l'acte de le réciter ou de l'écouter. Reconnaître la beauté et la puissance extraordinaire du Coran récité est presque instinctif pour les musulmans [12] :

> Des générations de commentateurs du Coran ont essayé d'expliquer la nature contraignante de la composition, de l'articulation et de la voix du Coran en arabe. Mais le fait était admis, pour les commentateurs et pour leurs contemporains, qu'il y avait en lui quelque chose de spécial : cela se voit dans l'amour des gens pour la voix du Coran, dans l'entremêlement des allusions et des rythmes coraniques dans la production de l'art, de la littérature et de la musique, dans la façon dont le Coran est récité dans les grandes occasions comme dans les circonstances les plus humbles de la vie quotidienne, et dans le zèle que les gens manifestent pour l'apprendre afin de le réciter correctement en arabe. La sonorité de la récitation coranique peut émouvoir les gens jusqu'aux larmes, de 'Umar, le puissant deuxième calife de l'islam, jusqu'au paysan, au villageois et au citadin moyen d'aujourd'hui, y compris ceux qui n'ont pas un tempérament particulièrement pratiquant ni religieux (Sells, 1999, p. x).

Le Coran comme Ecriture contestée

Quand on dispose d'un texte qui fait montre d'un pouvoir et d'un impact aussi forts sur les gens, on peut raisonnablement s'attendre à ce qu'il devienne une arme entre les mains de ceux qui ont accès à lui, et à ce que des groupes d'intérêts divers se fassent concurrence pour gagner le droit de le posséder et de l'interpréter. Je voudrais me servir ici d'une situation contemporaine, l'Afrique du Sud, pour clarifier les principales approches que les musulmans ont adoptées dans leur quête pour comprendre le Coran. En Afrique du Sud, comme dans la plus grande partie du monde islamique, cette bataille a longtemps essentiellement mis aux prises le traditionalisme [13] et le modernisme [14]. Plus tard, les islamistes – ceux qui cherchent à trouver une expression sociopolitique contemporaine de l'islam – ont bâti sur les fondements de l'approche « directe du Coran » des modernistes. Certains parmi ces islamistes, qui se sont souvent présentés eux-mêmes comme des « musulmans progressistes [15] » et qui considéraient l'islam comme hostile à toute forme d'oppression, ont poussé cette idée plus loin afin de voir comment le Coran pouvait être utilisé comme une arme idéologique dans le combat contre l'oppression raciale et de classe (cf. Esack, 1997).

Chez les musulmans d'Afrique du Sud, comme dans l'essentiel du monde musulman sunnite, la pensée religieuse contemporaine a été largement façonnée par les savants traditionnels qui ont été formés dans le sous-continent indo-pakistanais et au Proche-Orient, notamment en Arabie saoudite et en Egypte (pour les musulmans chiites, Qom en Iran et Nadjaf en Irak sont les principaux centres de formation religieuse. Tous les autres pays musulmans disposent d'institutions locales pour la formation religieuse de haut niveau, qui apportent au pays une direction religieuse formelle [16]). Formés dans les matières traditionnelles telles qu'elles sont supposées s'être développées à partir du Prophète Muhammad au cours des siècles médiévaux, ces érudits sont appelés *'ulamâ* (« savants », sing. *'âlim*) uniquement au sens où ils sont porteurs de cette tradition [17]. A des degrés divers, les *'ulamâ* considèrent que la recherche pour comprendre le Coran est leur fonction exclusive. Pourtant peu parmi eux, si même il en existe, peuvent prétendre posséder une quelconque forme de compréhension approfondie du Coran, ni ne sont engagés dans une étude systématique et continue (du texte). Des formations au *tafsîr* (exégèse) sont dispensées par quelques *'ulamâ*, et des cours sont fréquemment donnés sur différents thèmes coraniques au cours du mois de *ramadân*[18]. Par respect pour le Coran, et terrifiés à l'idée de faire des erreurs en l'interprétant, les enseignants fondent habituellement leur cours sur l'œuvre d'un commentateur (*mufassir*) orthodoxe classique, comme celle de Ismâ'îl ibn Kathîr (mort en 1373) de Bassora, savant en droit et enseignant du hadith, ou sur une compilation des œuvres orthodoxes de *tafsîr*, telles que la *Ma'ârifat al-Qur'ân* de Muhammad Shafi' (mort en 1976), théologien et juriste pakistanais, plutôt que sur les propres réflexions du savant, et sur une recherche s'appuyant sur un éventail d'interprétations. Certains *'ulamâ* ont même suggéré que les commentateurs orthodoxes classiques « avaient été créés spécialement » pour assumer la tâche d'expliquer le Coran (*The Majlis*, Astray, 7 : 8, 10). Ignorer ces premiers *mufassirûn*, soutiennent-ils, c'est prendre « la voie de la *dalâl* (confusion) et de la *bâtil* (mensonge), qui conduisent au bout du compte à la destruction de l'*imân* (foi) » (*ibid.*). Ce système d'enseignement se révèle fidèle à la culture et aux méthodes didactiques des savants traditionnels, qui tournent autour des commentaires exégétiques, des commentaires des commentaires, et des commentaires sur les commentaires des commentaires. Comme le fait remarquer Rahman, dans cette tradition, le Coran en tant que Coran s'est peu à peu usé dans les institutions supérieures d'enseignement religieux, perdant son statut d'objet d'étude valable. Le Coran s'est par conséquent retrouvé à une distance respectueuse, qui le rend impossible à approcher de façon cognitive, même par les diplômés de ces institutions[19].

Dans ces parties du monde musulman, et dans certains pays minoritairement musulmans, où les *madrasa* fonctionnent parallèlement au système éducatif laïque, l'éducation des *madrasa* est en général considérée comme une option inférieure à l'éducation laïque, ou comme le choix des défavorisés. La conséquence en est que les garçons qui manifestent un faible potentiel scolaire sont envoyés dès leur jeune âge poursuivre des études religieuses à plein temps, avec le choix entre le *hifz* (mémorisation du Coran) et les études islamiques, et en commençant le plus souvent par le premier pour se préparer aux secondes. De la *pesantren* en Indonésie à la *mektab* en Iran, le style est le même ; les élèves sont assis en demi-cercle face au maître, qui demande à chaque élève de réciter à son tour ; des élèves de tous niveaux sont réunis ; et les plus avancés aident les autres à lire. Malgré la mauvaise qualité de la « matière première », beaucoup de ces institutions ont réussi à produire quelques-uns des plus éminents savants de l'enseignement musulman traditionnel.

Souvent, quand l'élève est capable de partir à l'étranger pour étudier, il va passer de trois à douze ans au Proche-Orient ou dans le sous-continent indo-pakistanais, immergé dans la mémorisation ou dans l'étude des sciences classiques islamiques[20]. Coupés de leur environnement et ignorants des problèmes contemporains, ces élèves sont à peine capables d'interpréter l'islam d'une façon qui soit compréhensible par ceux qui sont restés au pays pour y poursuivre des « études profanes »[21]. Même si ceux qui sont cantonnés à la quête de la mémorisation du Coran ne prétendent réellement à aucune autorité religieuse, ils sont néanmoins assimilés à la « fraternité des *'ulamâ* » – les gestionnaires érudits du sacré. Dans les sociétés qui accordent une grande valeur à l'érudition et à la compétence intellectuelle tout en ignorant le pouvoir de l'oralité, il est difficile d'imaginer que trois années passées à mémoriser un livre sans rien comprendre à son contenu puissent catapulter quelqu'un vers le leadership socioreligieux.

En Afrique du Sud, comme ailleurs dans le monde, beaucoup de musulmans formés à l'occidentale, et qui cherchent des réponses contemporaines et religieusement fondées aux problèmes qu'affronte une société injuste, ressentent que le *'ulamâ* traditionaliste ne peut être d'aucune utilité pour leur investigation. Cette incapacité à interpréter le message coranique de manière créative dans des « termes contemporains » s'accorde bien avec la centralité de la tradition orale coranique dans la société musulmane. Cette combinaison a pour effet de négliger le Coran comme discours actif de Dieu s'adressant à toute époque. Pour la plupart des musulmans, le message du Coran est compris en écoutant ceux qui sont perçus comme les messagers authentiques de Son Messager – les *'ulamâ*. Alors que la valeur symbolique et spirituelle d'une telle interaction peut être considérable, il n'est pas difficile de concevoir la frustration des musulmans qui ne sont pas *'ulamâ* et qui souhaitent un commentaire plus intellectuel et socialement plus approprié du Coran. Leur dédain pour cette façon de confiner le Coran au domaine du sacré et du mystérieux (que Abû Zayd appelle une prison) est résumé par une question quelque peu narquoise posée dans *Inqilaah*, un magazine pour étudiants : « Que diriez-vous de quelqu'un qui a reçu une ordonnance du médecin et se l'est accrochée autour du cou après l'avoir enveloppée d'un morceau de tissu, ou qui l'a lavée à l'eau et bue ? » (*Inqilaah*, 1987, p. 15) – bien sûr, l'étudiant qui écrivait cela travaillait sur la base des hypothèses incontestées de la médecine allopathique et n'avait qu'une faible connaissance, si tant est qu'il en ait eu la moindre, de la manière dont la médecine traditionnelle fonctionne[22]. A travers le monde musulman, les liens émotionnels et spirituels que de nombreux jeunes salariés et intellectuels entretiennent avec l'islam les poussent à se tourner ailleurs pour obtenir des réponses qui étayent leur engagement religieux et nourrissent leur vie spirituelle. Ils finissent habituellement par découvrir directement le message du Coran. Ces employés et ces intellectuels lancent un défi à la tradition orale séculaire à travers laquelle les musulmans lisent et écoutent le Coran, sans nécessairement essayer d'en comprendre le contenu. Le combat de ceux qui ne sont pas *'ulamâ* pour « en venir aux prises avec le Coran » a été – et continue d'être – mené face à une opposition énorme de la part des *'ulamâ* traditionnels (de même que l'étudiant mentionné plus haut, ces intellectuels font des hypothèses non contestées sur la « vérité » de la modernité).

En Afrique du Sud, le groupe le plus ancien à se colleter avec le Coran d'une façon socialement utile et intellectuellement créative fut l'Arabic Study Circle (Cercle d'études arabes) de Durban (fondé en 1953). « Nous étions désabusés, a dit Daud Mall, fondateur du groupe, par la relégation de l'arabe au rang de sujet mineur dans le programme de la *madrasa*, par l'absence de travail pour comprendre le Coran comme message et prescription » (entretien avec Mall, le 12 janvier 1990). « Quant aux clercs, ils étaient embourbés dans la tradition et produisaient un type de musulman replié sur lui » (*ibid.*). Le groupe étudia le Coran dans le « cadre de la langue arabe et d'un engagement dans l'islam des lumières » (*ibid.*). Il chercha à promouvoir l'étude de l'islam pour « faire de l'arabe la *lingua franca* des musulmans d'Afrique du Sud, et du Coran un message vivant, significatif et dynamique dans tout foyer musulman de la République d'Afrique du Sud » (*ibid.*).Cet effort pour comprendre le Coran provoqua la colère des *'ulamâ* qui, craignant de perdre le pouvoir une fois qu'ils auraient perdu leur propre situation de gardiens du texte, mirent en garde contre ces étudiants profanes qui « allaient se perdre » et soutinrent qu'« il n'est pas possible pour un profane d'étudier le *Qur'ân majîd* [saint Coran] sans la guidance d'un *ustâdh* [(maître) et qu'une] [...] telle étude [...] pave le chemin vers *jahannam* [l'enfer] » (*The Majlis*, 7 : 8). L'Arabic Study Circle répondit que c'était précisément parce qu'ils étaient perdus qu'ils voulaient accéder au Coran ! Loin d'« être perdus et troublés », ce dont les clercs les menaçaient, les participants aux cours hebdomadaires de Coran affirmèrent qu'ils se sentaient mis en présence « de nouveaux horizons et de perspectives nouvelles ». Ils étaient « très honteux de voir, disait Mall, que pendant des années ils avaient considéré le Coran comme une contrainte fermée » et qu'ils se trouvaient maintenant « fortifiés » dans leurs « perceptions intellectuelles et dans leur vie spirituelle » (entretien avec Mall).

Pratiquement tous les membres du groupe étaient des hommes d'affaires ou des salariés instruits, qui avaient étudié dans des institutions occidentales, sinon en Occident même. Etant affectivement engagés vis-à-vis de l'islam, ils vivaient ce que Rahman décrit comme « le levain qui résulte de l'impact sur la tradition islamique de certaines idées occidentales modernes importantes » (1981, p. 28). Ils se reliaient au monde de l'islam à travers sa source première, le Coran, et le faisaient en compagnonnage intellectuel avec les réformistes modernistes musulmans classiques comme Sayyid Ahmad Khân (mort en 1898), Jamâl al-Dîn al-Afghâni (mort en 1897) et Muhammad 'Abduh (mort en 1905). L'Arabic Study Circle représentait le libéralisme islamique et se concentrait sur la pensée et l'action individuelles. Son libéralisme l'empêcha de prêter sérieusement attention aux transformations sociales, et il ne chercha pas à devenir un mouvement populaire. Il y a peu de raisons de penser que le Coran était considéré par le Circle comme l'instrument d'une transformation sociopolitique d'envergure, ni que leurs préoccupations politiques allaient au-delà de vagues déclarations moralisatrices sur l'égalité sociale. Pourtant, leur engagement à comprendre le Coran à la lumière des conditions socioreligieuses dominantes et l'hostilité ouverte des *'ulamâ* ont montré la voie, et leur travail a préparé le chemin pour ceux dont l'objectif plus large était, à travers le Coran, la transformation sociale et la libération politique.

Le Muslim Youth Movement (Mouvement de la jeunesse

musulmane – MYM), fondé en 1970, a poursuivi et développé le modernisme islamique du Study Circle d'où venaient un certain nombre de ses fondateurs. Une interaction considérable, au cours de rassemblements internationaux, avec des mouvements islamiques tels que Jamati Islami (Pakistan), les Frères musulmans (Egypte) et la Muslim Students Association (Etats-Unis) d'alors, conduisirent le MYM à adopter le programme de ce qu'on appelle communément le « mouvement islamique ». Son propre modernisme fusionna avec ce qu'on appelle généralement le fondamentalisme islamique (cf. Tayob, 1995). « C'est au MYM, dit un document interne non publié de Call of Islam (Appel à l'islam), qu'il faut entièrement attribuer le flot de littérature islamique des dix dernières années et l'accès des musulmans laïques [à la compréhension du] Coran. » Comme leurs pairs du vaste mouvement islamique à travers le monde, ils propagèrent l'idée des *halaqat* (cercles d'étude et de formation) où les musulmans se retrouvaient chaque semaine pour étudier des traductions du Coran et aborder ce que Sugirtharaja appelle l'« exégèse communautaire » (1990, 1. 13). Ces *halaqat* faisaient partie du programme de *tarbiyya* (formation) hérité du mouvement islamique, courant important du renouveau islamique contemporain. Leurs réflexions sur le Coran étaient complétées de lectures en groupe d'œuvres d'autres figures éminentes du mouvement islamique, telles que Hassan al-Bannâ (mort en 1949), Sayyid Qutb (mort en 1966), tous deux égyptiens, et Abû l-'Alâ'Mawdûdi, savant indo-pakistanais.

Les années 70 furent une période d'angoisse considérable pour des Sud-Africains socialement et politiquement clairvoyants. Cette période vit, en 1976, les soulèvements anti-apartheid de Soweto et d'ailleurs, qui ont accéléré la fin de l'oppression raciale en Afrique du Sud. La communauté musulmane avait auparavant souffert du meurtre en prison d'un *'âlim* éminent, Abdullah Haron. La prise de conscience accrue des injustices de la société d'apartheid qui en est résultée a conduit de nombreux jeunes musulmans à rechercher des réponses nouvelles aux défis de la vie dans une société divisée. Le MYM fut le fer de lance de cette recherche. La nature expérimentale et essentiellement spirituelle de son engagement contre l'apartheid évita que ses horizons idéologiques soient façonnés par un engagement actif dans des luttes sociopolitiques concrètes. Au contraire, la manière dont le MYM abordait le Coran était plutôt déterminée par l'orientation idéologique du mouvement islamique. Le MYM comportait un grand nombre de *halaqat* fonctionnant en différents endroits du pays. La plupart, si ce n'est la totalité, des musulmans qui ont par la suite utilisé le Coran comme fondement de leur engagement dans la lutte contre l'apartheid, ont appartenu à l'une de ces *halaqat* du MYM, d'une manière ou d'une autre. L'individu est au centre de ce courant de l'islam renaissant, même si le MYM a représenté une évolution importante par rapport au libéralisme étroit de l'Arabic Study Circle. La société serait transformée, pensait le MYM, par un petit noyau d'individus clés. Trois idées maîtresses permirent à ce programme de *tarbiyya* – quoique tardivement – d'être en lien avec la réalité politique sud-africaine : 1. l'islam comme religion et comme puissance temporelle (*dîn wa dawla*) ; 2. la continuité du *jihâd* ; 3. le Coran comme base exhaustive pour la guidance personnelle et socioéconomique quotidienne. Les deux premières idées, appliquées dans une société d'apartheid, signifiaient le lien entre l'islam de chacun et le combat religieux et politique pour éliminer l'oppression (même si, pour certains, il ne s'agissait que d'un prélude à l'établissement d'un Etat islamique). La troisième voulait dire contourner les *'ulamâ* traditionnels pour la guidance dans l'interprétation et réaffirmer le droit à chercher directement la guidance coranique.

Les musulmans sud-africains ressentirent l'impact de ces idées sous la forme de ce qu'on appelle un « islam progressiste ». La période qui a immédiatement suivi les soulèvements de juin 1976 contre l'apartheid dans l'éducation a vu émerger un modèle bien défini. Grâce à ce modèle, les exhortations coraniques concernant la guerre sainte (*jihâd*) et la justice étaient interprétées par les musulmans progressistes d'une façon qui donnait un sens à leur action politique. Cette interprétation a soutenu un changement sociopolitique fondamental et elle a justifié, pour y parvenir, une insurrection contre l'Etat. Un certain nombre de versets du Coran furent invoqués si fréquemment qu'ils furent souvent réduits, aux yeux d'observateurs extérieurs, aux slogans spécifiques d'une tendance politique particulière. Les interprétations de ces textes coraniques vont du prudemment flou jusqu'au très notoirement flexible, afin de convenir à des hypothèses sociopolitiques *a priori* – la sincérité des militants/islamistes n'étant jamais mise en doute.

Si le MYM des débuts a représenté le libéralisme dans un islam renaissant, le Call of Islam s'est consacré à ceux que Chopp appelle « les non-sujets de l'histoire, ceux auxquels les autres êtres humains ont refusé toute voix et toute identité » (1989, p. 3). Les membres de Call of Islam ont parlé d'une « recherche d'un islam sud-africain » (Esack, 1988, p. 67), « un islam qui est alimenté et inspiré par le creuset sud-africain d'oppression et de libération », « un islam qui découle d'un engagement direct [dans la lutte pour la libération] et qui s'y rattache » (*ibid.*). On peut dire que cette théologie est « la synthèse de l'action (pour la justice) et de la réflexion théologique sur cette action » (*ibid.*). Ils soutenaient en outre qu'il est « non éthique et imprudent sur le plan stratégique » de développer des modèles d'islamisation dans « le confort des salons, parce que les gens meurent de faim *maintenant*, et que d'autres sont engagés dans une lutte de libération *maintenant* ». « Un nouvel ordre (en Afrique du Sud) ne peut héberger que des éléments qui ont grandi en même temps que lui » (*ibid.*) [23]. Le Call of Islam a largement conservé cet engagement dans la recherche de réponses dans le Coran, en contournant le clergé, ce qui faisait intrinsèquement partie de son héritage MYM, mais en faisant évoluer le discours vers des approches diverses de son interprétation.

L'islam, une ceinture de sécurité coranique

Le Coran est au cœur de la vie religieuse musulmane, même quand les musulmans deviennent aussi « hétérodoxes » que les ismaéliens, qui pensent que le prince Karim al-Husayni, l'Agha Khan, est un reflet vivant du Coran, « meilleur que la guidance écrite » (cité par Rippin et Knappert, 1990, p. 146). A l'érudit comme au soufi, à la femme au foyer qui veut préparer en abondance pour nourrir une bouche supplémentaire, comme à l'enfant terrifié face au chien qui approche, au moderniste libéral comme au révolutionnaire radical, au clerc traditionaliste et en retrait comme au membre d'une tribu afghane armé d'une kalachnikov, le Coran fournit une signification. Selon les mots d'Ernest Geller, « le christianisme a sa ceinture de sécurité biblique, l'islam *est* une ceinture de sécurité coranique » (1994, p. XI).

2

Le Coran entre dans le monde

Issu de la racine arabe *qara'a* (lire) ou *qarana* (rassembler, joindre, ou recueillir, réunir), le mot *qur'ân* est utilisé dans le Coran dans le sens d'« écrit » (17 : 93), de « lecture » (75 : 18) ou d'« assemblage » (75 : 17). Le Coran se décrit lui-même comme un « guide pour l'humanité » et un « énoncé clair pour la guidance », un « critère » (25 : 1), un « rappel » (15 : 9), une « norme en langue arabe » (13 : 37), une « guérison du dedans des poitrines » (10 : 57), une « édification » (10 : 57), la « lumière » (7 : 157), le « vrai » (17 : 81) et le « lien de Dieu » (3 : 102). A partir de ce sens littéral, en particulier l'idée de « recueil », il ressort clairement que le mot *qur'ân* n'est pas toujours utilisé par le Coran dans le sens concret d'Ecriture, ainsi qu'on le comprend souvent. Il fait allusion à un discours oral révélé qui s'est déployé apparemment comme étant la réponse de Dieu aux nécessités d'une société, au long d'une période de vingt-trois ans. C'est seulement vers la fin de ce processus que le Coran est présenté comme une Ecriture plutôt que comme une récitation ou un discours. Ce n'est que lorsqu'on le mentionne avec la Torah et les Evangiles (les révélations respectivement à Moïse et à Jésus) [1] comme étant l'Ecriture des musulmans (9 : 111) que le Coran est le plus proche, dans l'emploi du mot *qur'ân*, du sens que les musulmans lui donnent couramment. Le mot *al-qur'ân* est ainsi utilisé dans deux sens distincts : d'abord pour désigner une partie ou des parties de la révélation, et ensuite pour nommer le recueil complet des révélations à Muhammad. Comme nous le verrons plus tard, ces significations jumelles de *qur'ân* comme « recueil » et comme « livre » conduisent à des différences fascinantes sur la nature du Coran : est-il un recueil de réponses divines aux événements terrestres, ou un canon préexistant selon lequel les événements doivent se dérouler afin que ses récits, ses injonctions et ses exhortations, etc., deviennent de chair et de sang ?

Pour les musulmans, le Coran comme compilation du « discours de Dieu » ne renvoie pas à un livre inspiré ou influencé par Dieu, ni à un livre écrit sous la guidance de Son esprit ; il est au contraire considéré comme la parole directe de Dieu. Zarqani exprime le point de vue de la grande majorité des musulmans quand il définit le Coran comme « ce qui a été miraculeusement révélé au Prophète, mis par écrit dans le canon (*al-maktûb fî al-masâhif*), raconté de façon ininterrompue et qui captive par sa récitation » (1996, 1 : 21). Ibn Manzûr le définit comme « la révélation unique, la parole de Dieu révélée au Prophète Muhammad via l'ange Gabriel (existant toujours) littéralement et oralement dans la formulation exacte en arabe le plus pur » (Ibn Manzûr, 1994, « Qur'ân »). Il n'est donc pas surprenant que pour les musulmans le Coran se situe au cœur de l'islam, proposant une vision du monde, et qu'il soit la seule révélation contemporaine valide : invoquer le Coran, c'est invoquer Dieu. Le Coran, c'est Dieu qui parle, non seulement à Muhammad au septième siècle en Arabie, mais de toute éternité à toute l'humanité. Il représente, comme le dit Wilfred Cantwell Smith, « l'éternel qui fait une percée dans le temps, le connaissable dévoilé, le transcendant pénétrant dans l'histoire et y restant, à la disposition des mortels pour qu'ils le manipulent et se l'approprient, le divin devenu apparent » (1980, p. 490).

Les étapes (l'histoire ?) de la révélation coranique

De même que les croyants ne parlent en général pas de l'histoire de Dieu, les musulmans ne parlent pas réellement de l'« histoire du Coran », témoignant d'une croyance profonde en son origine dans l'autre monde et de l'idée qu'il est une extension du divin. Il est plus facile de parler de l'histoire de sa révélation ou de l'histoire du texte écrit, et pourtant même ici nous courons à des difficultés si nous comprenons avant tout l'histoire comme un processus qui a eu lieu dans le monde des êtres humains et de la matière physique. La plupart des savants classiques du Coran, comme Muhammad ibn 'Abd Allâh al-Zarkashi (mort en 1392) et Jalâl al-Dîn al-Suyûtî (mort en 1440), pensent, sur la base de diverses traditions attribuées au Prophète, que la « descente » du Coran s'est déroulée en trois étapes (Suyûtî, 1973, 1.40-44). En premier lieu, de Dieu vers la « table gardée » (*al-lawh al-mahfûz*) [2]. Le Coran dit qu'il s'agit d'un

> Coran magnanime issu d'une table bien gardée (85 : 21-22).

Cette table, *lawh*, terme concernant la substance métaphysique, est souvent considérée comme l'exemplaire original du *qur'ân* et identique à ce que le Coran appelle *umm al-kitâb* (mère du livre) :

> Dieu abolit ce qu'Il veut, ou le confirme : Il tient le Livre original (13 : 39).

La nature de cette existence métaphysique est rarement discutée dans les écrits musulmans et on ne trouve aucune référence de hadith sur ce sujet. Selon Zarqani, « cette existence sur la table se situait en un lieu et à une époque que Dieu seul connaît » (1996, 1.39). Il existe toutefois une autre opinion selon laquelle la « mère du livre », qu'Asad exprime par la « source de toute révélation » (1980, p. 368), constitue en réalité la source de toute révélation et le Coran révélé n'est qu'une partie de cette « mère du livre » plus vaste. La deuxième étape de la descente supposée du *qur'ân* se produit sous forme d'un ensemble complet, et va de la « table gardée » au-dessus du septième ciel, jusqu'à la « demeure de la gloire » (*bayt al-'izza*) dans le ciel inférieur (*ibid.*, p. 41)[3]. L'idée de cette deuxième étape se fonde sur des traditions attribuées aux Compagnons du Prophète et sur des affirmations selon lesquelles le Coran fut révélé une nuit, qu'il appelle la « nuit grandiose » (*laylat al-qadr*).

> C'est Nous qui le fîmes descendre dans la Nuit grandiose. Qu'est-ce qui peut te faire comprendre ce qu'est la Nuit grandiose ? La Nuit grandiose vaut plus de mille mois, en elle font leur descente les anges et l'Esprit, sur permission de leur Seigneur, pour tout décret. Salut soit-elle jusqu'au lever de l'aube (97 : 1-5) !

Etant donné que la révélation à Muhammad fut un processus s'étendant sur vingt-trois années, la croyance se répandit qu'il avait dû y avoir une révélation intermédiaire par laquelle le Coran entier avait été descendu. 'Abd Allâh ibn 'Abbâs (mort en 68/687), un des Compagnons, rapporte que « le Coran fut révélé dans son entièreté au ciel terrestre au cours de la Nuit grandiose, après quoi il fut descendu en une vingtaine d'années » (Suyûtî, 1993, 1 : 40).

De la troisième et dernière étape de la révélation, il est admis qu'elle s'est produite de la demeure de gloire jusqu'à la terre, par stades, destinée au Prophète Muhammad. Selon les textes des hadiths, cette étape se déroule grâce à la médiation de l'ange Gabriel[4]. La première de ces révélations, qui commence au chapitre 96, *L'accrochement*[5], a commencé, selon l'opinion largement répandue, la Nuit grandiose, durant le mois de *ramadân* 610, et la révélation s'est poursuivie pendant une période de vingt à vingt-trois ans.

Il nous faut ici faire une pause. A quel sorte d'environnement social cette révélation s'adresse-t-elle ? Alors que les musulmans pensent, bien entendu, que la révélation est venue de Dieu, et était adressée à l'humanité entière, elle a néanmoins pénétré un endroit et une époque spécifiques, et elle a parlé à un peuple qui vivait dans cette histoire. Qui était celui qui fut son premier destinataire, Muhammad ? Que faisait-il dans la grotte en cette nuit cruciale du mois de *ramadân* ?

L'univers social de la révélation du Coran

La plupart des habitants de la péninsule arabique de cette époque étaient des nomades, même si certaines tribus s'étaient installées dans des petites villes et villages comme La Mecque, lieu de naissance de Muhammad, et Yathrib, rebaptisée plus tard Médine après qu'elle fut devenue le lieu de résidence de Muhammad. Ces villes étaient habituellement des centres de rencontre pour les communautés sédentarisées et les bédouins. Ils s'y mêlaient librement pour faire du commerce, pour le pèlerinage[6] et pour les grandes foires qui attiraient les poètes de toute l'Arabie. La vie était largement déterminée par les dures conditions géographiques et se conformait aux coutumes ancestrales de protection des membres de la tribu, quelle que soit la moralité objective des comportements collectifs ou individuels. L'éthique sociale tournait autour de la tribu, laquelle n'était pas une entité permanente, et la coopération s'organisait autour de pactes de solidarité tribale ou de l'asile pour l'individu. La loyauté était la pierre d'angle de la moralité, et la trahison se soldait par l'exclusion. Dans une telle société, l'individu n'avait pas de valeur en soi ; seuls l'honneur de la tribu et la bravoure justifiaient les mœurs du groupe.

Au sixième siècle, le Hijaz, une bande de terre aride le long de la mer Rouge, était un lieu de bouillonnement social intense, où La Mecque émergeait comme centre cosmopolite sur l'importante route commerciale en plein développement allant du Yémen au sud jusqu'aux régions comme la Grande Syrie et l'Irak au nord. Des valeurs ancestrales comme la loyauté tribale, l'honneur, l'hospitalité, la bravoure et le patriarcat subissaient de nombreuses pressions et, à l'époque de Muhammad, l'individualisme commençait à se développer. Le facteur déterminant de cette évolution était l'économie d'échange de La Mecque dont l'environnement de plus en plus urbanisé rendait possible l'enrichissement individuel. Pourtant, l'individualisme grandissant mit peu à peu à l'épreuve le sentiment communautaire et l'idée de l'immortalité du groupe, cédant la place à l'immortalité de la richesse – conduisant habituellement à l'accumuler. En revanche, certains dépensaient leur richesse dans l'espoir que l'excentricité leur vaudrait une réputation immortelle.

Alors que les nomades arabes rendaient hommage à des divinités nombreuses, ils croyaient cependant en une divinité unique et supérieure, qu'ils appelaient « Allah ».

> Si tu leur demandes : « Qui a créé les cieux et la terre, mis en service le soleil et la lune ? », sûr qu'ils te répondent : « Allah » (29 : 61).

La Mecque, cité de naissance de Muhammad, accueillait la « maison ancienne », un édifice en forme de cube dont on pensait qu'il avait été construit par le prophète Abraham et son fils Ismaël.

> Et tandis qu'Abraham élevait les assises de la maison avec l'aide d'Ismaël : « Notre Seigneur, veuille l'accepter de nous ! Tu es l'Entendant, le Connaissant » (2 : 127).

Connue sous le nom de Ka'ba, elle était, selon la croyance des musulmans, la maison de Dieu (*bayt Allâh*) et, selon les termes du Coran,

> la première maison instituée pour les habitants (3 : 96).

Dans l'Arabie préislamique, la Ka'ba, qui abritait un grand nombre d'idoles, était un lieu de pèlerinage régulier, ses abords immédiats étant également considérés comme sacrés.

> Tout entrant s'y trouve en sécurité (3 : 97).

Plus importante pour les habitants du Hijaz que la croyance en ces divinités ou en la divinité unique, était l'idée profondément enracinée que la vie d'une personne est déterminée par le temps, ou le sort (*dahr*). La vie était une chose purement matérielle, gouvernée par un temps impitoyable qui peut parfois tout détruire. Le temps a préalablement organisé les quatre fondements de l'existence : la nourriture, le sexe des enfants, le bonheur ou le malheur, et la durée de vie de chacun.

> Ils dirent aussi : « Nous n'avons à nous que cette vie d'ici-bas, pour vivre et mourir. Seul le temps nous anéantit » (45 : 24).

Certaines formes de christianisme et de judaïsme furent pratiquées dans différentes localités à travers la péninsule. A La Mecque même vivaient un certain nombre de chrétiens dispersés, la plupart esclaves, alors qu'au sud de la péninsule, la région de Najran abritait une communauté sédentaire chrétienne. A Yathrib, vivait une importante communauté juive, formée de deux tribus. Autre groupe religieux de cette époque, les *hunafâ* étaient, selon la *Concise Encyclopedia of Islam (Brève encyclopédie de l'islam),* « des adhérents en général [...] d'un monothéisme primordial – ou éternel – qui remonte à Ismaël et Abraham[7] ». La présence de chrétiens, de juifs et de *hunafâ* a conduit les chercheurs non musulmans à étudier leur impact sur les idées de Muhammad et sur la formation du Coran – avec des « allégations » directes, et qui ne sont pas rares, au fait que Muhammad avait « emprunté » ses idées à l'une ou l'autre de ces communautés[8]. Je mets le mot « allégations » entre guillemets parce que le Coran lui-même dit très explicitement que le message de Muhammad est à la fois la poursuite et la purification des religions révélées précédentes. Très clairement, il y a eu, dans l'Arabie du temps de Muhammad, une tendance croissante au monothéisme, et les musulmans soutiennent qu'il s'agissait de préparer Muhammad et son environnement à sa mission[9].

La tradition orale en général, et la poésie en particulier, a joué un rôle très important dans la vie culturelle arabe. La poésie était la principale expression artistique des bédouins et, durant la période préislamique, lors d'événements considérables tels les foires se tenant à Ukaz, une attraction capitale consistait à déclamer des poèmes. « Le poète, dit Anwar Chjne, était le porte-parole, le leader et l'oracle de la tribu, un maître de la satire et de la louange, un guide dans la paix et un champion dans la guerre. Ses paroles "volaient à travers le désert plus vite que des flèches" » (1968, p. 6). L'éloquence était un symbole de l'être humain parfait et la marque de la sagesse. Les poètes arabes concouraient les uns contre les autres en composant de la poésie lyrique. Leurs dons linguistiques et leur éloquence étaient source d'une fierté immense, et le sujet de rivalités et de vantardises permanentes entre les tribus. Les lexicographes arabes expliquent que le mot *'arab* signifie « expression éloquente » ou « communication orale efficace », et que les non-Arabes étaient appelés *al-'ajam*, c'est-à-dire « ceux qui ne savent pas s'exprimer avec éloquence ».

Muhammad, le destinataire du Coran

La plupart des musulmans soutiennent que Muhammad est né et a vécu sa mission en pleine lumière dans l'histoire, et que les détails de sa vie sont contenus dans un corpus connu sous le nom de *sîra*, et qui a lui aussi acquis un statut d'histoire sacrée. Des savants comme Ibn 'Alî ibn Hishâm (mort en 218/834), qui a basé son travail sur celui de Abû 'Abd Allâh ibn Ishâq (mort en 150/767), et Abû Ja'far ibn Jarîr al-Tabari (mort en 310/923), le fameux historien et traditionniste de Bagdad, ont combiné piété et rigueur d'érudit pour produire des récits de la *sîra* qui devinrent la base de toutes les investigations historiques ultérieures sur la vie du Prophète. Le Coran lui-même fournit un récit très fragmentaire de sa vie. D'autres, qui prétendent à une objectivité plus grande, voient sa vie et son époque de manière plus nuancée, et contestent même les « faits » établis, y compris son année de naissance. Décrivant le scepticisme de nombreux chercheurs supposés désintéressés, Maxime Rodinson écrit : « Rien n'est certain concernant l'enfance de Muhammad. Le vide a été peu à peu rempli de légendes qui sont devenues de plus en plus belles et édifiantes avec le temps » (1974, p. 43).

L'année la plus communément admise pour la naissance de Muhammad, dans le clan hachémite, est 570 [10]. Sa première enfance fut presque tragique. Son père 'Abd Allâh, âgé de vingt-cinq ans, fils de 'Abd al-Muttalib, mourut à Yathrib au cours d'un voyage commercial en Syrie, quelques mois après sa naissance. Deux années après, sa mère, Âmina bint Wahb, mourut en revenant d'une visite à côté de Yathrib sur la tombe de son père. Muhammad avait accompagné sa mère dans ce voyage et elle l'avait présenté à sa famille maternelle de la tribu des Khazraj. « Le jeune Muhammad, déjà orphelin, et maintenant encore plus conscient qu'auparavant de la mémoire de son père après sa visite à Yathrib, doit avoir été écrasé par la perte de sa mère. L'enfant devint de plus en plus renfermé et triste, d'une nature douce et sensible » (Bashir, 1978, p. 48). De nombreuses années plus tard, il s'arrêta près de la tombe de sa mère et pleura amèrement. Comme ses Compagnons lui demandaient les raisons de ses pleurs, il dit : « J'ai été submergé par les souvenirs que je garde de son affection, et je la pleure » (Ibn Sa'd, 1967, 1 : 129). C'est son grand-père qui prit soin de lui, 'Abd al-Muttalib, figure éminente de La Mecque, jusqu'à sa mort environ six ans plus tard, à l'âge de quatre-vingt-deux ans. Selon tous les récits, 'Abd al-Muttalib couvrit Muhammad d'affection. Umm Ayman, la nourrice de Muhammad, raconte ainsi le jour de la mort du vieil homme : « J'ai vu ce jour-là l'apôtre de Dieu, que Dieu le bénisse, pleurer derrière le cercueil de 'Abd al-Muttalib » (*ibid.*, 1 : 132). Beaucoup plus tard, quand il fut devenu le destinataire de la révélation divine, Dieu lui rappela ses premiers jours de deuil, de pauvreté et de bouleversement :

> Ne t'a-t-Il pas trouvé orphelin ? Il t'abrita. Trouvé dans l'errance ? Il te guida. Trouvé nécessiteux ? Il te combla (93 : 6-8).

Comme c'était la pratique parmi les Arabes sédentarisés, Muhammad fut confié pendant son enfance à une mère nourricière bédouine, Halîma al-Sa'diyya, car on croyait que les conditions du désert faisaient des enfants en meilleure santé[11]. Pour la tradition musulmane, il y eut dès cette période certains indices montrant que Muhammad aurait une vie extraordinaire. Le fils de Halîma a raconté que deux hommes étaient venus, habillés de blanc, lui avaient ouvert la poitrine et avaient plongé les mains en lui (Tabari, 1989, 6 : 63). Plus tard, Muhammad expliqua que les visiteurs étaient des anges qui avaient, avec de la neige, nettoyé une tache noire qu'il avait sur le cœur. Partant de cette tradition et d'autres semblables, Watt dit qu'il est « presque certain qu'elles ne sont pas vraies dans le sens réaliste de l'historien profane. En effet, elles prétendent décrire des faits dont on pourrait raisonnablement s'attendre à trouver des références à des périodes ultérieures de la vie de Muhammad. Or on n'y trouve pas trace de telles références. Elles expriment certainement quelque chose de l'importance de Muhammad pour les musulmans croyants, et de ce point de vue elles sont vraies pour eux, et elles représentent un prologue approprié pour la vie de leur prophète » (Watt, 1953, p. 34).

Quand 'Abd al-Muttalib mourut, l'oncle de Muhammad, et plus tard son protecteur, Abû Tâlib, l'éleva pendant de nombreuses années, jusqu'à ce qu'il soit devenu adulte. A l'âge de douze ans, Muhammad accompagna Abû Tâlib pour le premier d'une série de voyages d'affaires en Syrie. La tradition musulmane rapporte qu'au cours d'un de ces voyages, un moine nestorien, Bahîra, prédit que Muhammad deviendrait un prophète de Dieu et exhorta Abû Tâlib à prendre soin de son neveu, destiné à la gloire[12]. Muhammad ibn Sa'd (mort en 230/845), un des premiers historiens musulmans, témoigne bien la façon dont les musulmans considèrent la jeunesse de Muhammad lorsqu'il écrit :

> Dieu l'a protégé et gardé en sécurité contre les pratiques de la *jâhiliya* (ignorance préislamique) et ses maux [...] Il suivit la foi de son peuple jusqu'à sa majorité, et se révéla être le plus excellent d'entre eux, doué de la meilleure nature, le plus respectueux en société, à la langue la plus aimable, le plus indulgent et le plus digne de confiance, le plus véridique en paroles, le plus étranger à l'obscénité et à la taquinerie. On ne le vit jamais se quereller ni soupçonner quiconque. La communauté lui donna donc le surnom de *al-amîn* [le digne de confiance]. C'est parce que Dieu avait réuni en lui des actions vertueuses qu'on l'appelait le plus souvent *al-amîn* à La Mecque [...] (1967, 1 : 134-135).

Essentiellement en raison de son expérience et de sa réputation acquises durant ses voyages d'affaires, il fut engagé par une riche commerçante, Khadîja bint al-Khuwaylid (morte en 620), qui était veuve. Très impressionnée par son honnêteté et son tempérament, et bien qu'âgée de quarante ans[13], elle proposa le mariage à Muhammad, qui avait vingt-cinq ans. Ils eurent deux fils, qui moururent tous deux en bas âge, et quatre filles. Malgré le bien-être et le bonheur que Muhammad trouva à l'évidence dans son mariage avec Khadîja, il fut très troublé par ce qui se passait autour de lui. Il fut profondément attristé par l'idolâtrie et le fétichisme parmi les gens du Hijaz, et par les nombreuses et fréquentes injustices sociales. Les grandes cités du Hijaz, La Mecque et Yathrib, allaient vers des conflits sociaux accrus, en particulier après l'effondrement du pouvoir hachémite, accentué par la mort de son grand-père 'Abd al-Muttalib. Muhammad commença peu à peu, en se retirant dans la montagne pour faire retraite, à chercher une réponse aux tourments que lui causaient l'injustice et le chaos autour de lui. « Son âme était en quête d'explication et de vérité, et son cœur désirait entrer en communion avec le vrai Dieu, dont il ne connaissait pas la nature » (Bashir, 1978, p. 75). Une période de l'année particulièrement appréciée par Muhammad était le mois de *ramadân*, qu'il passait entièrement dans la solitude d'une petite grotte, appelée depuis Hîra', dans une montagne des environs de La Mecque. Une nuit, au cours d'une de ces retraites, au mois de *ramadân* de l'année 610, Muhammad, alors âgé de quarante ans, vécut une expérience traumatisante, la première d'une série de révélations, le commencement du Coran tel que nous le connaissons[14]. Tel était le monde dans lequel le Coran arrivait, et telle était la personnalité de celui à qui il était révélé. Selon Cragg,

> le Messager se trouve en un lieu donné, dans une certaine situation, dans un contexte, et il a une histoire. La langue est l'arabe, et le cadre celui d'une métropole commerciale, siège d'un pèlerinage. Le vocabulaire reflète une multitude d'influences et de relations déjà courantes dans la société proche. Tout ce qui pénètre dans le temps doit nécessairement exister à un moment donné. Et un apostolat au nom de Dieu ne peut pas se produire ailleurs que dans un « ici et maintenant » qui devient en retour un « là-bas et alors » (1988, p. 18-19).

Les tensions entre le fait que c'est de l'autre monde que venait cette intervention, et que c'est dans le monde qu'elle se produisait, devaient se révéler pour les musulmans aussi épineuses et théologiquement sources de division que le sont dans le monde chrétien les questions liées au fait que Dieu se soit fait homme. A parler du « monde dans lequel le Coran arrivait » et de la « personnalité de celui à qui il était révélé », on suggère qu'il existe entre les deux une relation tangible. La nature de cette relation et la tension avec l'idée d'un texte qui a toujours existé en dehors de l'histoire ont été un sujet très controversé en islam, et il sera examiné en détail au chapitre 5.

Les premières révélations coraniques

Il existe un certain nombre de versions différentes de la tradition racontant la première circonstance de la révélation [15]. Dans un hadith assez long répertorié dans le recueil de Bukhâri (1981, p. 5-8), 'Â'isha (morte en 678), une des femmes du Prophète, dit que la première révélation coranique se produisit quand l'ange Gabriel rendit visite à Muhammad et lui demanda de lire. Il existe trois versions différentes de la réponse de Muhammad : *« Madha aqra'u »* (« Que dois-je lire ? »), *« Ma ana bi qari'in »* (« Je ne suis pas de ceux qui lisent/récitent ») et *« a aqra'u »* (« Je ne lis pas ») [16]. On rapporte que Gabriel le serra « jusqu'à ce que la force m'ait quitté ; alors il me lâcha et dit : "Lis !" » Cela se répéta trois fois, et lorsque Gabriel le lâcha pour la troisième fois, Gabriel dit :

> Lis ! Au nom de ton Seigneur qui créa, créa l'homme d'un accrochement [...] Lis ! De par ton Seigneur Tout générosité [...] (96 : 1-3).

Ce texte devait constituer plus tard les trois premiers versets du chapitre 96, *al-'Alaq (L'accrochement)* [17].

> Et ainsi l'Apôtre de Dieu rentra, le cœur tremblant, et vint à Khadîja bint al-Khuwaylid [sa femme] et dit : « Enveloppe-moi ! Enveloppe-moi ! » Alors il raconta à Khadîja ce qui s'était passé et lui confia : « J'ai peur pour moi. » Khadîja lui dit : « Non, par Dieu ! Jamais Dieu ne t'humiliera ! Vois, tu assumes tes devoirs familiaux et tu aides le faible et tu assistes le déshérité, tu es généreux avec l'invité et tu soutiens tous ceux qui sont dans une vraie détresse. » Puis Khadîja se rendit avec lui chez son cousin, Waraqa ibn Nawfal ibn As'ad ibn al-'Uzza. Il était devenu chrétien, au temps de l'ignorance [...] et c'était un

vieil homme qui était devenu aveugle. Et Waraqa lui demanda : « Muhammad, qu'as-tu vu ? » L'Apôtre de Dieu lui raconta ce qu'il avait vu. Et Waraqa lui dit : « C'était l'ange de la révélation, que Dieu a descendu sur Moïse. Oh, si seulement j'étais jeune ! Si seulement je pouvais être vivant quand ton peuple te chassera ! » Alors l'Apôtre de Dieu dit : « Comment ! Vont-ils me chasser ? » Il dit : « Oui, Jamais un homme n'est venu avec ce que tu apportes sans qu'il soit persécuté. Et si je suis vivant quand viendront pour toi les jours de besoin, alors je te soutiendrai. » Ensuite Waraqa ne s'occupa plus [de ces questions] jusqu'à sa mort. Et la révélation s'interrompit (*ibid.*, p. 7).

Muhammad était totalement ébranlé par cette expérience extraordinaire et, pendant longtemps, il douta de son authenticité. Ces doutes furent accentués par une absence prolongée de Gabriel. Un hadith du recueil de Bukhâri rapporte comment cette rupture dans la révélation prit fin.

Et, parlant de la rupture dans la révélation, [le Prophète] poursuivit son récit : « Un jour, alors que je marchais, j'entendis une voix venant du ciel – et c'était l'ange qui était venu me voir à Hîra', assis sur un trône entre ciel et terre. Et il m'inspira de l'effroi, aussi je rentrai à la maison et dis : « Enveloppe-moi ! Enveloppe-moi ! » Alors Dieu, le Très haut, envoya [la révélation] : « Toi, qui t'es couvert d'une cape, lève-toi pour donner l'alarme, ton Seigneur magnifie, tes vêtements purifie, toute souillure fuis » (75 : 1-5). A partir de ce moment-là, la révélation devint intense et continuelle (1981, p. 9).

La première partie du chapitre *al-Muddaththir (*74 : 1-5, *Il s'est couvert d'une cape)* devint la deuxième révélation. Certains savants, comme Zarkashi, suggèrent que la première révélation :

Lis ! Au nom de ton Seigneur qui créa, créa l'homme d'un accrochement[...] Lis ! De par ton Seigneur Tout générosité,

> Lui qui enseigna par le calame, enseigna à l'homme ce que l'homme ne savait pas (96 : 1-5)

était destinée à oindre Muhammad comme Prophète, en ce sens qu'il devait d'abord découvrir Dieu comme Seigneur, Créateur et Celui qui soutient. La deuxième révélation :

> Toi, qui t'es couvert d'une cape, lève-toi pour donner l'alarme, ton Seigneur magnifie, tes vêtements purifie, toute souillure fuis (75 : 1-5)

était censée confirmer Muhammad dans son rôle de Messager de Dieu pour l'humanité (Zarkashi, 1972, 1 : 209).

Il existe deux autres récits concernant les premières révélations. L'un rapporte que *al-Muddaththir (Il s'est couvert d'une cape)* a été la première révélation et l'autre que *al-Fâtiha (Ouverture)* a été la première. Les deux recueils les plus authentiques de traditions prophétiques selon les sunnites, ceux de Bukhâri et de Muslim, contiennent une affirmation attribuée à Jâbir ibn 'Abd Allâh. Comme on lui demandait quelle était la première partie du Coran à avoir été révélée, il répondit que c'était *al-Muddaththir (Il s'est couvert d'une cape)* (Zarqani, 1996, 1 : 78-79). Ce récit est en général analysé en suggérant que Jâbir, soit n'a assisté qu'à la fin d'une conversation ou n'a entendu que la dernière partie d'un long récit que le Prophète faisait de la première révélation, soit voulait parler de la première révélation à la suite de la longue absence de Gabriel. Le second récit, selon lequel *al-Fâtiha (Ouverture)* était la première révélation, se trouve dans le recueil de Bayhaqi de traditions prophétiques, et il semble être un assemblage fait par le narrateur, Abû Maysara, avec l'ancien récit fait par 'Â'isha de la première révélation. Ici, on raconte que le Prophète a dit à sa femme Khadîja : « J'étais en train de méditer seul, quand j'ai entendu une voix. Par Dieu ! J'étais terrorisé, me demandant de quoi il s'agissait. » Sur ce, Khadîja dit : « Je cherche refuge en Dieu ! Que pourrait faire Dieu qui te fasse [du tort] ? Vois, tu assumes tes devoirs familiaux et tu aides le faible et tu assistes le déshérité, tu es généreux avec l'invité et tu soutiens tous ceux qui sont dans une vraie détresse. » Dans cette version, Abû Bakr ('Abd Allâh 'Atiq, mort en 13/634), un de ses Compagnons qui devait être plus tard le premier calife, l'accompagna chez Waraqa ibn Nawfal. Muhammad raconta qu'il avait entendu une voix disant : « O Muhammad ! O Muhammad ! », après quoi il s'était enfui. Waraqa lui recommanda de ne pas s'enfuir à nouveau quand l'ange apparaîtrait, mais de rester sans bouger. La narration semble alors sauter quelques épisodes et conclut : quand l'appel « O Muhammad » finit, la voix dit : « Par le nom de Dieu, le Tout miséricorde, le Miséricordieux. Louange à Dieu, Seigneur des univers. Le Tout miséricorde, le Miséricordieux. Le roi du Jour de l'allégeance. C'est Toi que nous adorons, Toi de qui le secours implorons. Guide-nous sur la voie de rectitude, la voie de ceux que Tu as gratifiés, non pas celle des réprouvés, non plus que de ceux qui s'égarent » – c'est-à-dire la totalité du chapitre intitulé *al-Fâtiha (Ouverture)* qui, dans l'actuel arrangement du Coran, est le premier chapitre. Cette version est généralement rejetée parce que : 1. il n'y a aucun Compagnon dans sa chaîne de narrateurs ; 2. le narrateur semble avoir confondu deux récits différents ; 3. il n'est pas fait référence, dans cette version, à la grotte de Hîra', alors qu'il y a consensus sur le fait que c'est là que la première révélation s'est produite.

La nature et les modes de la révélation

Le Coran utilise le mot *wahy* de plusieurs manières différentes, chacune comportant l'idée d'inspiration, de direction ou de guidance de celui qui reçoit la révélation. La façon dont ce terme est habituellement traduit révèle aussi d'autres croyances ou d'autres hypothèses. Par exemple, quand le Coran utilise le mot *wahy* en relation avec les femmes, les oiseaux ou les anges :

> Nous inspirâmes à la mère de Moïse (28 : 7)
>
> Ainsi ton Seigneur inspira-t-il aux abeilles : « Accommodez-vous des demeures à partir des montagnes, des arbres et des ruchers » (16 : 68)

il est invariablement traduit par « Nous inspirâmes », car on suppose que les femmes, les oiseaux ou les anges ne peuvent devenir des messagers de Dieu de la même façon que les hommes. Quand il se rapporte aux hommes, il est invariablement rendu par « révélation » dans le sens de parole de Dieu, avec le postulat qu'une telle révélation suppose que son destinataire est prophète. Dans le verset suivant, le Coran suggère les modes de cette révélation :

> Aucun humain n'a capacité que Dieu lui parle, si ce n'est par révélation, ou de derrière un voile, ou par l'envoi d'un envoyé : alors Il fait révéler sur Son ordre ce qu'Il veut. Il est Sublime, Sage (42 : 51).

Un exemple du premier mode, la révélation mentionnée ici, est le verset 102 de la sourate 37 où Abraham, le patriarche, reçoit instruction de sacrifier son fils, au cours d'une vision dans son sommeil. Le deuxième mode, de derrière un voile, se rencontre en 27 : 8, où Dieu s'adresse à Moïse à partir du feu. Le troisième mode est exprimé tout au long du Coran, où l'ange Gabriel est le relais des messages de Dieu vers Muhammad : il est dit que Gabriel a prononcé les mots directs de Dieu dans l'oreille et/ou le cœur de Muhammad, alors qu'il était en état d'extase, afin qu'il puisse s'en remémorer plus tard la formulation exacte. Un autre mot que le Coran utilise pour parler de révélation, peut-être encore plus fréquemment que *wahy*, est *nazala* (« faire descendre quelque chose »). Par exemple :

> Dans le vrai Nous l'avons fait descendre : il est dans le Vrai descendu [...] (17 : 105).

En langue arabe, *tanzîl* évoque un mouvement à partir d'un niveau plus élevé jusqu'à un niveau plus bas. Comment cette communication émise par Gabriel est-elle liée à ce que nous, musulmans, tenons pour notre texte le plus sacré ? Plus qu'un message de Dieu, on peut dire qu'il est une missive de Dieu, écrite par Dieu et lue à haute voix par le Prophète.

> C'est le Coran au sens des mots réels et miraculeux, de *Ouverture* (le premier chapitre) à *Les hommes* (le dernier chapitre) ; et ces mots sont le discours de Dieu seul, sans aucune intervention de Gabriel ni de Muhammad dans la composition ou la disposition. Au contraire, c'est Dieu qui les a déterminées à l'origine. C'est donc à Lui qu'il est attribué, et à personne d'autre (Zarkashi, 1972, 1 : 44).

La nature et les modes de révélation, son authenticité et celle de son destinataire ont longtemps tracassé les chercheurs critiques sur l'islam et sur le Coran. Les accusations contre Muhammad sont allées de la fraude indéniable jusqu'aux hallucinations en passant par les spasmes épileptiques. Les musulmans soutiennent que Muhammad a toujours fait une distinction claire entre son propre discours et ce qu'il affirmait recevoir de Dieu. En réponse à une question d'un de ses Compagnons sur l'expérience de la révélation, on rapporte que le Prophète a dit que « quelquefois, la révélation se produit comme un tintement de cloche. Cette forme de révélation est la plus pénible de toutes, puis cela passe après que j'ai saisi ce qui était révélé. Quelquefois l'ange se présente sous la forme d'un homme et me parle, et je saisis ce qu'il dit ». Ailleurs, on rapporte que le Prophète a décrit la révélation comme une expérience douloureuse et angoissante. Son visage se couvrait de sueur, et il était saisi d'un violent tremblement : « Jamais je n'ai reçu une révélation sans penser que mon âme m'avait été arrachée » (Asqalani, cité par Suyûtî, 1973, 1 : 46).

Watt propose deux points de vue différents au sujet de la révélation du Prophète : d'une part, le Coran est le produit d'une partie de la personnalité de Muhammad autre que son esprit conscient ; d'autre part, il est l'œuvre de la personnalité divine mais produit à travers la personnalité de Muhammad d'une façon telle que certaines caractéristiques du Coran doivent être attribuées avant tout à l'humanité de Muhammad (1953, p. 53). Rodinson, qui s'est longuement penché sur l'état de l'esprit de Muhammad et des explications physiologiques et psychologiques à son expérience de révélation, attribue aussi le Coran à l'humanité de Muhammad, mais comme émergeant de quelque partie plus profonde de son subconscient – totalement détachée de toute ambition et de toute philanthropie (1980, p. 77) : « Muhammad a réellement fait l'expérience de phénomènes sensoriels traduits en mots et en phrases, dit Rodinson, qu'il a interprétés comme des messages venant de l'Etre suprême. Il a développé l'habitude de recevoir ces révélations d'une façon particulière » (*ibid.*, p. 218).

Le problème de la nature de la révélation et de sa relation

à Muhammad trouve peut-être son meilleur écho dans ce qu'on a appelé les « versets sataniques [18] ». Dans une section intitulée « Satan jette une fausse révélation sur la langue du Messager de Dieu », Tabari fournit un aperçu de la façon dont le Prophète peut avoir subconsciemment voulu la révélation :

> Quand le Messager de Dieu vit que les gens se détournaient de lui, cela lui fit beaucoup de peine de voir combien ils étaient éloignés de la parole de Dieu qu'il leur apportait. Il désira alors en son cœur recevoir une parole de Dieu qui le rapproche de son peuple. En raison du souci qu'il se faisait pour eux, il aurait volontiers vu s'adoucir un peu les choses qui pesaient trop durement sur eux, au point qu'il ne cessait de se le dire, de le désirer et de le souhaiter. C'est alors que Dieu lui révéla la sourate *L'étoile (al-Najm)*. Quand il en vint au verset « Ainsi, vous auriez vu Allât et al-'Uzza et Manât [19], cette autre troisième ? », Satan mit sur sa langue ce qu'il se disait à lui-même et qu'il aurait aimé transmettre à son peuple : « Ce sont des Oiseaux illustres, dont il faut espérer l'intercession. » Quand les Quraysh [20] entendirent ce verset, ils furent grandement comblés et tous se prosternèrent, musulmans comme non musulmans. Plus tard, Gabriel dévoila à Muhammad qu'il avait été trompé par Satan (Tabari, 1989, p. 75-76).

Ces versets additionnels sont censés avoir été remplacés par d'autres, qui rejettent le culte des trois oiseaux, « et, après cette manifestation d'unanimité splendide mais temporaire, les Mecquois se divisèrent à nouveau » (Rodinson, 1980, p. 107) [21]. En tentant d'expliquer comment Muhammad s'est apparemment plié à la requête des Quraysh, Watt soutient que « son monothéisme était originellement, comme celui de ses contemporains les plus éclairés, assez vague, et il n'était en particulier pas strict au point que l'acceptation d'êtres divins inférieurs soir ressentie comme incompatible [avec ce monothéisme] » (1953, p. 104).

La mission de Muhammad en réponse au Coran

Le Coran, comme on l'a noté précédemment, fut révélé au cours d'une longue période, afin de répondre à des problèmes immédiats ou à des défis sociaux et religieux à long terme auxquels la communauté devait faire face.

> Sous la forme d'un Coran que Nous échelonnons, pour que tu le psalmodies aux hommes, dans la durée, puisque Nous le faisons descendre d'une descente répétée (17 : 106).

La nature progressive de la révélation du Coran agaçait les adversaires de Muhammad, qui le mettaient au défi de produire un seul livre en un seul jet.

> Les dénégateurs ont encore dit : « Ah ! Si la descente du Coran s'était faite sur lui d'une seule venue ! » C'est ainsi ! Pour le fixer dans ton cœur ; et (dans ce but aussi) Nous en espaçons la diction (25 : 32)[22].

Les révélations, sur des modes légèrement différents, se sont poursuivies irrégulièrement pendant vingt-trois ans, cessant peu avant que Muhammad ne quitte ce monde en 632. Ces révélations se composaient parfois de courts fragments, et parfois de fragments plus longs, et elles étaient invariablement des réponses à différents défis – personnels ou sociopolitiques – qu'affrontaient Muhammad et ses partisans.

La Mecque : poser les fondations de la communauté de foi

Dans les premières étapes de la prophétie de Muhammad, le Coran s'est essentiellement concentré sur trois sujets : l'absolue unicité de Dieu (*tawhîd*), la prophétie de Muhammad (*risâla*) et la responsabilité finale (*hisâb*) de tous les gens vis-à-vis de Dieu au Jour de la résurrection. Il convient de remarquer que dès ce premier stade le Coran insiste pour relier les croyances correctes aux pratiques correctes, et pour montrer clairement que c'est à la fois le rejet et l'ignorance du *tawhîd* qui ont conduit à l'oppression sociale et économique dans la société mecquoise. L'appel de Muhammad et sa dénonciation véhémente de l'idolâtrie mecquoise furent violemment combattus par la classe dirigeante mecquoise. Selon des récits musulmans, les quelques partisans de Muhammad, en particulier les plus pauvres d'entre eux, furent l'objet de persécutions indescriptibles. Les gens de son clan, les Hachémites, refusèrent de l'abandonner et furent soumis au boycott commercial et à l'ostracisme social pendant plus de deux ans. En 615, Muhammad conseilla à plusieurs de ses partisans de s'exiler en Abyssinie – aujourd'hui l'Ethiopie – où ils trouvèrent asile auprès d'un roi chrétien, le Négus[23]. L'exil qui s'ensuivit est appelé *hijra*. Fuir la persécution pour se renforcer soi-même et poursuivre le combat pour établir l'islam, ce que Kenneth Cragg appelle un « exil positif » (1971, p. 133), devint un acte méritoire religieusement et un devoir.

> Ceux qui croient, ont fait exode, font effort sur le chemin de Dieu, ceux-là peuvent espérer la compassion de Dieu. Dieu est Tout pardon, Miséricordieux (2 : 218).

Quand l'oncle et protecteur de Muhammad, Abû Tâlib, mourut en 619, le leadership des Hachémites passa à un autre oncle, Abû Lahab, ennemi virulent de la nouvelle religion, qui priva Muhammad de la protection clanique.

A peu près au même moment, Muhammad prit des contacts avec quelques pèlerins de la tribu des Khazraj à Yathrib, venus à La Mecque, et ils embrassèrent l'islam. L'année suivante, ils revinrent avec sept autres pèlerins d'une autre tribu importante, les 'Aws. Le groupe, outre qu'il adhéra à la foi de l'islam, prit également un pacte d'allégeance, connu sous le nom de Premier Serment d''Aqaba, avec le Prophète. Il fut suivi un an plus tard par le Second Serment d''Aqaba, où soixante-treize hommes et deux femmes s'engagèrent à protéger le Prophète au prix de leur propre vie. A la suite de ce Second Serment, il devint habituel chez les musulmans de fuir à Yathrib pour échapper aux persécutions des adversaires mecquois de l'islam.

> Les dénégateurs dirent à leurs envoyés : « Bannis soyez-vous de notre terre, à moins que vous ne reveniez à notre secte. » Lors leur Seigneur révéla aux envoyés : « Oui ! Que Nous abolissions les iniques ! Oui ! Que Nous vous établissions sur leur terre après eux ! » Cela pour qui redoute Ma majesté redoute Ma menace (14 : 13-14).

Et comme le danger menaçant la vie de Muhammad augmentait, et après que les musulmans furent déjà partis en exil à Médine, il s'enfuit de La Mecque sous couvert de l'obscurité, accompagné d'Abû Bakr, son beau-père, en septembre 622[24]. Escorté hors de la cité par Amir ibn Fuhayra, un jeune associateur (*mushrik*) affranchi d'Abû Bakr[25], ils échappèrent à ceux qui les cherchaient en se cachant dans une grotte de la montagne de Thawr près de La Mecque.

> Si vous ne portez pas assistance [à l'Envoyé], Dieu l'assista quand, banni par les dénégateurs avec un seul Compagnon, tous deux se trouvaient dans une grotte. Lors il dit à son Compagnon : « Ne sois pas triste : Dieu est avec nous. » Et Dieu fit descendre sur lui Sa sérénité, le conforta d'armées invisibles à vos yeux (9 : 40)[26].

Le Coran et les défis pour une société nouvelle à Médine

Le 17 septembre 622, le Prophète arriva à Yathrib[27]. Muhammad et l'islam/*islâm*[28] entraient alors dans une phase nouvelle, celle d'une responsabilité et d'un leadership socio-politique établis sur une base spirituelle. A Yathrib, rebaptisée alors al-Madîna (littéralement « la ville », c'est-à-dire « la ville du Prophète »), Muhammad devint le leader d'une communauté formée d'éléments divers, alors que quelques-uns de ses partisans mecquois étaient restés en arrière. La communauté émergeante de ceux qui s'engageaient vis-à-vis du message de Muhammad comprenait la communauté d'accueil, formée des *ansâr* (littéralement les « auxiliaires »), et la communauté émigrée, celle des *muhâjirûn* (littéralement les « émigrants »). Peu après être entré dans Médine, Muhammad jumela tous les *muhâjirûn* avec les *ansâr* dans une relation formelle de fraternité, qui exprima le fondement de la nouvelle société : la foi plutôt que la tribu.

> Ceux qui croient, ont fait exode, ont fait effort de leurs biens et de leur personne sur le chemin de Dieu ; ceux qui leur ont procuré asile et protection, ceux-là peuvent se prendre pour protecteurs mutuellement. Ceux qui croient, mais sans faire exode, vous ne leur devez pas protection tant qu'ils n'auront pas fait exode (8 : 72).

Cette communauté des justes devait proclamer la parole de Dieu et l'exprimer dans la vie personnelle et sociale.

> Les croyants et les croyantes sont en rapports mutuels de protection : ils commandent le convenable et proscrivent le mauvais ; ils accomplissent la prière, acquittent la purification, obéissent à Dieu et à Son Envoyé : ce sont eux que Dieu aura en Sa miséricorde. Dieu est Tout-Puissant et Sage (9 : 71).

A Médine, pourtant, se trouvait un groupe de gens qui donnaient en public l'impression d'appartenir à la communauté des musulmans, mais qui en secret étaient du nombre des ennemis du Prophète. Le plus éminent d'entre eux était 'Abd Allâh ibn Ubayy, et beaucoup parmi eux occupaient, avant l'arrivée de Muhammad, des positions clés dans la société de Yathrib. Le Coran les appelle les *munâfiqûn* (les hypocrites) :

> des poutres en mal d'appui (63 : 4),
> ceux qui ont au cœur une maladie (5 : 52).

Selon le Coran, ils n'étaient pas fiables durant les périodes de crise (33 : 12-14), évitaient de participer – financièrement ou physiquement – au *jihâd* (47 : 20-31), et attendaient même le temps où le Prophète serait expulsé de Médine (63 : 8). On parlait rarement d'eux, et le Prophète fit tout pour cacher l'identité de ceux qu'on soupçonnait d'hypocrisie :

> Il s'en trouve parmi eux pour dire : « Nous croyons en Dieu et au Jour dernier », sans être pour cela des croyants. Trahissant Dieu et ceux qui croient, ils ne trahissent qu'eux-mêmes, et n'en ont pas conscience. Il y avait une maladie dans leur cœur : Dieu les grandit en maladie ; il leur revient un châtiment douloureux, à la mesure de leur mensonge ! Si on leur dit : « Gardez-vous de faire dégât sur la terre », ils répondent : « Meilleure nous la rendons. » Eh bien ! Ce sont eux, les faiseurs de dégât,

mais ils n'en ont pas conscience. Si on leur dit : « Croyez comme crient les vrais hommes », ils répondent : « Nous croirions, nous, comme crient les sots ? » Eh bien ! Ce sont eux les sots, mais ils ne le savent pas. S'ils rencontrent de ceux qui croient, ils disent : « Nous croyons » ; et puis, restés seuls avec leurs démons, leur confient : « Nous sommes toujours des vôtres. Nous ne parlions que par dérision. » Or c'est bien Dieu qui les prend en dérision, tant qu'Il fournit à leur extravagante démesure (2 : 8-15).

Au niveau sociopolitique, Muhammad a également exercé le leadership sur une vaste communauté juive. Avec les chrétiens, les juifs sont appelés dans le Coran *ahl al-Kitâb* (gens du Livre). La communauté juive a joué un rôle économique, politique et culturel important à Médine. Il n'était pas rare qu'elle détienne les clés du pouvoir des tribus arabes, dont les guerres intertribales régulières lui rapportaient de nombreux avantages politiques. Les juifs représentaient vingt tribus hétérogènes qui, dans leur ensemble, nièrent la véracité de la mission de Muhammad et sa revendication de prophétie. Les relations entre les *muhâjirûn* et les *ansâr*, et celles entre les musulmans et les juifs, étaient consignées dans un document appelé Protocole de Médine, « faisant d'eux une seule communauté de croyants, mais autorisant des différences entre les deux religions » (Lings, 1983, p. 125). Malgré le traité qu'ils avaient signé avec Muhammad, les juifs désiraient pourtant revenir à leur position d'influence et d'autorité d'autrefois (Rodinson, 1980, p. 160). Les récits musulmans laissent entendre que ce ressentiment fut suffisant pour conduire de nombreux juifs, au début en secret et plus tard ouvertement, à rejoindre les Quraysh dans leur désir d'anéantir Muhammad et ses partisans (Lings, 1983, p. 160). Les violations ultérieures du traité commises par les juifs, habituellement la veille ou au cours d'une guerre contre les Quraysh, ou les attentats présumés contre la vie de Muhammad, conduisirent à leur expulsion de Médine[29]. Une autre communauté religieuse, qui était pour l'essentiel physiquement absente de Médine, mais qui représentait pourtant une part significative du discours coranique sur la relation entre les musulmans et les autres, était celle des chrétiens. Muhammad avait rencontré des chrétiens ascètes religieux dans ses voyages d'affaires, ainsi que des chrétiens esclaves ou commerçants en visite à La Mecque, ou même voisins à Médine. Le Coran accuse les juifs locaux et les chrétiens d'avoir volontairement falsifié leurs Ecritures (*tahrif*), parfois en déformant les mots eux-mêmes, d'autres fois en les utilisant dans un contexte injustifié :

> [...] ils déplacèrent les paroles de leurs lieux, oubliant toute une part du Rappel qui leur aura été signifiée [...] Tu ne failliras à percevoir d'eux encore une autre fourberie, à l'exception d'une poignée d'entre eux : accorde à ceux-là pardon, rémission. Dieu aime les bel-agissants (5 : 13).

En général, les chercheurs musulmans, en raison de cette « déformation », estiment que les Ecritures précédentes n'ont aucune validité. Ainsi, alors qu'il est imposé aux musulmans de croire que les livres révélés antérieurement viennent de Dieu, ils soutiennent en réalité que la seule Ecriture valide est le Coran et que le seul chemin du salut est l'islam[30]. Ce refus de reconnaître la possibilité de salut à travers les autres religions, après la venue de Muhammad, est inclus dans la doctrine de la succession. Selon cette doctrine, « pratiquer une religion donnée reste valide jusqu'à l'apparition de celle qui lui succède. La nouvelle pratique abroge alors la précédente » (Ayoub, 1989, p. 27). Ceux qui ont entendu le message de Moïse ont donc été obligés de croire en lui et de suivre la *Torah* jusqu'à la venue de Jésus dont le message, les *Injil*, a remplacé celui de Moïse jusqu'à la venue de Muhammad, avec qui la forme ultime de la foi a été définitivement déterminée[31].

J'ai dit précédemment que, dans les révélations mecquoises, le Coran relie croyances correctes et pratiques justes. Les textes d'opprobre révélés à Médine, qui se rapportent aux différents individus et communautés juifs et chrétiens rencontrés là-bas par le Prophète et les premiers musulmans, suggèrent une relation semblable entre les croyances erronées et l'exploitation socioéconomique des autres, comme c'était le cas chez les idolâtres de La Mecque. Selon le Coran, les juifs et les chrétiens justifiaient le fait d'exploiter leur propre peuple en prétendant que leurs Ecritures permettaient de telles pratiques. Le Coran a dénoncé cette exploitation des gens ordinaires et illettrés qui

> ne connaissent l'Ecrit qu'à travers leurs appétences (2 : 78)

par les prêtres des *ahl al-Kitâb*.

> Parmi les gens du Livre, il en est qui, leur confierais-tu un quintal, te le rendraient ; il en est qui, si tu leur confiais un seul denier, ne te le rendraient qu'après longue insistance de ta part. Cela tient à ce que selon leurs dires, « il n'y a pour les incultes contre nous nul recours ». Ainsi profèrent-ils sur Dieu un mensonge, et ils le savent bien (3 : 75).

Selon le Coran, beaucoup de juifs et de chrétiens croyaient qu'ils n'étaient pas comme les autres gens que Dieu avait créés, que leur pacte avec Dieu avait rehaussé leur statut vis-à-vis de Lui, et qu'ils étaient les amis de Dieu à l'exclusion des autres gens (62 : 6). Le Coran prétend qu'ils revendiquent une position privilégiée auprès de Dieu par le seul fait de s'appeler juifs ou chrétiens, c'est-à-dire en se réclamant d'une distinction fondée sur l'histoire, la naissance ou la tribu, et non sur la conduite ou la moralité. Ainsi, ils prétendent

> être les fils de Dieu, Ses aimés (5 : 18),
> se purifier eux-mêmes (4 : 49).

Répondant à cette idée de « pureté » inhérente, le Coran affirme :

> Dieu seul purifie qui Il veut, sans que personne soit d'un brin lésé (4 : 49).

Au cours de la période médinoise de la révélation coranique, l'accent était surtout mis sur les besoins à satisfaire dans l'immédiat pour construire une communauté socioreligieuse, ainsi que sur les défis politiques qu'elle affrontait. La réponse du Coran fut une combinaison d'injonctions et d'exhortations pressantes, qui eut un impact à long terme sur les fondements sociaux et spirituels de la communauté.

Outre les pressions internes de la nouvelle communauté qui émergeait, à Médine, du jumelage des *muhâjirûn* et des *ansâr*, la présence d'une communauté juive dissidente nombreuse et la mise en place du leadership du Prophète, la communauté eut à affronter les Mecquois et leurs alliés. Une série de campagnes et de batailles, les plus fameuses étant celles de Badr (624), Uhud (625) et de la Tranchée (627), eut lieu. Ces guerres furent invariablement décrites comme défensives :

> Permission est donnée à ceux qui combattent pour avoir subi l'iniquité... Dieu de les secourir est Capable (22 : 39).
>
> Combattez sur le chemin de Dieu ceux qui vous combattent, sans pour autant commettre d'agression : Dieu déteste les agresseurs (2 : 190).

Le Coran présente Dieu comme l'artisan manifeste de toutes les victoires, et attribue les échecs subis par les musulmans à leurs propres erreurs et à leur incapacité à mettre en œuvre les injonctions du Prophète.

> Lors tu quittas les tiens de bon matin, pour installer les croyants à leurs places de combat [...] Dieu est Entendant, Connaissant. Lors deux partis d'entre vous furent tentés de mollir, bien que Dieu fût leur protecteur à tous deux et qu'à Dieu n'ont qu'à s'en remettre les croyants [...] Dieu t'aura bien secouru à Badr quand vous étiez si bas ! Prémunissez-vous envers Dieu, dans l'espoir de lui devoir gratitude. Lors te voilà disant aux croyants : « Ne vous suffira-t-il donc pas que votre Seigneur vous grossisse d'une descente de trois mille anges ? » (3 : 121-124).

Tout au long de cette période, Muhammad envoya également des émissaires à un certain nombre de gouvernants en Arabie du Sud, à Byzance et en Perse pour les inviter à accepter la religion de l'islam. Certains répondirent en envoyant des cadeaux, laissant ainsi les options ouvertes, tandis que d'autres rejetèrent ses appels.

En mars 628, Muhammad conclut un traité de non-agression avec les Mecquois. Ce traité, signé dans les faubourgs de La Mecque, à Hudaybiyya, permit à Muhammad de conduire un groupe de musulmans à La Mecque l'année suivante, pour y entreprendre le pèlerinage. Les Mecquois devaient évacuer la cité pour quelques jours et permettre au pèlerinage de se dérouler. Cet abandon de la cité, même s'il découlait d'un accord mutuel, envoya aux nombreuses tribus indécises un message puissant sur le nouveau pouvoir et sur l'autorité des musulmans, et de nombreuses délégations vinrent à Médine au cours de l'année qui suivit, afin d'embrasser l'islam. Durant cette période, diverses campagnes parvinrent à soumettre d'autres tribus de la péninsule arabique. En janvier 630, Muhammad et une force d'environ dix mille musulmans entrèrent dans La Mecque après que les Quraysh furent soupçonnés d'avoir trahi le traité d'Hudaybiyya et, au cours des semaines qui suivirent, pratiquement tous les Mecquois acceptèrent l'islam. Muhammad retourna à

Médine d'où, l'année suivante, il conduisit une caravane pour le pèlerinage qui comprenait environ trente mille hommes et femmes. Il prononça ensuite un sermon émouvant : « En vérité, Dieu a rendu inviolables par vous le sang d'un autre et le bien d'un autre, jusqu'à ce que vous rencontriez votre Seigneur, comme il a rendu inviolable ce jour qui est vôtre, en cette terre qui est vôtre, durant ce mois qui est vôtre. » En conclusion du sermon, on raconte qu'il leva les yeux au ciel et dit : « Mon Seigneur ! Ai-je transmis correctement le message dont j'étais chargé, et ai-je accompli ma mission ? » La multitude répondit : « Par Dieu ! Tu l'as fait ! »

Toute la dernière période de la vie de Muhammad, en dépit du fait que La Mecque se mit à nouveau en vedette après l'hégire, est appelée la période médinoise. Outre les attitudes à adopter vis-à-vis des autres communautés religieuses et la lutte armée dont il a été question précédemment, les textes médinois traitent également des pratiques religieuses fondamentales telles que les prières collectives quotidiennes et hebdomadaires, ou le jeûne du mois de *ramadân*. Elles furent formalisées, et une multitude de règles relatives furent énoncées, soit à travers la révélation coranique, soit à travers la pratique ou les déclarations du Prophète. Certaines de ces révélations sont abordées dans les chapitres 7 et 8, où j'analyse le contenu du Coran[32].

Les dernières révélations

Alors qu'il y a parmi les savants musulmans une certaine unanimité concernant la première révélation, aucune n'existe au sujet de la révélation ultime : il y a au moins dix relations différentes sur les versets, ou le verset, constituant la dernière révélation. Par de nombreux aspects, cette variété est symptomatique de la façon dont la communauté s'était développée et des difficultés présentées par la transmission des traditions prophétiques. Les trois textes qui suivent, qui traitent de justice divine et de justice économique, sont présentés, individuellement ou collectivement, par Abd Allâh ibn 'Abbâs et Ibn Abî Hatim, tous deux Compagnons, comme la révélation finale :

> Prémunissez-vous contre le Jour où il sera de vous fait retour à Dieu, retour où toute âme recouvrera ses acquis, sans la moindre injustice [...] (2 : 281)[33].
>
> Vous qui croyez, prémunissez-vous envers Dieu. Abandonnez ce qu'il vous reste à percevoir d'usuraire, si vous êtes croyants (2 : 278).
>
> Croyants, si vous convenez d'une dette à terme fixé, mettez-la par écrit. Que l'inscrive pour vous un scribe, en toute équité ; ou qu'il ne se refuse pas à l'écrire selon ce que Dieu lui a appris ; qu'il écrive donc sous la dictée du débiteur ; qu'il se prémunisse envers Dieu, son Seigneur ; qu'il ne rabatte rien sur la somme. Si le débiteur est incapable ou faible, ou ne puisse dicter en personne, que dicte son ayant cause en toute équité. Prenez deux témoins parmi vos mâles, et s'il ne s'en trouve pas deux, eh bien ! un seul, plus deux femmes, parmi les témoins agréés. Car si l'une s'égare, l'autre lui rendra la mémoire. Et que les témoins ne refusent pas si on les requiert. Ne répugnez pas à mettre par écrit la dette petite ou grande, jusqu'à son terme : cela sera pour vous plus équitable en Dieu, plus valable comme témoignage, plus propre à épargner le doute. A moins qu'il ne s'agisse d'une affaire tout-venant, réglable entre vous : alors point de faute à ne l'écrire pas. Requérez témoignage de vos actes contractuels. Un scribe ne doit point subir de pression, non plus qu'un témoin. Si vous en êtes la cause, ce sera de votre part vilenie. Prémunissez-vous envers Dieu, et Dieu vous dispensera la science, Lui, Connaissant de toute chose (2 : 282).

Umm Salâma (morte autour de 60/680), une des femmes du Prophète, propose une narration intéressante des derniers versets à avoir été révélés. Outre qu'elle est pénétrante sur la question de la relation entre les sexes à l'époque, et sur la réponse que Dieu est supposé lui apporter, c'est aussi un exemple de la façon dont le Coran décrit Dieu en conversation avec les croyants. Umm Salâma raconte qu'elle a dit au Prophète : « O Prophète de Dieu, je vois que Dieu fait mention des hommes mais omet les femmes » (Zarkashi, 1972, 1 : 82-83). Selon elle, les versets suivants furent révélés en réponse à sa réclamation [34] :

> N'aspirez pas à ce dont Dieu avantage les uns sur les autres (4 : 32).
>
> Ceux et celles qui se soumettent, les croyants et les croyantes, les dévotieux et les dévotieuses, les hommes et les femmes de véridicité, de patience et de crainte, ceux et celles qui font l'aumône, jeûnent, contiennent leur sexe, pratiquent assidûment le Rappel, Dieu leur ménage Son indulgence, un salaire grandiose (33 : 35).
>
> [...] et leur Seigneur leur répond : « Moi, Je ne laisse perdre l'action d'aucun agissant parmi vous, homme ou femme, en réciprocité » (3 : 195).

Les versets qui suivent sont quelques-uns des autres versets proposés comme révélation finale, en raison de leur côté poignant, ou parce qu'ils semblent appropriés pour conclure le Coran :

> Il vous est venu un Envoyé élu parmi vous-mêmes. Lourdes lui sont vos fatigues. Vous êtes sa passion. Aux croyants vont sa tendresse et sa miséricorde. S'ils se dérobent, dis : « Dieu me suffise ! Il n'est de dieu que Lui. A Lui je fais confiance. Il est le Seigneur du Trône sublime » (9 : 128-129).
>
> Quiconque espère rencontrer son Seigneur, qu'il effectue l'œuvre salutaire, et n'associe personne à son Seigneur dans l'adoration (18 : 110).
>
> Quand vont venir de Dieu le secours victorieux, l'ouverture,

que tu verras les gens entrer dans la religion de Dieu par multitudes, alors exalte par la louange la transcendance de ton Seigneur, implore Son pardon : Il aime à Se repentir (110 : 1-3).

On rapporte qu'un certain nombre de Compagnons furent profondément attristés par la révélation du dernier verset qui vient d'être cité, car ils y virent le présage du proche départ de Muhammad de ce monde. Muhammad partit vers la miséricorde de Dieu un lundi matin, le 30 du mois de *rabi'al-awwal*, soit le 8 juin 632.

La naisssance de diverses revendications au sujet de la parole de Dieu

Alors que la famille du Prophète était dans le deuil, un groupe d'*ansâr* (la communauté médinoise d'accueil) s'était réuni pour élire l'un d'entre eux comme successeur du Prophète. Entendant cela, Abû Bakr et 'Umar ibn al-Khattâb (mort en 23/644) se hâtèrent de s'y rendre et, après avoir exalté les vertus des *ansâr*, soutinrent que le leadership des musulmans devait échoir aux *muhâjirûn*, ce que les *ansâr* acceptèrent. La famille proche du Prophète, les *ahl al-bayt* (littéralement « les gens de la maison »), dirigée par son cousin 'Alî ibn Abî Tâlib (mort en 40/661), ne prit pas part à la querelle. Alors que l'histoire sunnite de cette période exclut l'idée que les *ahl al-bayt* représentèrent une entité socioreligieuse cohérente et concrète pendant la vie du Prophète, l'histoire chiite, non seulement en est remplie, mais peut, dans un certain sens, être considérée comme fondée sur elle. Elle soutient que la famille du Prophète a occupé une position privilégiée de direction dans la vie socioreligieuse de la communauté (*umma*) et que 'Alî était le seul prétendant légitime à la direction de la communauté (la famille du Prophète, tenue pour être exempte de tout péché, fait aussi autorité pour les chiites en matière de jurisprudence et de théologie). 'Alî devint très solitaire pendant plusieurs mois après la disparition du Prophète. Alors que les sunnites n'y voient que de l'affliction, les chiites expliquent que c'était pour manifester sa désapprobation à Abû Bakr. Les deux tendances sont pourtant d'accord pour dire que, durant cette période, il était tranquillement occupé à rassembler et à transcrire le Coran. Le Prophète avait quitté ce monde et, en l'absence de sa main fédératrice et éclairante, la parole devait devenir un canon fixé – la parole essentiellement orale devait devenir une parole écrite et assemblée.

3

Le Coran comme parole écrite

Alors que pour les étrangers le Coran existe avant tout comme texte littéraire (*al-kitâb*, le livre), pour les musulmans il continue à fonctionner à la fois comme texte écrit (*mushaf*) et comme texte oral (*al-qur'ân*), avec une relation organique entre ces deux modes. Dans le premier chapitre, j'ai parlé de l'appréciation du Coran comme discours oral. Ici, je vais me limiter aux caractéristiques externes du Coran et je vais ainsi souligner cette relation organique. C'est un point important parce que l'érudition la plus critique s'est focalisée sur les dimensions écrites du texte – sans trop réfléchir à son contenu – et a échoué à reconnaître que sa centralité pour les musulmans transcende cet aspect. Il en découle que des interrogations comme celle de l'identité de Marie sœur de Aaron [1] en apparente contradiction avec Marie mère de Jésus ne tiennent pas compte du fait que le Coran est essentiellement évocateur pour les musulmans, et sa façon d'être évocateur est souvent instructive. En d'autres termes, la compréhension peut venir de la réponse émotionnelle et intuitive qui est suscitée chez celui qui écoute ou récite plus que de l'étude de son contenu.

Les divisions du Coran

Les éditions modernes du Coran comportent un en-tête qui fournit des informations de base au début de chaque *sûra* (habituellement traduit par « chapitre » [ou « sourate »]) ainsi que son nom, le nombre de *âyât* (habituellement traduit par « versets ») qu'elle contient, et si elle est considérée comme révélée à La Mecque ou à Médine. Les versions imprimées en Egypte, le plus largement utilisées dans le monde musulman aujourd'hui, suggèrent aussi les versets qui font exception, c'est-à-dire ceux qui interviennent dans un texte médinois et qui ont en fait été révélés à La Mecque, et vice-versa. Il y a deux divisions majeures dans le Coran, les sourates (chapitres) et les *ajzâ'* (parties) d'une part, et les versets *(âyât)* qui composent chaque sourate, d'autre part.

Les âyât

Le mot *âyât* (au singulier *âya*) signifie « signes », « indications » ou « prodiges ». Le *âya* est la plus courte des divisions du Coran, et le mot est également traduit par « verset », bien qu'on puisse aussi l'interpréter par « phrase » ou « passage ». Le texte suivant (69 : 40-43) montre comment les *âyât*, ou versets, sont agencés :

40. Ceci est le dire d'un noble Envoyé.
41. Non d'un poète – Que vous êtes peu à croire !
42. Non plus que d'un devin – Que vous êtes peu à méditer !
43. C'est descente s'opérant de par le Seigneur des univers.

Un assemblage de versets, habituellement séparés les uns des autres par l'apparition d'un rythme, d'une rime ou d'une assonance, forme une sourate. Le mot *âya*, quand il s'applique à cette division du Coran, n'a pas la signification première que le Coran donne à ce mot. Il intervient fréquemment dans le Coran avec le sens de signe de la présence de Dieu dans l'univers. Les musulmans croient qu'étant donné sa nature miraculeuse et inimitable, le Coran, ainsi que chacun de ses éléments constitutifs, est un signe de la présence de Dieu en ce monde.

> Vraiment, il y a dans la création des cieux et de la terre, dans l'alternance du jour et de la nuit, dans la course des navires sur la mer, chargés d'utilités pour les hommes, dans l'eau que Dieu fait descendre du ciel et dont Il fait revivre la terre après l'avoir fait mourir, avant d'y répandre des animaux de toute espèce, dans la modulation des vents et des nuages, Ses commissionnés entre le ciel et la terre, il y a vraiment dans tout cela des signes pour un peuple capable de raisonner (2 : 164).

Le sentiment musulman que le Coran dans son ensemble est lui-même *âya*, et que la notion de *âya* est la révélation elle-même, est renforcé par le *âya* (verset) suivant du Coran (2 : 41), en remarquant comment plusieurs phrases sont rassemblées en un seul *âya* :

> [Enfants d'Israël], croyez en ce que J'ai fait descendre pour avérer votre legs. Ne soyez pas les premiers à y opposer un déni. Ne vendez pas Mes signes à vil prix, mais envers Moi vous prémunissez.

Il y a un désaccord considérable parmi les spécialistes du Coran, religieux ou non, concernant la séparation précise entre les versets d'une part, et les phrases ou expressions au sein d'un même verset d'autre part. Certaines de ces différences conduisent à des désaccords fascinants sur des questions théologiques sérieuses. Le verset suivant en donne un exemple :

> Lui qui a fait descendre sur toi l'Ecrit, dont tels signes, sa partie mère, sont péremptoires, et tels autres ambigus. Qui porte au cœur la déviance, eh bien ! il s'attache à l'ambigu, par passion du trouble, passion de déchiffrer l'ambigu, alors que Dieu seul a la science de la déchiffrer, et que ceux de science bien assise se bornent à dire : « Nous y croyons : tout cela vient de notre Seigneur » – mais ne méditent que ceux dotés de moelles (3 : 7).

Ce que le texte dit au fond, c'est que certains des versets du Coran sont explicites alors que d'autres sont ambigus, sujet sur lequel nous allons revenir. La question se pose de savoir si la signification des versets ambigus est accessible aux humains ou non. La réponse à cette question dépend de l'endroit où la phrase se termine au sein du verset. Si on fait l'hypothèse que la phrase « alors que Dieu seul a la science de la déchiffrer » se termine comme elle le fait dans la traduction ci-dessus par une virgule – signe de ponctuation qui était inconnu dans la graphie arabe de l'époque prophétique – après « déchiffrer », alors la réponse est claire : personne ne doit sonder plus avant. Si par contre on ignore la virgule et qu'on poursuit la phrase, on obtient une signification totalement différente : « alors que Dieu seul a la science de la déchiffrer ainsi que ceux de science bien assise ». La suite du texte devient alors : « Ils se bornent à dire : "Nous y croyons : tout cela vient de notre Seigneur". » Ainsi, ceux qui se pensent « de science bien assise » glosent sur la signification des versets ambigus, tandis que les partisans d'une pause dans le verset les condamnent pour la raison qu'ils portent « au cœur la déviance » en s'occupant de choses que Dieu seul connaît.

Les sourates

Le Coran comprend cent quatorze sourates, chacune d'elles divisée en versets. Le mot *sura* signifie littéralement « rangée » ou « haie », et apparaît neuf fois dans le Coran. Il semble signifier à la fois une section ou chapitre, et la révélation elle-même. Dans le verset suivant, nous voyons par exemple comment il est utilisé pour exprimer une unité de révélation :

> Une sourate que Nous avons fait descendre avec des dispositions obligatoires. Et Nous y avons fait descendre des signes d'évidence, escomptant que vous méditiez (24 : 1).

Dans les versets suivants, nous voyons le mot utilisé pour désigner le chapitre :

> Ce Coran-ci eût été impossible, en dehors de Dieu, à combiner. Aussi bien vient-il avérer les messages en vigueur, et détailler l'Ecrit qu'aucun doute n'entache. Il vient du Seigneur des univers. Diront-ils quand même : « Il l'a combiné » ? Dis : « Amenez une sourate pareille, invoquez qui vous pouvez en dehors de Dieu, pour autant que vous soyez véridiques » (10 : 37-38).

Alors que la plupart des savants musulmans soutiennent qu'il est fait allusion ici à une sourate unique, on peut aisément considérer que la signification de *sura* est « révélation ». Le verset 49 de la sourate *al-Qasas* (28) est du même avis :

> Dis : « Amenez donc de devers Dieu une Ecriture plus propre que ces deux-ci à guider, que je la suive ; pour autant que vous soyez véridiques » (28 : 49).

Alors que le mot *sura* peut être sans risque rendu par « chapitre », pour peu qu'on soit souple dans l'application de ce terme, il y a des exceptions. La sourate suivante, *al-Fâtiha*, qu'on appelle habituellement *Ouverture*, souvent considérée comme le pendant musulman du *Notre Père*, est en réalité une prière qui se conclut toujours par l'expression *âmîn* (amen) même quand elle est récitée au cours des prières rituelles.

1. Au nom de Dieu, le Tout miséricorde, le Miséricordieux.
2. Louange à Dieu, Seigneur des univers,
3. le Tout miséricorde, le Miséricordieux,
4. le roi du Jour de l'allégeance.
5. C'est Toi que nous adorons, Toi de qui le secours implorons.
6. Guide-nous sur la voie de rectitude,
7. La voie de ceux que Tu as gratifiés, non pas celle des réprouvés, non plus que de ceux qui s'égarent.

De même les deux sourates suivantes, qui concluent le Coran et qu'on appelle *al-Mu'awwadhatayn* (les deux *Sourates du refuge*) sont réellement des incantations :

1. Dis : « Mon refuge soit en le Seigneur du point du jour
2. contre le ravage causé par sa créature,
3. contre le ravage de l'heure où la nuit s'épaissit,
4. contre le ravage de celles qui soufflent sur des nœuds,
5. contre l'envie de l'envieux » (113).

1. Dis : « Mon refuge soit le Seigneur des hommes,
2. le Roi des hommes,
3. le Dieu des hommes,
4. contre le ravage de l'instigateur sournois
5. qui chuchote dans la poitrine des hommes,
6. (l'instigateur) de parmi les djinns et les hommes » (114).

Comme je le développerai dans le chapitre suivant, les musulmans pensent que les éléments contenus par le Coran ont été arrangés par le Prophète lui-même de son vivant, et que cela se faisait chaque année sous la conduite de l'ange Gabriel. Après *al-Fâtiha* (*Ouverture*), les chapitres sont classés à peu près par ordre de taille décroissant, en commençant par *al-Baqara* (*La vache*) et en finissant par *al-Nass* (*Les hommes*). Ces sourates sont toutes de longueur inégale, la plus courte étant de trois versets (108, *L'affluence*) et la plus longue de deux cent quatre-vingt-six versets (2, *La vache*). A une exception près, *al-Tawba* (*Le repentir*), toutes les sourates commencent par « Au nom de Dieu, le Tout miséricorde, le Miséricordieux ». On appelle cette formule la *basmala*, et on l'utilisait à l'origine pour indiquer la frontière entre deux sourates[2]. Les musulmans suggèrent que, parce que la sourate *al-Tawba* commence par la dénonciation par Dieu des associateurs et par une déclaration de guerre contre eux, l'omission de la grâce et de la miséricorde de Dieu contenues dans la *basmala* est intentionnelle. D'autres suggèrent aussi que, parce que cette sourate fut révélée vers la fin de la vie terrestre du Prophète, il n'avait pas eu le temps d'insérer la *basmala*. Certains savants ont soutenu que cette sourate faisait à l'origine partie de celle qui la précédait, d'où l'absence de *basmala*. Bien que cette expression soit immanquablement utilisée avant de commencer la lecture du Coran, il existe des divergences entre les savants sur le point de savoir si la *basmala* fait partie des sourates ou non. La plupart d'entre eux sont toutefois d'avis qu'elle fait partie intégrante de la première sourate, *Ouverture*[3].

Toutes les sourates portent un nom et certaines plusieurs. Ces noms se fondent sur différents critères, sans qu'il y ait de méthode évidente pour les sélectionner[4]. La plupart des sourates sont désignées à partir d'un mot distinctif qui apparaît habituellement assez tôt dans le texte[5]. Un grand nombre de sourates porte un nom en relation avec le sujet principal traité dans la sourate. Certaines sont désignées à partir des quelques lettres isolées qui apparaissent juste au début de la sourate. Un certain nombre de hadiths font référence à des sourates spécifiques par leur nom, indiquant ainsi que c'est le Prophète qui leur donnait celui-ci. Comme il s'agit d'une question en relation directe avec le Coran, les musulmans croient que c'est une circonstance où « il ne parle pas de son propre chef », c'est-à-dire qu'il est, sur ce point, guidé par Dieu (Suyûtî, 1973, 1 : 68). Certains ont toutefois suggéré que les noms n'appartiennent pas au Coran « en propre » et ont été « introduits par des savants ou des éditeurs ultérieurs, pour faciliter la recherche » (Bell, 1970, p. 59).

Dans les cercles musulmans, il est courant de faire allusion à une sourate, quand on parle d'un verset particulier, sans mentionner le numéro du verset, en disant par exemple : « Allah dit dans la sourate *al-Baqara*... » ou « Allah dit dans le Coran... ». Il est également habituel d'entendre des musulmans dire seulement « Le Coran dit... » et réciter ensuite le verset, sans référence au chapitre ou au numéro du verset. Dans la plupart des cas, ils seraient bien incapables de situer précisément le verset. Au fur et à mesure que les savants musulmans entraient en relation avec l'érudition critique, ils ont adopté la manière occidentale de citer [le Coran], en précisant les numéros de la sourate et du verset par exemple « 24 : 4 », ou « sourate 24, verset 4 ».

Les sourates du Coran ont été réparties en quatre catégories selon leur longueur. Cette répartition se fonde sur un hadith considéré comme faible (*gharîb*) et qui plonge probablement ses racines dans l'apologétique musulmane ancienne. « Les sept longues m'ont été données à la place de la Torah, les *ma'ûn* à la place des Evangiles (*al-injîl*), les *mathânî* à la place des Psaumes (*zabûr*), et j'ai été distingué avec les *mufassal.* » L'érudition musulmane traditionnelle les distingue comme suit : les *tiwâl* (les longues) sont les sourates 2 à 10, les *ma'ûn* sont les sourates comportant une centaine de versets (10 à 35), les *mathânî* comportent moins de cent versets, et les *mufassal* sont les plus courtes (50 à 114)[6].

Les lettres isolées

Suivant immédiatement la *basmala*, on trouve plusieurs lettres de l'alphabet arabe, séparées, au commencement de vingt-neuf sourates. Appelées *al-hurûf al-muqatta'ât* (les lettres isolées), ces lettres n'ont pas de signification au sens littéral, et leur présence a intrigué à la fois les savants religieux et les savants traditionnels. A l'exception des deuxième et troisième sourates, elles apparaissent dans des sourates de la fin de la période mecquoise. Le nombre de ces lettres (qui apparaissent en tout quatorze fois) varie de un à cinq. Certains de ces groupes de lettres apparaissent au début d'une seule sourate, et d'autres jusque dans six sourates. Certains musulmans soutiennent qu'il ne s'agissait que de simples lettres de l'alphabet utilisées pour attirer l'attention du Prophète sur la révélation imminente (on dit aussi que ces lettres étaient des noms de substitution pour le Prophète, puisque Dieu les utilisait pour attirer son attention) [7]. D'autres suggèrent que ces lettres sont des abréviations de mots et de phrases réels qui concernent Dieu et Ses attributs. Les innombrables possibilités d'interprétation de ces « lettres isolées » ont conduit la grande majorité des musulmans à en déduire qu'elles recèlent une forme quelconque de signification spirituelle profonde accessible seulement à ceux qui cheminent sur la voie de l'amitié avec Dieu. Beaucoup en concluent pourtant qu'« elles sont destinées à illustrer la nature inimitable et merveilleuse de la révélation coranique qui, bien que prenant sa source dans un domaine hors d'atteinte de la perception humaine (*ghayb*), peut être transmise à l'homme au moyen des sons mêmes (représentés par les lettres) qui forment le discours humain habituel » (Asad, 1980, p. 992). « Dans tout écrit divin (*kitâb*), dit Abû Bakr, le successeur du Prophète, il y a un certain élément de mystère, et le mystère du Coran tient à l'ouverture de [certaines de ses] sourates » (cité par Rida, 1980, vol. 8, p. 303) [8].

Les spécialistes de la critique textuelle ont aussi mis en avant diverses théories au sujet de l'origine de ces lettres, tous s'accordant sur le fait que les lettres sont extérieures au texte et sont des additions tardives. Selon certaines de ces théories, il s'agit d'initiales des noms des scribes, ou des abréviations de noms de sourates, tombés en désuétude. Les « preuves » apportées par ces théories, rassemblées par Watt et Bell (1970, p. 61-65), témoignent du caractère arbitraire de ce qui passe pour de l'érudition critique, et de la fragilité de ses théories. Comment quelque chose d'aussi matériel que la signature de quelqu'un peut-il pénétrer au sein d'une cantillation sacrée dans une société de tradition profondément orale, ou comment une même « signature » peut-elle être rattachée à plusieurs sourates : cela n'a pas été expliqué par ces chercheurs. Dans chaque sourate où ces lettres apparaissent, ce à quoi il est fait référence aussitôt après est une forme quelconque de révélation, utilisant des mots comme *wahy* (révélation), *tanzîl* (descente) ou *kitâb* (livre), ce qui conduit à penser qu'elles ont beaucoup plus à voir avec l'acte de révélation lui-même, attirant l'attention sur lui ou évoquant des réponses à cet acte.

Parties et sections (*ajzâ'* et *ahzâb*)

Cette division entre trente parties égales, chacune appelée un *juz*, est un phénomène fascinant propre au Coran, probablement unique dans la littérature. C'est la division de base, connue de millions de musulmans qui, à travers le monde, apprennent à lire et à mémoriser le Coran dès l'enfance, sans même apprendre à comprendre l'arabe. Pendant des années, au cours de l'enfance, nous avançons avec peine à travers la lecture du Coran, grappillant chaque jour une petite partie dont nous accomplissons la lecture ou la mémorisation, et notre progression se mesure au nombre de *ajzâ'* (pluriel de *juz*) que nous avons terminés. De la même manière que des membres de la famille nous demandent en quelle classe nous sommes à l'école, on nous demande : « A quel *juz* en es-tu en ce moment ? » Cette division est destinée à faciliter la récitation du Coran dans le cadre d'un mois, en particulier le mois de *ramadân*. A travers le monde musulman, le seul livre qu'on trouve à la mosquée est souvent le Coran, habituellement sous forme d'un livre unique regroupant les trente *ajzâ'*, mais il n'est pas rare que ce soit aussi sous forme de fascicules séparés. Les *ajzâ'* sont en outre divisés en quatre sections nettement distinctes, qui sont indiquées par des marques en marge du texte. Ces sections sont appelées *ahzâb* (au sing. *hizb*, c'est-à-dire « section »), représentant chacune un quart de *juz*. Pour faciliter la lecture sur une base quotidienne, le *juz* est divisé en sept parties appelées *manâzil* (au sing. *manzil*, littéralement « degré »), qui sont également indiquées dans les marges. Il est important de signaler qu'aucune de ces divisions, essentielles pour l'usage que le musulman fait du Coran, n'est en rapport avec la signification du texte ou avec le sujet traité. Voilà donc une preuve que le Coran est avant tout une Ecriture récitée plutôt que lue et étudiée.

L'organisation du Coran

L'organisation actuelle du Coran n'est ni chronologique ni thématique. A ceux qui sont habitués à lire de façon linéaire et séquentielle, cela peut s'avérer fastidieux et frustrant[9]. Le

Coran n'a pas non plus de modèle narratif clair, où les histoires se dérouleraient avec ordre. L'histoire de Joseph est la seule exception à la règle des narrations, qui apparaissent dans différentes relations, avec diverses parties du même récit éparpillées à travers le Coran. Cet éparpillement narratif apparent du Coran a fait l'objet d'un vif débat entre érudits, qui a pour une bonne part perdu de vue ses objectifs. « Même quand la narration prédomine, l'histoire est rarement racontée de manière directe, mais tend à se transformer en une série d'images décrites en quelques mots ; l'action avance incident par incident, de manière discontinue, et les liaisons sont laissées à l'imagination de l'auditeur » (Bell, 1970, p. 81). Cette apparente incohérence est aussi caractéristique du reste du Coran, fait d'exhortations, d'injonctions et d'éléments liturgiques.

> Après une courte prière, le Coran commence par le chapitre le plus long, l'un des plus complexes, se situant tard dans le cheminement de Muhammad, un chapitre qui aborde l'éventail complet des questions légales, historiques, polémiques et religieuses, d'une façon qui déroute le lecteur non immergé dans l'histoire et le droit de l'islam des origines. Pour ceux qui sont familiers de la Bible, c'est comme si la seconde page s'ouvrait sur une combinaison de discussions juridiques du Lévitique, de polémique historique du Livre des Juges et d'allusions eschatologiques extraites de l'Apocalypse, ces différents sujets étant mélangés les uns aux autres et commençant au milieu du sujet (Sells, 1999, p. xi).

Alors qu'il y a unanimité sur la place des versets à l'intérieur des sourates, les savants traditionnels ont divergé sur le point de savoir si l'enchaînement des sourates a aussi été organisé divinement pour l'ensemble ou seulement pour certaines d'entre elles [10]. La plupart des musulmans ont admis cet aspect incohérent, même s'il y a eu un certain nombre de tentatives pour proposer une explication structurelle à la façon dont les sourates sont disposées dans le Coran. Zarkashi dit que l'enchaînement des sourates reflète son origine divine, quand on observe les faits qui suivent :

— le placement des sourates qui commencent par *h-m*, qui se suivent les unes les autres ;

— la relation entre le contenu/la signification de la fin des sourates avec le commencement des suivantes ;

— l'équilibre et la rime entre les mots, comme dans la fin de la sourate 111, *al-Masad* (*La fibre*) et dans celle qui la suit, la sourate 112, *al-Ikhlâs* (*La religion foncière*) – le dernier verset de la première et tous les versets de la seconde de ces sourates se terminent par le son *ad* ;

— la ressemblance entre les modèles rimiques de chapitres entiers regroupés, comme la sourate 93, *al-Duhâ* (*L'éclat du jour*), et la sourate 94, *al-Sharh* (*L'épanouissement*).

L'aspect apparemment décousu des sourates est cependant accepté par la plupart des savants traditionnels. Certains prétendent pourtant que cette acceptation est une sorte de « concession » faite à l'érudition critique. Hâmid al-Dîn al-Fârâhi (mort en 1930), un savant originaire du sous-continent indien, soutient que le Coran a en réalité une structure remarquable, avec un contenu organisé d'une manière parfaitement harmonieuse, et qu'apprécier cet arrangement irréprochable est le fondement pour en comprendre la signification. Ses idées ont été développées par un de ses étudiants, Amin Ahsan Islahi (mort en 1997), qui a fondé la totalité de son commentaire du Coran, *Tadabbur al-Qur'ân* (*Réflexions sur le Coran*), sur l'idée de sa cohésion et de son harmonie structurelles [11]. Mustansir Mir a proposé le résumé suivant de la théorie d'Islahi, formulé dans l'introduction à son commentaire (Mir, 1986) :

— Chaque sourate coranique contient une idée dominante, appelée l'axe de cette sourate, autour de laquelle tournent tous les versets de cette sourate. Ainsi aucun verset, ou groupe de versets, n'est isolé, mais il a un lien direct avec l'axe de la sourate.

— Les sourates du Coran vont par paires, les deux sourates de chaque paire étant complémentaires l'une de l'autre et constituant ensemble une unité. Il existe cependant quelques exceptions. La première sourate, *al-Fâtiha*, n'a pas de complément, parce qu'elle est une sorte de préface à l'ensemble du Coran. Aucune des autres exceptions n'est une exception au vrai sens du terme, puisque chacune d'elles est un appendice à une sourate ou à une autre.

— Les cent quatorze sourates du Coran se répartissent en sept groupes. Le premier groupe finit à la sourate 5, le deuxième à la sourate 9, le troisième à la sourate 24, le quatrième à la sourate 33, le cinquième à la sourate 49, le sixième à la sourate 66 et le septième à la sourate 114. Chaque groupe contient une ou plusieurs sourates mecquoises, suivies d'une ou plusieurs sourates médinoises du même jet. Comme les sourates individuelles ou comme chaque paire de sourates, chaque groupe a un thème central qui court à travers toutes ses sourates, les liant pour en faire un élément distinct. Dans chaque groupe, les thèmes des autres groupes apparaissent également, mais comme thèmes auxiliaires.

— Chaque groupe conduit logiquement au suivant, et ainsi tous les groupes deviennent des variations autour du thème central du Coran, qui est « l'appel que Dieu lance à l'homme pour qu'il adopte le chemin droit ».

Les divisions qu'on vient de proposer, certes innovatrices, se révèlent arbitraires et dépendent trop de ce que le lecteur a choisi de voir. Il est aussi assez difficile d'imaginer le Prophète et les Compagnons traçant leur chemin à travers un système élaboré de divisions textuelles tel que celui présenté ci-dessus. Parce que le Coran est la parole récitée, outre qu'il est la parole écrite, cette division apparente est de peu d'importance pour la plupart des musulmans. Les répétitions sont vues comme des rappels répétés venant de Dieu, la présence de textes juridiques au milieu d'une narration comme une manière pour Dieu d'attirer notre attention sur ce qui doit être appris du texte, les ruptures dans une narration reflètent la liberté de Dieu vis-à-vis des modèles littéraires humains, ou suggèrent que l'information qu'elle contient est souvent secondaire, alors que le mode, les compositions fermes et le rythme intérieur sont essentiels. La plupart des musulmans voient l'absence apparente de structure et de classification des sourates du Coran comme le signe de sa distinction et comme un reflet de son rôle dans l'univers. Kenneth Cragg, malgré ses propres tentatives pour donner à la révélation coranique un sens incontestable d'ici et maintenant, de révélation dans le contexte, dit :

> Nous sommes proprement et divinement découragés et frustrés si nous entreprenons à tort d'« incidentaliser » la signification du Coran, de relier le *quoi* au *quand* et au *où*. Nous devons suivre, en mémorisant, en récitant, en lisant et en expliquant, la séquence des sourates, régulière et profonde, telles qu'elles se présentent dans le désordre des dates, pour mieux appréhender la musique de leur vérité » (1971, p. 113).

La langue du Coran

En général, l'érudition musulmane comme l'érudition critique affirment que le Coran est apparu pour la première fois en langue arabe.

> Nous l'avons fait descendre en forme de Coran arabe, escomptant que vous raisonniez (12 : 2).

Le Coran décrit aussi son propre arabe comme *mubîn* (clair). Dans une approche intéressante de la relation dialectique entre le Coran parole de Dieu et la société œuvre de Dieu, le Coran explique pourquoi il a été révélé en arabe :

> Si Nous avions fait un Coran en langue barbare, ils auraient dit : « Ah ! Si les signes en étaient articulés ! » Alors, tout ensemble barbare et arabe ? Dis : « Il est pour les croyants guidance et guérison. Ceux qui n'y croient pas ont dans l'oreille une surdité, le (message) est sur eux cécité. Ceux-là n'en perçoivent plus qu'un appel lointain » (41 : 44).

L'érudition traditionnelle musulmane assure que le Coran a été écrit dans le dialecte des Quraysh, la tribu du Prophète, car c'était le seul langage connu et compris par tous les Arabes. Certains savants occidentaux ont soutenu que l'arabe du Coran n'était pas spécifique à une tribu, mais était une sorte de *hochsprache* comprise dans tout le Hijaz – position identique à celle de l'arabe classique aujourd'hui. D'autres ont aussi avancé que le *'arabiyy* évoqué dans le verset 12 : 2 est une allusion au *'arabiyya*, la langue littéraire des bédouins. Partant de là, ils affirment que l'arabe coranique ressemble plus à la langue utilisée par les poètes arabes classiques de cette époque. Karl Vollers, par exemple, dans *Volksprache und Schriftsprache im alten Arabien (Langue parlée et langue écrite dans l'Arabie ancienne)* (1906), défend l'idée que le Coran a d'abord été récité par Muhammad dans un arabe familier, sans les terminaisons des cas [grammaticaux], et que la langue actuelle du Coran est une fabrication des philologues ultérieurs, qui ont essayé d'installer la révélation en arabe classique. Une publication allemande récente, non encore traduite, rédigée par un chercheur signant du nom de « Christoph Luxenborg » et modestement intitulée *Die Syro-Aramaische Lesart des Koran – Ein Beitrag sur Entschlusselung der Koransprache (La lecture syro-araméenne du Coran – Une contribu-*

tion au déchiffrement de la langue du Coran), va probablement constituer un apport majeur à l'érudition révisionniste – en particulier en ce qui concerne la langue du Coran. Il suggère qu'une adaptation en syriaque de nombreuses œuvres normalement exprimées en arabe va contribuer à éclairer des textes que les chercheurs ont eu beaucoup de mal à essayer de comprendre d'un point de vue linguistique. Par un processus soigneux consistant à essayer de remplacer tour à tour des mots ou des phrases coraniques « obscures » en arabe par des homonymes syriaques, en changeant les points diacritiques (c'est-à-dire en faisant l'hypothèse qu'ils auraient pu être mal positionnés par les « rédacteurs »), ou en retraduisant le texte vers le syriaque pour tirer de ces racines une explication plus « logique », Luxenborg fournit une interprétation radicalement différente d'un certain nombre de textes, interprétation en contradiction avec toute lecture fondée sur l'idée que le Coran est essentiellement un texte arabe.

Le Coran lui-même affirme sans cesse qu'il est un « Coran arabe » (12 : 2 ; 13 : 37 ; 16 : 103) unique et inimitable, afin de parfaitement communiquer ce qu'il signifie à des gens qui tirent une grande fierté de la qualité expressive de leur langue. La plus grande partie de la discussion ancienne sur les éléments linguistiques du Coran s'est concentrée sur la présence, ou non, en lui de mots non arabes – discussion bien sûr fondée sur le principe qu'il est un texte essentiellement arabe. Les versets cités plus haut devinrent les textes clés pour étayer le point de vue de ceux qui soutiennent que le Coran ne contient aucun terme non arabe. Les premiers exégètes, en particulier ceux associés à 'Abd Allâh ibn 'Abbâs (mort en 68 de l'hégire), cousin du Prophète, débattirent librement d'un grand nombre de mots non arabes dans le Coran [12]. La littérature des hadiths attribue à Ibn 'Abbâs et à son « école » le mérite de s'être intéressés spécialement à la recherche de leur origine et de leur signification [13]. Même plus tard, des savants éminents du Coran, tels que l'exégète et philologue

Abû 'Ubayd (mort en 838), ont continué à soutenir que le Coran contient des mots étrangers. D'autres savants, comme Ibn 'Atiyya (mort en 541/1146), Suyûtî (mort en 911/1505) et 'Abd al-Rahman al-Tha'labi (mort en 1468 ap. J.C.), ont essayé de réconcilier la théologie avec les principes linguistiques : ils affirmaient que les mots étrangers dans le Coran étaient arrivés dans la langue arabe grâce aux contacts des Arabes anciens avec d'autres langues, à travers le voyage et le commerce, mais qu'ils étaient totalement arabisés à l'époque du Prophète. Diverses théories furent élaborées pour résoudre la contradiction entre la conception attribuée à Ibn 'Abbâs et celle qui devait être plus largement admise par la suite, à savoir que le Coran ne contient aucune terminologie étrangère. Pour traiter de la présence effective dans la langue arabe de mots qu'on trouve aussi dans les langues non arabes, certains de ces savants, comme Muhammad ibn Idris al-Shâfi'i (mort en 204/819) et Tabari, ont développé le concept de *tawâfuq* (coïncidence). Ils assurent que l'arabe et d'autres langues ont en commun d'utiliser des mots semblables, avec des significations identiques, et que cette uniformité de signification est pure coïncidence.

L'idée qu'une langue ou un discours soient absolument exempts d'expressions ou de mots utilisés dans une autre langue est contraire à l'un des principes linguistiques les plus fondamentaux, qui postule l'interrelation du discours humain. Même si cela peut sembler trivial, deux facteurs montrent pourtant que l'idée a été rejetée par l'« orthodoxie ». Premièrement, le Coran n'est pas réellement considéré comme un discours humain, mais plutôt comme le discours de Dieu, et le discours de Dieu ne peut être soumis à un quelconque principe linguistique. En fait, comme chacun le sait, l'arabe coranique est devenu le standard de la grammaire arabe (le problème subsiste de la nécessité pour le discours de Dieu de coïncider avec le discours humain, pour son aboutissement et sa signification). Deuxièmement, pour l'« orthodoxie », le caractère éternel et l'autosubsistance propres à Dieu s'appliquent à Sa révélation. Le Coran et sa langue finissent donc par être vus comme également intemporels et affranchis de tout élément « non divin », y compris d'élément non arabe. Le fait que la révélation de Dieu se soit produite en arabe (ou dans une quelconque autre langue), ajouté à l'affirmation insistante selon laquelle c'est un support sans intermédiaire que Dieu a utilisé, soulève une question intéressante : si toute langue ou tout discours compréhensible est le résultat d'une interaction sociale, cela implique-t-il que Dieu est également « limité » ou contraint par les limitations du langage ? Si oui, quelle en est la conséquence pour la nature toute-puissante de Dieu ?

Le style littéraire du Coran

La différence entre les diverses manières d'apprécier le style du Coran est réellement l'histoire de « deux personnes regardant de derrière les barreaux d'une prison : l'une voyait la fange, et l'autre les étoiles » : Ruhl parle de la façon dont, « pour les musulmans, l'absolue perfection de la langue du Coran est un dogme inattaquable, ce qui n'est pas aisé à reconnaître par le lecteur qui dispose d'une formation stylistique et qui est doté d'une certaine capacité à goûter [14] » (1987, p. 1067). La question, bien sûr, se pose : quelle « formation » et quel « goût » ? Au goût de Ruhl, le Coran démontre que « le Prophète devient friand de répétitions circonspectes de longues histoires parsemées de platitudes morales ou religieuses du plus mauvais effet... ou d'explications psychologiques triviales, ou de polémiques qui ne prouvent que peu de choses à ceux qui ne partagent pas son principe de base » (*ibid.*). Voici en quels termes Ayoub évoque le style coranique :

La langue coranique est parfois rhapsodique. Les versets du début de la sourate 36 (*Yâ-Sîn*, du nom des deux lettres isolées), par exemple, avancent rapidement, avec une grande force dramatique, dans le récit des histoires inconnues des époque révolues et de la dramatique rencontre des êtres humains avec Dieu au Jour du jugement. Sa puissance pour engendrer la crainte est telle qu'on la récite sur le mort. En d'autres endroits [du Coran], la langue est régulière et paisible, comme dans la sourate 55 (*al-Rahmân*, *Le Midéricordieux*) qui dépeint les rivières qui coulent au paradis, langage qui n'est réalisé sur terre que de façon imparfaite, et dont on a reconnu les vertus hypnotiques. Un bon récitant a souvent le pouvoir de conduire les auditeurs à des états d'excitation ou à des transports de béatitude, quand ils finissent par être totalement submergés par les mots (Ayoub, 1987, 12 : 176-177).

La majeure partie du Coran est faite de prose rimée (*saj*ʿ) qui comporte deux ou plusieurs brèves sections dont l'énonciation est liée par une rime, mais habituellement sans métrique. C'est particulièrement vrai pour les sourates les plus courtes, et pour certaines parties des sourates les plus longues. Cette « caractéristique distinctive est étroitement liée à sa fonction orale et liturgique » (Welch, 1986, 5 : 40). Dans un certain nombre de textes, on rencontre une forme de rime ou de mètre qui crée une tension (par exemple, 74 : 1-7 et 91 : 1-10). « Ce mécanisme est dû à la brièveté des vers rimés et à la répétition de la même forme de phrase plutôt qu'à un effort pour produire une forme métrique stricte » (Bell, 1970, p. 61). Un exemple de *saj*ʿ est proposé dans la sourate 93, *al-Duhâ* (*L'éclat du jour*) [15] :

1. *Wa l-duhâ*
Par l'éclat du jour,
2. *wa l-layli idha sajâ*
par la nuit s'enténébrant,
3. *mâ wadda*ʿ*aka rabbuka wa mâ qalâ*

ton Seigneur ne te congédie pas plus qu'Il ne te déteste
4. *wa la l-akhiratu khayrun l-laka mina l-ûlâ*
et il est sûr que la vie dernière vaudra mieux pour toi que la première.
5. *wa lasawfa yu'tîka rabbuka fa tardâ*
Ton Seigneur t'y prodiguera tout à ton contentement.
6. *a lam yajidka yatîman fa 'âwâ*
Ne t'a-t-Il pas trouvé orphelin ? Il t'abrita.
7. *wa wajadaka dâllan fa hadâ*
Trouvé dans l'errance ? Il te guida.
8. *wa wajadaka 'â'ilan fa aghnâ*
Trouvé nécessiteux ? Il te combla.
9. *fa ammâ l-yattîma fa lâ taqhar*
Va ! L'orphelin, ne lui fais pas violence,
10. *wa ammâ l-sa'ila fa lâ tanhar*
non plus que ne repousse le mendiant !
11. *wa ammâ bini'mati rabbika fa haddith*
Mais célèbre le bienfait de ton Seigneur.

Pourtant, l'arabe du Coran s'écarte assez fréquemment des règles pures de la poésie rimée, par exemple quand il répète des rimes, ou quand il use de « fausses rimes ». Dans les chapitres plus longs, en particulier ceux considérés comme entièrement médinois, « la rime est faite de formules qui sont rattachées approximativement à la fin des versets, souvent avec peu ou pas de rapport dans la pensée avec le contexte » (*EI*, voir « *Al-Kur'an* »). Là où certains chercheurs critiques voient un manque de goût, les musulmans religieux soutiennent que le Prophète n'avait jamais prétendu être un poète et que le Coran est au-delà des règles de la poésie. « Et quand Dieu souhaite parler la même langue que l'homme, Il tourne Son esprit vers cette forme stylistique flexible et élégante, et non vers des figures de style appréciées des uns et non des autres... ni vers des normes susceptibles de changer dans le temps » (Walî Allâh, cité par Baljon, 1986, p. 140). Le Coran nie catégoriquement être de la poésie et réfute toute insinuation, voire toute accusation, de collusion entre Muhammad et les devins et chanteurs (*kuhhân*, sing. *kâhin*) professionnels, typiques de la société mecquoise de l'époque. Du Coran, il ressort également que Muhammad était profondément blessé par ces accusations.

> Ils vont jusqu'à dire : « Un fagot de songes ! Encore les a-t-il inventés. Et même, c'est un poète » (21 : 5).
>
> Disant : « Quoi ! Nous abandonnerions nos dieux pour un poète insensé ? » (37 : 36).
>
> Lance donc le Rappel. Tu n'es, par le bienfait de ton Seigneur, ni un devin ni un possédé. Vont-ils dire : « C'est un poète. Nous n'avons qu'à épier sur lui l'outrage du temps » ? (52 : 29-30).

Parmi les autres procédés littéraires utilisés par le Coran, on trouve les récits et les comparaisons. Les récits du Coran sont pour la plupart exprimés dans un style allusif, et supposent que les auditeurs possèdent une connaissance préalable de l'histoire ou de l'allégorie, que les détails leur parviendront par d'autres moyens, ou qu'ils ne sont pas d'une importance cruciale. Le plus long de ces récits, celui du prophète Joseph, englobe le rêve de son père, son abandon par ses frères, son emprisonnement et les rêves qu'il fait alors, son entrée à la cour du roi, son accession au pouvoir et, enfin, sa réconciliation avec sa famille. Souvent, les déclarations directes des acteurs de ces récits apparaissent dans le texte. Dans la sourate *Tâ-Hâ*, qui traite majoritairement de la rencontre de Moïse avec Pharaon, par exemple, une place plus grande est accordée aux paroles des acteurs qu'au récit lui-même. Bien que, dans l'imagination populaire des musulmans, les figures évoquées dans les récits soient « réelles » au sens où ils croient qu'il s'agit de figures historiques, qui ont réellement existé, on n'observe que peu ou pas d'intérêt pour les détails de leur existence. Les leçons (*al-'ibra*) tirées de leur vie et de leurs combats, disent les musulmans, sont les seules questions à avoir une quelconque importance. Alors que d'autres peuvent regretter la nature étriquée et morcelée de ces récits, ils sont, pour les musulmans, parfaitement appropriés : ils servent à mettre l'accent sur la continuité de la prophétie de Muhammad avec celle des prophètes précédents ; ils agissent comme des leçons morales et des avertissements envers ceux qui pourraient vouloir ignorer les commandements de Dieu ; ils encouragent le Prophète et lui confirment la justesse de son propre chemin en l'informant de l'adversité à laquelle chaque messager divin antérieur a eu à faire face ; enfin, ils agissent comme instrument de controverse contre ses adversaires. Outre les récits des prophètes et des peuples précédents, le Coran raconte également quelques-uns des événements qui se sont produits du vivant du Prophète.

Un autre procédé rhétorique favori du Coran est la comparaison. Ce sont souvent des comparaisons simples mais efficaces et lourdes de sens.

> Bien loin de là ! Vos cœurs, après cela, durcirent, se firent comme de la pierre, ou même la passèrent en dureté. Car il est de la nature de la pierre que des ruisseaux en fusent, de sa nature qu'elle se fissure et qu'en sorte de l'eau, de sa nature qu'elle dévale, et cela par crainte de Dieu. Dieu n'est pas inattentif à vos agissements (2 : 74).

Les dons à ceux qui dépensent leurs biens pour l'amour de Dieu sont comparés à

> un grain dont poussent sept épis, chacun portant cent grains (2 : 261).

Ceux qui prennent comme protecteur un autre que Dieu sont comparés à l'araignée se donnant une maison : la plus faible des maisons est, assurément, celle de l'araignée (29 : 41).

Les prières de celui qui rejette la foi sont agréées

à la façon de qui ouvre les mains dans l'eau pour la porter à sa bouche, mais il n'y réussira point (13 : 14).

Leurs œuvres sont

comme la cendre que le vent pousse un jour d'ouragan (14 : 18).

Le Coran décrit le Jour dernier comme le Jour où

Nous replions le ciel comme on replie l'écrit, pour le sceller (21 : 104).

Quand le soleil se reploiera, que les étoiles se terniront, que les montagnes seront rendues mouvantes, que (les chamelles) pleines à dix mois seront délaissées, les bêtes sauvages rassemblées, que les mers bouillonneront, que les âmes seront regroupées, l'enterrée vivante interrogée : pour quelle faute on l'aura tuée ? Quand les rôles seront étalés, le ciel dépiauté... (81 : 1-11)

D'autres comparaisons sont plus difficiles à saisir :

Dieu est la lumière des cieux et de la terre. Semblance de Sa lumière : une niche où brûle une lampe, la lampe dans un cristal ; le cristal, on dirait une étoile de perle : elle tire son aliment d'un arbre de bénédiction, un olivier qui ne soit ni de l'est ni de l'ouest, dont l'huile éclaire presque sans que la touche le feu. Lumière sur lumière ! Dieu guide à Sa lumière qui Il veut... (24 : 35)

L'érudition musulmane traditionnelle fait une distinction nette et infranchissable entre les paroles du Prophète et celles de Dieu, telles qu'elles ont été communiquées par l'ange Gabriel, et quoi que le contenu de ces paroles puisse inspirer. L'idée d'un Dieu unique, qui parle sans intermédiaire, est assez familière dans la forme dramatique du Coran. En voici un exemple :

> Croyez en ce que J'ai fait descendre pour avérer votre legs. Ne soyez pas les premiers à y opposer un déni. Ne vendez pas Mes signes à vil prix, mais envers Moi vous prémunissez (2 : 41).

De nombreux passages s'adressent directement au Prophète comme le prouvent à la fois le contexte et l'usage de la deuxième personne du singulier. Ils sont parfois en rapport avec le propre état émotionnel et spirituel du Prophète, et à d'autres moments un conseil est fourni sur la façon de gérer une situation particulière.

> Prophète, pourquoi t'interdire ce que Dieu te rendait licite, et cela par désir de complaire à tes épouses (61 : 1) ?

Plus de deux cents versets du Coran demandent au Prophète de « dire » ceci ou cela à ses partisans ou à ses détracteurs. Cela semble insister sur le fait que le Coran est extérieur au Coran : il lui est prescrit de dire et, par conséquent, celui qui prescrit doit nécessairement être quelqu'un d'autre que lui. Souvent, pourtant, la première personne du pluriel est invoquée là où, à l'évidence, c'est Dieu qui parle, et certains ont suggéré qu'il s'agissait du pluriel de majesté.

> Dis : « Allez-vous argumenter contre nous sur Dieu, alors qu'Il est votre Seigneur comme Le nôtre, que nos actes sont à nous, à vous les vôtres, et qu'à Lui foncièrement nous nous vouons » (2 : 139) ?

Il existe pourtant aussi de nombreux cas où Dieu est désigné à la troisième personne, bien que le Prophète soit clairement la personne à qui on s'adresse. Cela présente des difficultés pour ceux qui s'engagent dans une recherche critique, et ces textes ont été avancés pour soutenir l'idée que le Coran n'est pas entièrement le produit d'une entité unique. Il y a également plusieurs cas où le locuteur alterne le singulier et le pluriel, alimentant l'idée que le Coran a été compilé d'une manière incohérente. Un exemple s'en trouve dans les versets 6 : 98-99 :

> Lui qui vous développe à partir d'une âme unique : il faut donc un gîte et un réceptacle [...] Nous articulons Nos signes pour un peuple qui comprendrait. Lui qui fait descendre du ciel une eau, dont Nous faisons sortir végétation de toute chose [...]

Au lieu de trouver incohérent le fait que Dieu alterne la première personne du singulier et la première personne du pluriel, d'autres expliquent que, bien que cela puisse désorienter si on lit superficiellement, ces brusques changements ont une dimension littéraire et théologique importante.

> Les changements évitent à la divinité d'être définie en termes anthropomorphiques. Etant donné les caractéristiques humaines finies contenues dans la structure de la langue, une forme de référence unique et constante conduirait à une divinité réifiée – une idole intellectuelle selon les termes des théologiens et des mystiques islamiques. Dans le Coran, la voix divine est entendue d'une infinité de manières, à travers une panoplie extraordinaire d'émotions et de tonalités, mais la forme ou l'image du locuteur n'est jamais définie – un procédé littéraire qui reflète l'affirmation coranique selon laquelle le Dieu Un est au-delà d'un ancrage sous une forme ou une image délimitées (Sells, 1999, p. xxix).

Outre Dieu, pourtant, de nombreux versets indiquent que les anges et le Prophète lui-même sont les locuteurs directs, et c'est uniquement l'interpolation des traducteurs ou les commentaires des exégètes qui proposent le contraire. Des versets comme 19 : 64-65, par exemple, si on les lit sans l'interpolation du traducteur, suggèrent clairement que les anges sont les locuteurs :

> Nous n'assumons descente que sur l'ordre de ton Seigneur. A Lui nos instances et nos suites et ce qu'il y a dans l'entre-deux. Ton Seigneur n'est pas oublieux. Lui, Seigneur des cieux et de la terre et de l'entre-deux. Adore-Le. Sois patient à L'adorer. Lui connais-tu un homonyme (19 : 64-65) ?

Dans quelques versets, comme en 27 : 91, le locuteur semble manifestement être le Prophète, et c'est alors qu'un brusque changement se produit, quand il devient celui à qui on s'adresse :

> « Moi j'ai seulement reçu l'ordre d'adorer le Seigneur de ce territoire, Lui qui le frappe d'un interdit, pour que toute chose Lui en revienne. J'ai reçu l'ordre d'être entre tous de Ceux-qui-se-soumettent, et de réciter le Coran »[...] Qui suit la sainte direction ne le fait que pour lui-même. Quant à celui qui s'égare, dis : « Je ne suis là que pour donner l'alarme » (27 : 91-92).

Le fait que ces versets sont souvent caractérisés par l'ajout ultérieur d'un « Dis » (*qul*) suggère que l'ensemble de la section peut avoir été précédé d'une instruction inarticulée « Dis ». Les musulmans l'ont souvent compris de cette manière. En d'autres termes, qu'il s'agisse des paroles directes du Prophète ou des anges ne porte pas atteinte au fait que le Coran vienne de l'autre monde. Elles ne font que répéter des paroles qui, à l'origine, venaient de Dieu.

Les versets catégoriques (*muhkamat*) et les versets ambigus (*mutashâbihat*)

L'érudition coranique traditionnelle a développé un certain nombre de catégories en lesquelles sont répartis les sourates et les versets, et la connaissance de ces segmentations est considérée comme indispensable pour comprendre le Coran. Une de ces divisions, le catégorique et l'ambigu, comme nous l'avons déjà vu, se rapporte en fait au point de savoir si un texte particulier est susceptible d'être compris par des êtres humains ou non. Toutes les autres segmentations concernent le fait de savoir comment le texte doit être compris et si cette manière de comprendre doit être appliquée actuellement ou non. Je développerai ces dernières segmentations dans le chapitre suivant, comme faisant partie du principe coranique de révélation progressive, à savoir que le texte fut révélé dans une situation historique particulière, au cours d'une période de temps, et pour répondre à des besoins spécifiques. Je me limite pour l'instant à la question des versets catégoriques et des versets ambigus. Le verset qui suit a été analysé plus haut dans le contexte du problème relatif à l'endroit où un verset se termine et des conséquences importantes que cela comporte pour la compréhension du texte – dans le cas présent, même pour savoir si on a la permission d'essayer de comprendre le texte.

> Lui qui a fait descendre sur toi l'Ecrit, dont tels signes, sa partie-mère, sont péremptoires, et tels autres ambigus. Qui porte au cœur la déviance, eh bien ! il s'attache à l'ambigu, par passion du trouble, passion de déchiffrer l'ambigu, alors que Dieu seul a la science de la déchiffrer, et que ceux de science bien assise se bornent à dire : « Nous y croyons : tout cela vient

de notre Seigneur » – mais ne méditent que ceux dotés de moelles (3 : 7).

Les versets catégoriques sont en général ceux dont la signification est explicite et/ou qui ont une importance juridique, alors que les versets ambigus sont ceux dont la signification est obscure ou inexplicable.

Il existe pourtant un certain nombre de points de vue différents concernant les définitions de « catégorique » (*muhkamat*) et d'« ambigu » (*mutashâbihat*). Il ne fait aucun doute qu'un grand nombre de versets ne se prêtent pas facilement à plus d'une interprétation, et qu'il en existe qu'on peut seulement essayer de comprendre en faisant de la spéculation sauvage. Un exemple :

> le Tout miséricorde, sur Son Trône siégeant (20 : 5).

La plus grande partie du texte tombe pourtant entre les deux, et ses interprétations ont été vigoureusement contestées au long de l'histoire de la pensée islamique juridique, philosophique, morale et théologique. Ce qui est clair pour l'un peut ne pas l'être autant pour un autre, et ce qui pour moi est « à l'évidence vrai » peut ne pas être tel pour quelqu'un d'autre. Ce qui est pour moi « spéculation sauvage » peut être « inspirations fondées sur un lien intuitif et gnostique avec Dieu » pour un autre. Asad propose, dans sa définition, une évaluation assez utile de ces catégories :

> L'allégorie peut être définie comme les passages du Coran qui sont exprimés de manière narrative, avec une signification qui est sous-entendue métaphoriquement, mais qui est directement formulée en tant de mots. Le catégorique comprend les principes fondamentaux sous-tendant son message, et en particulier ses enseignements éthiques et sociaux. Et c'est seulement sur la base de ces principes clairement énoncés que les passages

allégoriques peuvent être correctement interprétés (Asad, 1980, p. 67).

Etant donné le fait que la langue est une extension du monde humain, il est inévitable que les images relatives à ce monde soient invoquées pour nous donner le sens de l'infini. Ainsi, quand le Coran parle de Dieu siégeant sur un trône, ou dans les cieux, d'une part, et insiste d'autre part sur le fait que Dieu est partout, nous ne pouvons alors apprécier ce verset que dans un sens allégorique. Quand le Coran décrit Dieu comme voyant tout ou entendant tout, il a seulement l'intention de transmettre un sens de l'omnipotence divine. Il ne servirait réellement à rien de spéculer sur la nature de Dieu siégeant sur le trône ou sur Dieu entendant ou voyant (cf. Asad, 1980, p. 989-992).

Quant à la permission de réfléchir sur les versets ambigus, ainsi que je l'ai indiqué au chapitre 2, cela dépend de l'opinion que se fait chacun sur l'emplacement de la lettre *waw :* si on termine la lecture avant le *waw*, comme Asad a choisi de le faire, alors ce n'est pas autorisé. Si on lit par contre le *waw* comme une conjonction (et), alors aussi bien Dieu que « ceux de science bien assise » doivent posséder cette connaissance.

4

L'assemblage du Coran

Dans le chapitre précédent, nous avons vu comment le Coran fut révélé dans des versets et des chapitres apparemment disjoints. Comment ces éléments furent-ils assemblés pour former un tout cohérent – même si ce « tout » a défié les compréhensions littéraires traditionnelles de la cohérence, avant que n'apparaissent le post-modernisme et le post-structuralisme ? Comment la parole énoncée verbalement par Gabriel au Prophète est-elle devenue un canon qui est organisé, récité, lu, enseigné et diffusé ?

Selon les savants musulmans, notamment, l'« assemblage » du Coran s'est accompli en trois étapes qui se sont chevauchées : durant la période de la prophétie de Muhammad, pendant la période d'Abû Bakr (mort en 13/634), son successeur immédiat, et enfin pendant la période de 'Uthmân ibn 'Affân (mort en 35/656), le troisième calife après la disparition de Muhammad. D'autres prétendent que ce processus fut beaucoup plus diffus et prolongé. Le consensus musulman aujourd'hui est que, en termes de contenu, la version actuelle du Coran est la seule authentique, qu'elle était lue à l'époque du Prophète, et qu'il la laissa à sa communauté quand il quitta ce monde. Ce consensus n'a pourtant pas toujours existé. Le courant dominant chez les chiites est d'accord avec ce point de vue, même s'il prétend qu'une copie, que 'Alî ibn Abî Tâlib avait produite juste après la disparition du Prophète, proposait un arrangement diachronique différent. Une minorité parmi eux a aussi affirmé que cette copie contenait aussi des suppléments, qui furent supprimés ou omis durant le processus d'assemblage[1].

L'assemblage du Coran du vivant du Prophète

Un des problèmes, quand on débat objectivement de l'assemblage du Coran, est que les sources les plus aisément accessibles sont à peu près entièrement « musulmanes » et fondées sur des postulats antérieurs concernant l'authenticité du texte lui-même et sur ceux contenus – même si elles sont d'authenticité moindre – dans les traditions prophétiques. L'argument du type : « Le Coran est exempt de toute interpolation parce que Dieu dit : "Et Nous sommes son gardien" » en est une illustration. Fonder son argument sur « Dieu dit » implique, en réalité, une reconnaissance *a priori* de l'authenticité du Coran comme reproduisant vraiment la parole de Dieu. On en a une autre manifestation dans la façon dont le verset « que touchent seulement les purifiés » (56 : 79) est utilisé pour valider la conviction que le Coran doit avoir existé sous une forme écrite cohérente. Ce raisonnement circulaire s'applique également à la littérature des hadiths afin de comprendre le processus de compilation du Coran. Le regard que les musulmans portent fondamentalement sur le processus de mémorisation, de transmission et de transcription se fonde sur les textes suivants extraits du Coran :

> N'agite pas ta langue pour le hâter : à Nous de l'assembler et d'en fixer la lecture, et quand Nous l'aurons lu, suis-en bien

> la lecture. Et c'est encore à Nous d'en assurer (les effets) d'expression (75 : 16-19).
>
> Ne prétends pas hâter le Coran, avant que la révélation ne s'en décrète en toi. Dis : « Seigneur, grandis-moi en connaissance » (20 : 114).

Apparemment le Prophète, anxieux de retenir le plus possible de la révélation, se hâtait de répéter les mots récités par Gabriel. Les versets précédents furent révélés à la fois pour apaiser ses craintes d'oublier quelque chose de la révélation et pour indiquer clairement que c'est à Dieu qu'incombe la responsabilité de faire que le Prophète retienne le Coran dans son cœur et de donner au Coran une cohérence textuelle. Le fait que, dans la premières des deux citations qui précèdent, l'idée que Dieu assemble le Coran soit exprimée aussitôt après la réprimande au Prophète visant le moyen qu'il utilise pour éviter d'oublier, semble impliquer que la mémorisation fait aussi partie de l'action d'assemblage du Coran par Dieu. L'expression « assemblage du Coran » (*jam' al-qur'ân*) acquiert ainsi une signification très large, qui englobe mémorisation, compréhension, rassemblement, transmission et transcription. Le premier texte cité plus haut fonde aussi la croyance prédominante chez les musulmans selon laquelle le Coran a été protégé de toute perte et de toute addition dans la mémoire du Prophète comme au cours du processus ultérieur de transcription. L'idée d'une providence divine garantissant l'authenticité du Coran est également affirmée dans divers autres versets qui traitent des différentes dimensions de cette « authenticité » :

> Nous te le ferons psalmodier, n'oublie pas sinon ce que Dieu voudra : Il sait ce qui est proféré ou célé (87 : 6-7).
>
> C'est Nous, en revanche, qui faisons descendre le Rappel, aussi bien que Nous en assurons la garde (15 : 9).

Outre qu'il a transmis la révélation proprement dite, les musulmans pensent que Gabriel a aussi agi pour enseigner au Prophète, et ceci est corroboré par une tradition rapportée par ʿÂ'isha et Fâtima, respectivement femme et fille du Prophète : « Gabriel avait coutume de me présenter le Coran une fois par an [...] » (Suyûtî, 1973, 1 : 40 et Zarqani, 1996, 1 : 198).

> ʿAbd Allâh ibn Masʿûd a dit : « Le Prophète était la meilleure des personnes. Et il était encore meilleur au cours du mois de *ramadân*, quand Gabriel venait le voir. Gabriel venait le voir chaque nuit pour lui enseigner le Coran » (cité par ʿInayat, 1996, 1 : 240).

On dit que les Compagnons, à leur tour, « assemblèrent » le Coran reçu du Prophète, dans un sens très exhaustif. Le verset suivant est considéré comme faisant allusion à cette tâche :

> Lui qui a envoyé au sein des incultes un Envoyé des leurs pour leur réciter Ses signes, les purifier, leur enseigner l'Ecrit et la sagesse, bien que naguère ils fussent dans un égarement flagrant (62 : 2).
>
> Nous ne t'avons envoyé que comme porteur de bonne nouvelle et donneur d'alarme [...] sous la forme d'un Coran que Nous échelonnons, pour que tu le psalmodies aux hommes, dans la durée, puisque Nous le faisons descendre d'une descente répétée (17 : 105-106).

Une fois reçue la révélation, le Prophète la disait à ses Compagnons et leur demandait de la mémoriser. Plusieurs traditions indiquent que les Compagnons mémorisaient et étudiaient cinq versets – certaines versions disent dix – à la fois. Ils méditaient à leur sujet et tentaient d'en mettre en œuvre les enseignements avant de poursuivre avec un nouveau groupe de versets (Zarkashi, 1972, 2 : 157)[2]. Ce fut aussi le début supposé d'une tradition de *hifz* (confiance en la mémoire) qui continue de nos jours, et qui fait que des centaines de milliers de gens ont appris à mémoriser tout le Coran.

Alors que la majorité des musulmans pensent que le Prophète était illettré – ce qui accentue la nature miraculeuse du Coran –, cette conviction n'a pas manqué d'être contestée[3]. Il n'existe toutefois aucune preuve qui suggère que le Prophète ait pu écrire concrètement le Coran. Alors que savoir écrire n'était pas fréquent à l'époque du Prophète, La Mecque, centre commercial, abritait un certain nombre de gens qui savaient écrire. Le Coran fut mis par écrit par différents scribes agissant, soit de leur propre initiative, soit sur instruction du Prophète, qui faisait appel à un scribe après chaque révélation. La tradition suivante, rapportée par Al-Bara' ibn 'Azib (mort en 690), un Compagnon, en fournit un exemple typique :

> Alors fut révélé : « Les défaillants d'entre les croyants ne sont pas à égalité avec ceux qui font effort [...] » (4 : 95) Le Prophète dit : « Appelez Zayd et qu'il apporte le tableau, le pot d'encre et un os d'omoplate. » Puis il dit : « Ecris : "Les défaillants d'entre les croyants [...]" » (Asqalani, non daté, 9 : 22)[4].

Une histoire intéressante à propos de la transcription de la révélation du vivant du Prophète donne une indication sur les différentes approches de l'histoire du texte. Le verset 23 : 14 traite des divers mécanismes de la conception et de la naissance humaines, et explique en détail comment Dieu transforme la « quintessence d'argile » en un être humain complètement formé.

> Oui, Nous avons créé l'homme d'une quintessence d'argile, puis Nous en fîmes une goutte de liquide, déposé en réceptacle sûr. Puis ce peu de liquide, Nous le créâmes adhérence, et

> créâmes l'adhérence mâchure, et créâmes la mâchure ossature, et revêtîmes l'ossature de chair, après quoi Nous le promûmes d'une autre création [...] Béni soit Dieu, le plus beau des créateurs (23 : 12-14) !

Fakhr al-Dîn al-Râzi (mort en 606/1209), un des grands commentateurs du Coran, cite 'Abd Allâh ibn 'Abbâs, sous l'autorité de Kalbi, selon lequel 'Abd Allâh ibn Abî Sarh officiait souvent comme scribe pour le Prophète et a transcrit ce verset. Quand il atteignit « après quoi Nous le promûmes d'une autre création » (23 : 14), on dit qu'ils s'exclama : « Béni soit Dieu, le plus beau des créateurs ! » On rapporte que le Prophète dit : « Ecris [ce que tu viens de dire], car c'est ce qui a été révélé. » Ibn Abî Sarh douta alors de la véridicité du Prophète, disant : « Si Muhammad dit la vérité, alors je peux être considéré comme destinataire de la révélation, et s'il est un menteur, je ne veux rien avoir à faire avec un imposteur » (Râzi, 1990, 23 : 86). On dit qu'il abandonna l'islam et s'enfuit de La Mecque où, selon certains récits, il embrassa à nouveau l'islam quand la ville fut prise par le Prophète. Selon d'autres, il mourut en état d'incroyance. Certains récits musulmans attribuent un événement identique à 'Umar qui, entendant la première partie du verset concernant le mécanisme de la conception humaine, eut la même exclamation. Contrairement à Ibn Abî Sarh, 'Umar se réjouit de voir que son exclamation coïncidait avec la révélation. « Cela [les réactions différentes de 'Umar et de Ibn Abî Sarh] correspond, dit Râzi, à la signification de la parole de Dieu : "Il est vrai que par là Il en égare d'aussi nombreux qu'Il en dirige" » (*ibid.*). L'aventure d'Ibn Abî Sarh est rapportée de la façon suivante dans le *Shorter Encyclopedia of Islam (Petite encyclopédie de l'islam)* :

> Selon une histoire curieuse, 'Abd Allâh ibn Abî Sarh, frère de lait de 'Uthmân, officia souvent comme scribe pour lui

[Muhammad], et il fut honoré d'une exclamation spontanée d'enthousiasme en entendant la dictée de la sourate 23 [...] Il se vanta devant les Quraysh d'avoir souvent poussé le Prophète à modifier la formulation de la révélation, si bien qu'on finit par dire qu'il avait falsifié le Coran (*EI*, voir « Qur'an », p. 277).

Contrairement au point de vue musulman qui voit dans cet événement la coïncidence entre la parole de Dieu et celle d'un être humain, la *Shorter Encyclopedia of Islam* présente celle de Ibn Abî Sarh comme authentique et fait l'hypothèse que sa parole a été, en fait, « adoptée » par le Coran[5].

Les musulmans soutiennent que le Coran avait été entièrement mis par écrit au moment de la mort du Prophète. On ne sait pas exactement quand le processus de mise par écrit a commencé. Il semblerait que dans les premiers temps le Coran ait été assemblé uniquement dans la mémoire du Prophète, et qu'ensuite divers scribes l'aient copié sous sa dictée. Les deux versets qui suivent suggèrent aussi que le Prophète oublia quelques-unes des révélations, de par la volonté de Dieu. Le fait qu'il n'existe aucune directive prophétique visant à détruite un texte quelconque peut suggérer que les textes oubliés ne furent jamais mis par écrit :

> Nous te le ferons psalmodier, n'oublie pas sinon ce que Dieu voudra : Il sait ce qui est proféré ou célé (87 : 6-7).
>
> Nous n'abrogeons un verset, ni ne le faisons passer à l'oubli, sans en apporter de meilleur ou d'analogue. Ne sais-tu pas que Dieu est Omnipotent (2 : 106) ?

Il existe plusieurs indications du fait que le Coran existait sous forme écrite – même sans être un texte assemblé – du vivant du Prophète, et les traditions donnent le nom de différents scribes. Azami (1974, p. 56) mentionne jusqu'à quarante-huit noms de scribes, les plus éminents étant Zayd ibn

Thâbit (mort en 665) et Ubayy ibn Ka'b. Hassan ibn Thâbit (mort en 674), un autre Compagnon, parle aussi de *khatt al-wahy* (l'écrit de la révélation) sur du papier lisse (papyrus) alors que d'autres traditions parlent d'écrit sur de la grume de palmier et sur des peaux (Zarqani, 1996, 1 : 203). Le Coran parle de lui-même comme d'une Ecriture manipulée par des hommes :

> [...] ceci est une noble lecture de passages d'un Livre caché, que touchent seulement les purifiés, une descente venant du Seigneur des univers (56 : 77-80).

'Abd Allâh ibn 'Umar raconte que le Prophète a dit : « N'emporte pas le Coran en voyage avec toi, car je crains qu'il tombe entre les mains de l'ennemi. » Il n'y avait pourtant alors aucun recueil matériel des révélations en un lieu unique ou sous une forme unique (Suyûtî, 1973, 1 : 41)[6]. Etant donné la nature progressive de la révélation, qui ne s'est achevée que quelques jours avant la disparition du Prophète, il ne pouvait en être autrement. Ces textes officiellement transcrits, outre ce que les gens avaient mémorisé, ont formé le Coran scripturaire (*mushaf*) au niveau le plus ancien. Dans une tradition qui semble postérieure à la disparition du Prophète, et que cite Suyûtî, on rapporte que 'Abd Allâh ibn 'Umar a dit : « Qu'aucun d'entre vous ne dise : "J'ai le Coran complet." Qui sait ce qu'est la totalité du Coran ? Beaucoup de ce qu'est le Coran a disparu (*d-h-b*). Dites plutôt : "J'ai la majeure partie de ce qui a survécu" » (Suyûtî, 1973, 3 : 72).

Du point de vue de l'érudition critique, certains ont prétendu que mémoriser un récit aussi long que, par exemple, l'histoire de Joseph dans le Coran ne peut pas avoir été possible après une unique récitation par Gabriel (Nöldecke, 1909, p. 599). Les musulmans soutiennent qu'il est créé par Dieu, lequel est libre d'altérer la capacité de ce qu'Il veut et de qui

Il veut[7]. Des questions se posent alors de savoir si le Prophète avait ou non la capacité d'assumer la transcription et le collationnement du Coran – même sous forme orale – avec l'aide d'un grand nombre de scribes, nombre qui variait souvent, sur une période de vingt-trois ans, et alors qu'il était occupé à de nombreuses autres activités. Il s'agit apparemment d'un projet très hasardeux impliquant tous les impondérables de la condition humaine : mémoire, interprétation, sélection et réminiscence. Parlant plus spécifiquement des écrivains du Coran, Mohammed Arkoun soulève donc la question :

> L'autorité de la tradition scripturaire est conditionnée par la valeur de chaque témoignage. Seule la génération des *sahâba* [Compagnons] a vu et entendu les circonstances et les paroles qui sont rapportées, dans les hadiths et la *sîra* [histoire prophétique], comme étant le Coran. Il est historiquement difficile, voire impossible, d'établir comment chaque rapporteur a vu et entendu ce qui fait l'objet de son rapport (1988, p. 62).

Les musulmans relient la proclamation d'absolue véridicité du Prophète à la protection d'ensemble apportée par Dieu au mécanisme d'assemblage du Coran. Les quelques chercheurs musulmans familiers de l'érudition coranique critique, ou qui y participent, continuent, tout en s'engageant dans la critique historique et textuelle, à tenir le Coran pour la parole de Dieu, même s'ils donnent à cette expression un sens plus large que celui que comprennent la majorité des musulmans. Alors que beaucoup réagissent défensivement chaque fois que le point de vue musulman fondé sur l'histoire des premiers temps du Coran est mis en question, d'autres réfléchissent calmement aux défis que la recherche critique pose aux études coraniques. Pour ces derniers, c'est en fin de compte un combat d'une foi (*imân*) *a priori* cherchant à vivre dans la fidélité à la fois au Coran comme parole de Dieu et à sa propre intelligence comme œuvre de Dieu.

Une question importante à ce stade est celle du passage du Coran du statut de discours essentiellement oral à celui de discours écrit. Alors que l'érudition musulmane a avant tout concentré ses efforts sur la preuve de la véracité textuelle du Coran, peu a été fait, sinon rien, concernant les implications de ce changement qui a vu le Coran émerger comme « corpus officiel clos » (Arkoun, 1987a, p. 15). Des chercheurs assez nombreux, qui regardent la religion et l'Ecriture dans une perspective phénoménologique, ont « souligné cette dichotomie entre la parole et l'écrit en faisant remarquer que, même si le mot écrit donne stabilité et permanence au mot parlé, il menace de tuer l'esprit vital originel du mot parlé quand on l'emprisonne dans la "lettre" » (Graham, 1980, p. 26). Arkoun est l'un de ces quelques chercheurs musulmans qui ont abordé les implications de ce passage.

> Quelle que soit la forme originale de la révélation initiale, le discours oral énoncé à l'origine par le médiateur entre Dieu et l'humanité a été mis par écrit sur du parchemin ou du papier pour devenir un *livre* [en italiques dans l'original] que j'ouvre, lis et interprète. Ce livre est lui-même devenu les « saintes Ecritures », ce qui veut dire qu'il a été sanctifié par un certain nombre de rituels, de stratégies discursives et de méthodes exégétiques, en relation avec de nombreuses circonstances concrètes et connues – et connaissables –, politiques, sociales et culturelles (Arkoun, 1987a, p. 6).

Arkoun énonce quelques-unes des conséquences de la transformation d'un discours oral en discours écrit : la nature sacrée du discours divin s'étend au livre « comme réceptacle matériel et véhicule de la "révélation" » (*ibid.*, p. 15) et « le livre » devient instrument de culture. Cela aboutit à un autre changement important, à savoir « le rôle croissant, et finalement la domination, de la culture écrite, érudite, sur la culture populaire orale ». Une des conséquences en est

« l'émergence d'un groupe social appelé *'ulamâ*, composé de spécialistes en charge de l'exégèse des textes saints ainsi que de l'élaboration orthodoxe et de l'utilisation de la loi et des croyances » (*ibid.*). Ces « spécialistes », bien que travaillant souvent indépendamment de l'Etat, étaient aussi souvent un prolongement de la classe dirigeante, employés par l'Etat. Arkoun affirme alors que cette situation a invariablement eu pour résultat que le texte coranique a été utilisé comme « prétexte » ou comme vecteur de justification d'une idéologie d'Etat, plutôt que comme un texte qui produit une signification indépendante du programme d'action d'un groupe particulier.

Le Coran devient un canon

Le Coran comme canon est appelé *mushaf*. Dérivé du mot *suhuf* (littéralement « morceaux de matériau sur lequel écrire », tels que le papier, la peau, le papyrus, etc.), *mushaf* désigne les *suhuf* recueillis, assemblés dans un ordre fixe « entre deux couvertures »[8]. Le savoir sunnite sur la canonisation du Coran se fonde sur environ vingt-deux hadiths encore disponibles, relatifs à l'assemblage et à la transcription du Coran après la disparition du Prophète, et dont beaucoup sont en contradiction apparente avec les autres. Dans la plupart de ces témoignages, la bataille de Yamama (12/633)[9], qui a vu mourir de nombreux *qurrâ* (récitants du Coran), est considérée comme le tournant dans l'assemblage du Coran. Un long compte rendu de l'initiative prise par Abû Bakr, le successeur immédiat du Prophète, et 'Umar al-Khattâb, se trouve dans un hadith répertorié chez Bukhâri et rapporté par Zayd ibn Thâbit, considéré comme le scribe le plus éminent de la révélation.

Abû Bakr m'envoya chercher après les pertes subies parmi les combattants de Yamama. 'Umar était présent avec Abû Bakr, qui dit : « 'Umar est venu me dire : "Les gens ont subi de lourdes pertes le jour de Yamama, et je crains qu'il y ait en d'autres endroits quelques pertes parmi les récitants du Coran, ce qui pourrait faire perdre une grande partie du Coran, sauf si tu l'assembles. Mon avis est que tu devrais assembler le Coran." » Abû Bakr ajouta : « J'ai dit à 'Umar : "Comment quelqu'un peut-il faire une chose que l'Apôtre de Dieu n'a pas faite ?" 'Umar m'a dit : "Par Dieu, c'est en fait une bonne chose." Et 'Umar insista, essayant de me persuader d'accepter sa proposition, jusqu'à ce que Dieu ouvre mon cœur et que mon opinion rejoigne celle d'"Umar. »

'Umar était assis avec lui [Abû Bakr] et ne disait rien. Abû Bakr [me dit] : « Tu es un jeune homme sage, et nous ne te suspectons ni de dire des mensonges ni d'oublier, et tu avais l'habitude d'écrire l'inspiration divine pour l'Apôtre de Dieu. Par conséquent, recherche le Coran et assemble-le [sous forme d'un manuscrit]. » Par Dieu, s'il m'avait demandé de déplacer une des montagnes, cela n'aurait pas été plus difficile pour moi que ce qu'il m'avait ordonné de faire concernant l'assemblage du Coran. Je dis à l'un et à l'autre : « Comment osez-vous faire une chose que le Prophète n'a pas faite ? » Abû Bakr dit : « Par Dieu, c'est en fait une bonne chose. »

Je continuai donc à argumenter jusqu'à ce que Dieu ouvre mon cœur à ce à quoi Il avait ouvert le cœur de Abû Bakr et de 'Umar. Je commençai donc à localiser le matériau coranique et à le collecter à partir de parchemins, d'os d'omoplate, de feuilles de palmier et de la mémoire des gens. Chez Khuzayma je trouvai deux versets de la sourate *al-Tawba (Le repentir)* que je n'avais trouvés chez personne d'autre :

Il vous est venu un Envoyé élu parmi vous-mêmes. Lourdes lui sont vos fatigues. Vous êtes sa passion. Aux croyants vont sa tendresse et sa miséricorde. S'ils se dérobent, dis : « Dieu me suffise ! Il n'est de dieu que Lui. A Lui je fais confiance. Il est le Seigneur du Trône sublime » (9 : 128-129).

(Asqalani, non daté, 9 : 10)

On rapporte que Zayd rassembla toutes les révélations sur des *suhuf* (feuilles), à partir des sources orales comme des sources écrites, et les remit à Abû Bakr[10]. Les compilateurs, sous la conduite de Zayd, ont, dit-on, mis l'accent sur un certain nombre de conditions avant d'admettre un texte comme approprié pour être inclus. Parmi ces conditions, on trouvait l'obligation qu'au moins deux témoins attestent avoir entendu le texte récité par le Prophète lui-même[11] et qu'il ait été à l'origine mis par écrit en sa présence. En outre, les parties acceptées ne devaient pas avoir été des parties déclarées abrogées par le Prophète. Si le témoignage du hadith précédent est crédible, alors, étant donné que le califat d'Abû Bakr dura environ deux ans, on peut supposer qu'une copie complète et unique était disponible dans les deux ans qui ont suivi la disparition du Prophète[12]. On rapporte que Abû Bakr légua ces *suhuf* à 'Umar al-Khattâb, son successeur. A la mort de 'Umar en 644, on dit qu'elles tombèrent en possession de sa fille Hafsa, qui était aussi veuve du Prophète (Bukhâri, 1981, 6 : 477-478).

Il est probable que Zayd fut engagé dans plus d'un processus et à différentes périodes : le premier durant le règne de Abû Bakr, quand il avait entrepris le recueil des *suhuf*, et un autre durant le règne de 'Uthmân, où il entreprit son agencement et son assemblage. Le second débute aussi avec des préoccupations liées aux fragilités humaines – réminiscence, mémoire, prononciation, préservation, etc. – qui devinrent particulièrement aiguës au fur et à mesure que l'empire musulman commençait à s'étendre et que le temps passait. Ceci se reflète dans la déclaration suivante attribuée à Abû Qullaba sous l'autorité de Malik ibn Anas, un Compagnon :

> Durant le califat de 'Uthmân, différents maîtres enseignaient à leurs élèves des lectures différentes. Il arriva donc que les élèves se rencontrent et ne soient pas d'accord entre eux. La querelle

> s'envenima au point qu'ils rapportèrent leurs disputes à leurs maîtres, qui s'accusèrent les uns les autres d'hérésie (*kaffara ba'duhum ba'da*). Cette situation parvint aux oreilles de 'Uthmân. Il prononça un discours disant : « Vous êtes ici à mes côtés, et pourtant vous divergez sur la lecture et la prononciation du Coran. J'en déduis que ceux qui sont loin de moi dans les provinces doivent être dans une querelle encore pire [...] (Ibn Abî Dâwûd, cité par Zarqani, 1996, 1 : 210).

Cette déclaration jeta une ombre supplémentaire sur la supposée finalisation du premier processus dans lequel Zayd s'était engagé, et sur l'idée d'un manuscrit officiel déposé chez Hafsa [13]. Alors qu'il se peut qu'un recueil perdu ait donc été achevé, il semble que l'arrangement et l'assemblage aient eut lieu beaucoup plus tard. Durant le règne de 'Uthmân, une impulsion majeure fut donnée à cette tâche par Hudhayfa ibn al-Yamân, qui dirigeait les forces musulmanes contre les Arméniens d'Azerdaïdjan : profondément troublé par les querelles qui éclataient parmi les soldats venant de différentes parties du monde musulman d'alors, à son retour à Médine il poussa le calife à certifier un recueil correct du Coran. 'Uthmân choisit alors Zayd pour cette tâche. L'érudition musulmane traditionnelle soutient que Zayd prit le *suhuf* possédé par Hafsa et, avec l'aide d'un groupe de scribes parmi lesquels 'Abd Allâh ibn Zubayr, 'Abd al-Rahmân ibn al-Hârith et Sa'd ibn al-'As, prépara un texte fidèle au langage/dialecte des Quraysh, la tribu du Prophète (Zarkashi, 1972, 1 : 236). Des copies de cette nouvelle version furent envoyées à Damas, Bassora et Kufa, et une copie supplémentaire fut conservée à Médine [14]. L'ordre fut donné de détruire toutes les autres versions et, comme on l'a indiqué précédemment, le degré d'obéissance à cet ordre semble avoir varié selon les lieux. Etant donné la nature du pouvoir de 'Uthmân, hanté par la crainte du conflit, il peut sembler assez étrange qu'un tel processus ait été entrepris et achevé sous la forme précise que les écrits musulmans ultérieurs ont retenue. La ferveur apologétique de la plupart des savants musulmans, même les plus anciens, de présenter ce processus laisse à penser que la bataille pour son authenticité, comme pour l'authenticité de son produit final, peut avoir duré plus longtemps que ce que suggère le point de vue traditionnel. Cela ressort aussi de quelques traditions attribuées à 'Alî ibn Abî Tâlib, qui étaient destinées à répondre aux accusations portées contre 'Uthmân. « O gens ! Craignez Allah et cessez d'exagérer et d'affirmer que 'Uthmân a détruit le *mushaf*. Par Dieu, il ne l'a pas détruit, sauf sur le conseil des Compagnons du Prophète de Dieu » (Zarqani, 1996, 1 : 214 ; voir aussi Zarqani, 1972, 1 : 240). As-Sa'id cite, extraite de Ibn Qayyim al-Jawziyya, une parabole intéressante pour justifier les actes de 'Uthmân :

> Une maison peut être atteinte par plusieurs routes. Si l'avis du gouvernant est que permettre aux gens d'utiliser toutes les routes est cause de conflits et de confusion, alors il peut décider de ne permettre d'utiliser qu'une seule route, et d'interdire les autres. Ce faisant, il ne détruit pas les autres routes, car elles pourront conduire à la maison ; il se contente d'interdire de les emprunter (1975, p. 25).

La perspective chiite

Il existe un consensus autour du fait que 'Alî a produit une copie du Coran qui diffère au moins dans l'agencement de celle qui devait ultérieurement être acceptée comme canon authentique (Suyûtî, 1973, 1 : 62), et le courant majoritaire du chiisme, aussi bien des duodécimains que des ismaéliens, affirme que c'était la seule différence entre le manuscrit 'uthmanien et celui produit par ʿAlî. Quelque vingt traditions [15] laissent à penser que le canon produit par les prédécesseurs de ʿAlî exclut volontairement toute référence explicite à la légitimité de sa revendication antérieure à porter le manteau du Prophète. Les deux traditions qui suivent en sont des exemples. Elles remontent à Abû Muhammad ibn ʿAlî Bâqir pour l'une, et à Jâbir, un Compagnon du Prophète pour l'autre, et sont citées pas Abû al-Qâsim al-Khu'i (1998, p. 156) :

> Le Messager de Dieu pria à Minâ. Puis il dit : « O gens, je vous laisse *al-thaqalayn* (les deux inaltérables/les pesantes). Si vous vous y tenez, vous ne vous égarerez jamais. Ce sont le Livre de Dieu et ma famille [16], et la Kaʿba est la Maison sacrée. » Alors Abû Jaʿfar [al-Bâqir] ajouta : « Le Livre de Dieu, ils l'ont modifié ; la Kaʿba, ils l'ont détruite, et la famille, ils l'ont tuée. Ils ont abandonné tout ce que Dieu leur avait confié, et ils s'en sont débarrassés. »
>
> Trois [entités] se plaindront au Jour de la résurrection : le Livre [le Coran], la mosquée [la mosquée sacrée de La Mecque] et la famille [du Prophète]. Le Livre dira : « O Seigneur, ils m'ont modifié et déchiré. » La mosquée dira : « O Seigneur, ils m'ont abandonnée et dilapidée. » La famille dira : « Ils nous ont tués, rejetés et dispersés. »

Un petit groupe d'extrémistes chiites des premiers temps mit en cause l'intégrité du manuscrit ʿuthmanien, prétendant que deux sourates, *al-Nurayn (Les deux lumières)* et *al-Walaya (La protection)* – toutes deux supposées traiter des vertus de la famille du Prophète –, furent retranchées, et qu'une « vraie copie » se transmettait secrètement avec chaque imam jusqu'à être clairement exposée à la venue de l'Imam caché. Al-Khu'i (mort en 1992), un grand spécialiste du Coran, examine tous les hadiths pertinents dans les sources sunnites, et soutient que leur formulation pose de nombreux problèmes liés à la question de l'authenticité du Coran. Il défend cette authenticité en se fondant sur le fait que le Coran a été assemblé du vivant du Prophète, et que la distinction entre le recueil oral (*jam'*) et la transcription (*tadwîn*) est infondée (1998, p. 105-176). Al-Khu'i fonde son argument sur plusieurs traditions où le Prophète est dit avoir joué un rôle actif dans l'agencement du texte et où le Coran était récité comme un tout composite. Mais, par-dessus tout, il s'en remet à un hadith qu'on appelle souvent la « tradition *thaqalayn* » (« Je vous laisse deux choses de grande valeur, le Livre de Dieu et mes descendants. Ils ne se sépareront jamais, jusqu'à revenir à moi près du bassin (*kawthar*) ») (Al-Khu'i, 1998, p. 29)[17]. Al-Khu'i, même s'il est à l'évidence motivé par un profond désir de soutenir l'authenticité du Coran, l'est peut-être aussi par le besoin idéologique et le zèle doctrinaire de minimiser le rôle central que joue 'Uthmân dans les récits sunnites du processus de recueil. Il reste pourtant difficile de comprendre le foisonnement de récits différents et contradictoires de l'assemblage et de la transmission du Coran s'il avait vraiment existé un exemplaire unique et incontesté du texte du vivant du Prophète, même permettant une certaine flexibilité au sujet de l'endroit où les toutes dernières révélations, précédant sa mort, devaient être placées. Les savants sunnites affirment que l'idée d'une « version propre à 'Alî », avec un agencement éventuellement différent par rapport aux lectures prédominantes, est démentie par le fait que 'Alî ne s'est jamais opposé aux lectures qui ont dominé pendant le règne des successeurs du Prophète qui furent ses prédécesseurs – Abû Bakr, 'Umar et 'Uthmân – et qu'il n'a pas cherché à imposer sa version quand il assuma la charge et fut donc en position de le faire[18]. A l'instar de l'œuvre de John Burton, *The Collection of the Qur'ân (Le recueil du Coran)*, qui parvient à la conclusion que le Coran était réellement totalement assemblé du vivant du Prophète, la conclusion de Al-Khu'i peut à première vue convaincre de l'authenticité du Coran. Le problème réside pourtant dans la méthodologie suivie par l'un et l'autre. Les méthodes de Burton et d'Al-Khu'i, qui insistent sur la contradiction interne entre les sources musulmanes, doivent inévitablement conduire à mettre en question l'ensemble de la littérature des hadiths sur laquelle se fonde l'histoire de l'assemblage du Coran [19].

L'érudition coranique critique non musulmane

Le domaine de l'approche critique va de l'idée même du Prophète comme destinataire de la révélation divine – on pourrait plutôt dire : mettant en question tous les concepts de divinité et toutes les notions de révélation divine – jusqu'à la compilation, la transcription et la diffusion du Coran. Certains de ces chercheurs font aussi référence aux débats qui agitèrent quelques groupes de musulmans des origines autour de la question de l'authenticité de certains éléments du Coran. Parmi ces discussions, on trouve le rejet par certains kharidjites [20] de la douzième sourate (*Joseph*) comme étant une « stupide histoire d'amour », la mise en cause par les premiers chiites de l'intégrité de la version ʻuthmanienne, l'accusation selon laquelle deux sourates furent délibérément omises par ʻUthmân et l'ajout supposé de sourates dans les recensions de Abû Mûsâ et Ubayy. D'autres chercheurs ont affirmé que l'idée d'un texte coranique finalisé sous le règne de ʻUthmân est motivée avant tout par des facteurs dogmatiques, plutôt que par une preuve historique. Alors que cela conduit à la conclusion qu'il n'existait aucun canon fixé au moment de la mort de ʻUthmân, d'autres chercheurs, comme John Burton (1977), soutiennent que le Prophète lui-même avait préparé et approuvé un Coran totalement écrit qu'il laissa derrière lui à sa mort. Burton, ignorant le fait que le Coran n'est pas vraiment un livre de préceptes juridiques, mais un livre de guidance spirituelle, et que peu parmi les variations du canon ʿuthmanien ont une réelle importance juridique, avance la théorie selon laquelle les juristes musulmans se sont retrouvés privés de toute flexibilité dans leur législation à cause du besoin de respecter le texte originel. Pour répondre à cette situation, ils inventèrent la notion de variante dans la lecture et le récit du recueil par ʿUthmân. « Exclure le Prophète du recueil du Coran fut un *desideratum* primordial des *usulis* (légistes) aux prises avec les problèmes graves provoqués par leurs propres positions théoriques » (Burton, 1977, p. 160).

Dans un sens plus large, et à l'exception de Burton, ces chercheurs ont contesté l'idée de tout assemblage et de toute transcription nets du Coran, soutenant qu'il évolua peu à peu durant les septième et huitième siècles, et que la raison faisant qu'aucune source textuelle originelle de cette époque n'avait survécu tenait au simple fait qu'aucune n'avait existé. Ainsi que je l'ai dit dans l'introduction, ils considèrent la tradition islamique simplement comme un exemple de l'histoire du salut par laquelle le récit des origines d'une religion est inventé ultérieurement, et projeté en arrière afin de s'adapter aux besoins socioculturels et politiques d'une époque. Crone et Cook (1977), à la suite de Wansbrough, concluent que le Coran « manque de façon frappante de structure d'ensemble, qu'il est fréquemment obscur et illogique à la fois dans la langue et le contenu, indifférent à relier des matériaux disparates et ayant tendance à répéter des passages entiers dans des versions différentes ». Sur cette base, ils affirment que le Coran est le produit de l'assemblage tardif et imparfait de matériaux provenant d'une pluralité de traditions, et qu'il était à l'origine – ou plus exactement des éléments de ce qui allait plus tard devenir le Coran étaient – une simple partie d'un corpus étendu de la *logia* prophétique (Wansbrough, 1977, p. 1). Leurs problèmes avec le récit musulman traditionnel de la transcription du texte indiquent aussi trois centres d'intérêt majeurs : 1. le développement de l'écriture arabe ; 2. l'existence de plusieurs copies différentes du Coran ; 3. les lectures différentes du texte.

Le développement progressif de l'écriture arabe

L'idée d'un Coran transcrit par Zayd ibn Thâbit (ou par un groupe de travail) dans le dialecte des Quraysh est contestée par le fait qu'il n'existait à l'époque aucun moyen « d'indiquer les subtiles différences qui permettaient de distinguer un dialecte d'un autre » (Adams, 1987, 12 : 163). L'écriture arabe telle que nous la connaissons aujourd'hui était inconnue au temps du Prophète, et le Coran fut enregistré dans une *scripta defectiva* faite de simples lignes et traits. L'arabe coranique ancien manquait donc de précision. Distinguer entre les consonnes était impossible en l'absence de points diacritiques (*a'jam*) grâce auxquels on les reconnaît dans l'arabe moderne ; de même pour les marques de vocalisation (*tashkîl*) indiquant les voyelles ou leur prolongation. Tout cela était cause d'innombrables possibilités d'interprétation et d'erreurs de transcription.

Un exemple : un simple *u* sur le pronom *h* (son) après le mot *rasul* (envoyé) en 9 : 3 conduit à lecture suivante :

> Dieu et Son Envoyé dénoncent (les accords consentis) aux associants.

Quand la voyelle *u* sur le pronom est remplacée par la voyelle *i*, la signification devient :

> Dieu dénonce (les accords consentis) aux associants et à Son Envoyé.

Alors qu'une certaine forme de *a'jam* ou de point diacritique était connue à l'époque préislamique, elle était rarement utilisée. On pense que son usage systématique date du calife 'Abd al-Malik al-Marwân (mort en 705). Même alors, il ne s'agissait que de points placés au-dessus, au-dessous ou devant une lettre pour indiquer les voyelles. L'écriture arabe telle que nous la connaissons aujourd'hui, la *scripta plena*, complètement vocalisée, n'apparaît qu'au milieu du neuvième siècle.

L'existence de plusieurs manuscrits différents

Le projet de 'Uthmân de compiler le Coran fut à l'évidence une réponse à la prolifération de « copies non autorisées » durant son règne – partiellement comme conséquence des problèmes de l'écriture arabe de l'époque. Des savants musulmans des premiers temps, tels Ibn Ashta (mort en 360/970-971), Ibn Abî Dâwûd (mort en 316/928-929) et Ibn al-Anbâri (mort en 328/939-940), se sont occupés de ces différents manuscrits. Certains semblent avoir été en usage bien après la production du canon officiel et jusqu'au quatrième siècle islamique. A Kufa, par exemple, la version de 'Abd Allâh ibn Mas'ûd est restée populaire pendant quelque temps, et on a des indications montrant qu'il refusa les ordres de cesser d'enseigner sa version et d'en détruire les copies. Selon les savants musulmans traditionnels, on a beaucoup exagéré la durée de la période pendant laquelle la version d'Ibn Mas'ûd s'est maintenue, ainsi que son importance. Ils affirment que ce dernier a vite compris que la ligne de conduite de 'Uthmân était celle de la sagesse (Zarqani, 1996, 1 : 214, cf. p. 224-228)[21]. Les textes extracanoniques ne recueillirent jamais une approbation générale et furent perçus par les musulmans comme des exemplaires possédés à titre personnels et dignes d'être conservés pour leur valeur exégétique.

Lectures et modes différents

Une des manières pour l'érudition traditionnelle d'expliquer la variété des lectures du Coran consiste à dire que le Coran a été révélé en sept « modes ». La légitimité de ces différents modes est étayée par plusieurs traditions du Prophète, transmises par un certain nombre de Compagnons, qui suggèrent que ces lectures plurielles sont une expression de la volonté divine. On dit que 'Umar se serait plaint au Prophète que Hishâm ibn Hakim récitait la sourate *al-Furqân (Le critère)* d'une façon différente de ce qu'il avait entendu faire par le Prophète. Le Prophète fit appeler Hishâm et, après que ce dernier eut lu le texte qui posait problème à 'Umar, le Prophète dit à celui-ci : « [...] ce Coran a été révélé de sept manières différentes, aussi récite-le de la façon qui t'est le plus aisée » (Asqalani, 9 : 94). Dans une autre tradition rapportée dans Bukhâri, 'Abd Allâh ibn 'Abbâs a raconté que le Prophète avait dit : « Gabriel m'a récité le Coran d'une certaine façon (*'ala harfin*). Je lui ai alors demandé [de le lire d'une autre façon], et je continuai à lui demander de réciter de façons différentes, et il récita de différentes manières jusqu'à avoir récité de sept manières différentes » (*ibid.*, p. 23). Certains savants ont essayé de faire une distinction entre variété de modes (*ahruf*) et variété de lectures (*qira'a*), les deux étant fixées au chiffre sept, avec l'idée que les « modes » sont relatifs à l'interprétation et les *qira'a* à la récitation (cf. al-Nimr, 1983, p. 152-159). L'impact immédiat de tout changement dans la récitation sur la signification du verset rend pourtant une telle distinction assez futile. Dans la plupart des écrits anciens, les termes *ahruf* et *quira'a* sont interchangeables à côté de mots comme *wuju* (facette) ou *lughat* (dialectes ou langages), suggérant que le Coran contient plusieurs facettes. Tout cela semble indiquer que le Coran était lu de différentes façons, induisant plusieurs sens, jusqu'à ce qu'intervienne la canonisation[22]. Pour l'érudition traditionnelle sunnite, le manque d'unanimité autour des explications sur la signification des différents modes, leur envergure et leur impact représente un problème majeur. Abû al-Hatim ibn Hubban dit en effet qu'il a existé au moins trente-cinq opinions différentes sur cette question (cité dans Zarkashi, 1972, 1 : 214). Certaines d'entre elles sont recensées ci-dessous :

1. Le hadith 9 : 94 est pratiquement impossible à comprendre car les Arabes utilisent le mot *harf* (singulier de *ahruf*) pour décrire un mot cohérent, une simple lettre, une facette et la signification d'un mot.
2. Les sept *ahruf* sont synonymes des sept significations, toutes synthétisées dans le canon de 'Uthmân.
3. Le Coran emploie des mots au sens identique, issus de langues et de dialectes différents.
4. Différents dialectes ont des prononciations qui varient selon les tribus, et cela a une conséquence sur l'orthographe des mots, par exemple *al-tabuh* et *al-tabut* (2 : 248), *hiyaka* pour *iyyaka* (1 : 5) et *atta* pour *hatta* (12 : 35).
5. L'usage de synonymes, par exemple *irshida* pour *ihdina* en 1 : 6, alors que tous deux signifient « guide-nous ».
6. La variété des injonctions ou des thèmes du Coran.
7. Les différentes manières de lire le même mot, comme c'est le cas pour le mot *amana* en 23 : 8, qui peut être lu comme « dépôt » (*amânatihim*) ou comme « dépôts » (*amânâtihim*).
8. Les différentes formulations d'un passage particulier comme en 9 : 100 – « Des jardins sous lesquels coulent des ruisseaux » – que d'autres lisent souvent « Des jardins de dessous

lesquels coulent des ruisseaux » si on tient compte de la conséquence grammaticale de l'insertion du mot *min* (de) au texte.

Quelques savants comme Tabari et Zarkashi pensent que le Coran dont disposent aujourd'hui les musulmans comprend l'une des sept *ahruf*, celle de la dernière lecture répétée que fit le Prophète en présence de Gabriel, et qui sert à abroger tout le reste (voir au chapitre 6). D'autres soutiennent que le manuscrit actuel est capable de supporter les sept *ahruf*. Tentant de faire une distinction entre les différents modes « divinement approuvés » et les « lectures » développées ultérieurement, von Denffer conclut en disant que les sept modes « sont la base de différentes façons de réciter le Coran, reflet des usages variés du temps de la révélation, qui comprenaient des variations de prononciations et même des différences mineures dans la formulation ». Bien que l'essentiel de ce qui se trouve dans les sept lectures se retrouve aussi dans les sept *ahruf* (modes), ils ne sont pas identiques et apparurent à un « stade ultérieur » (1983, p. 117). Dans une description des sept lectures différentes (*qira'a*), dans lesquelles il y a à peine quelques écarts importants par rapport aux sept modes (*ahruf*), von Denffer explique les lectures comme étant « des formes différentes de récitation orale du Coran ainsi que des ponctuations du texte écrit qui correspondent à la récitation orale » (*ibid.*).

Dans un intéressant exemple de la façon dont l'érudition non religieuse voit au mieux de la confusion, au pire de la contradiction, là où l'érudition religieuse voit l'unicité du Coran, Abû l-'Alâ'Mawdûdi utilise deux textes du Coran pour montrer comment deux lectures différentes éclairent en fait la signification du texte. Le mot *maliki* [du Jour du jugement] dans la sourate *al-Fâtiha (Ouverture)* peut être lu en allongeant le *a* ou non : sans allongement, le mot signifie « souverain », et en allongeant il signifie « maître » ou « propriétaire ». Mawdûdi conclut qu'il n'y a pas contradiction entre les deux. Au contraire, « les deux lectures rendent la signification du verset encore plus claire » (cité dans von Denffer, 1983, p. 118). Le second exemple est tiré du verset 5 : 6 :

> Vous qui croyez, si vous vous mettez en devoir de prier, alors rincez-vous le visage, et les mains jusqu'au coude, passez-vous la main sur la tête et sur les pieds jusqu'aux chevilles.

Si l'expression « les pieds » est lue *arjulakum*, alors il est le troisième complément d'objet (accusatif) de « rincez-vous », et la conséquence en est que les pieds doivent être rincés dans le cadre des ablutions. Lire l'expression comme second complément de nom (génitif), *arjulikum*, signifie qu'on peut se contenter de passer sur eux une main humide. Mawdûdi soutient que les deux versions sont acceptables car, dans des circonstances normales, se laver les pieds fait partie des ablutions et, dans des circonstances exceptionnelles, comme par exemple lorsqu'on fait un long voyage, on peut passer simplement la main humide sur les pieds. Ainsi, Dieu est capable de fournir deux injonctions pour des circonstances distinctes, permettant de la souplesse dans la lecture (voir von Denffer, 1983, p. 118).

Au sein des différentes versions du manuscrit en circulation, il existait une diversité de lectures pour des versets particuliers, et cela a été reconnu par les commentateurs et les spécialistes sunnites classiques du Coran. La systématisation des lectures différentes et une étape importante vers une canonisation plus définitive furent accomplies par Abû Bakr Ahmad ibn Mujâhid (mort vers 935), le linguiste de Bagdad qui établit un système simple de consonnes et qui limita les transformations des voyelles employées dans le texte. Sa systématisation aboutit à accepter sept lectures différentes, transmises chacune par deux chaînes de narrateurs, une lecture pouvant présenter quelque écart d'une chaîne à l'autre[23]. Les sept lectures différentes sont les suivantes :

1. Nâfi de Médine (mort en 785), transmise par Warsh et/ou Qalun,
2. Ibn Kathîr de La Mecque (mort en 737), transmise par al-Bazzi et/ou Qunbul,
3. Ibn 'Âmir de Damas (mort en 736), transmise par Hisham et/ou Ibn Dhakwan,
4. Abû 'Amr de Bassora (mort en 770), transmise par al-Durri et/ou al-Susi,
5. 'Âsim de Kufa (mort en 744), transmise par Hafs et/ou Abû Bakr,
6. Hamza de Kufa (mort en 772), transmise par Khalaf et/ou Khallad,
7. Al-Kisâ'i de Kufa (mort en 805), transmise par al-Durri et/ou Abû al-Hârith.

Au fil du temps, trois variantes s'imposèrent, celle de Nâfi transmise par Warsh, celle de 'Âsim transmise par Hafs et celle de Abû 'Amr transmise par al-Durri. Aujourd'hui, à l'exception de larges territoires d'Afrique occidentale et centrale où la lecture de Warsh est répandue, c'est la lecture de Hafs qui, dans le reste du monde musulman, est virtuellement la seule connue des musulmans. Elle fut popularisée durant le règne du roi Fu'âd d'Egypte (mort en 1936) et imprimée pour la première fois en 1925. Toutes les autres variantes sont pourtant encore étudiées par les *qurrâ*, ceux qui se spécialisent dans la lecture du Coran. Etant donné que le Coran n'est pas seulement une Ecriture récitée, mais aussi une Ecriture qui constitue le fondement de la philosophie et de la loi musulmanes, les lectures différentes sont également importantes pour l'exégèse et plus encore pour le droit islamique[24].

Des positions diamétralement opposées

La recherche critique est essentiellement fondée sur l'existence ou le manque d'une preuve empirique. Bien sûr, le fait qu'on ne puisse prouver qu'une chose a existé, selon les critères que quelqu'un se donne pour mesurer la véracité des sources, ne signifie pas que cette chose n'ait pas existé. L'érudition critique repose – de manière compréhensible, quoique peut-être indûment – sur des hypothèses découlant de l'absence de preuves irréfutables. Et, bien sûr, s'il existait de telles preuves dans la littérature des hadiths, elles seraient alors soumises à d'autres tests et, selon toute vraisemblance, écartées comme faisant partie de l'« histoire du salut ». Cette littérature des hadiths fournit pourtant beaucoup de textes que ce même groupe de spécialistes considèrent comme « utilisables », chaque fois que les arguments contre le récit traditionnel de la vie du Prophète ou de la révélation et de la transmission coraniques peuvent être contestés. A titre d'exemples, on peut citer l'histoire des versets sataniques et la supposée apostasie de 'Abd Allâh ibn Abî Sarh évoquée précédemment, qui sont invariablement acceptées comme « certainement fiables parce qu'elles s'opposent à la veine de la tradition musulmane ». De même, l'*Encyclopedia of Islam* contient une longue liste d'« événements » et d'arguments hostiles au récit musulman de la canonisation, dont l'essentiel se fonde sur des hadiths[25]. Humphreys exprime ainsi le dilemme des chercheurs révisionnistes :

> Aussi longtemps que nous limitons nos investigations à la tradition historique des premiers temps *per se*, nous ne pouvons dépasser les arguments circulaires. Cela veut dire que, si nous commençons par affirmer que les premiers musulmans ne

> peuvent pas avoir pensé d'une certaine façon, nous rejetterons alors tout texte qui nous les montre pensant de cette façon. Mais nous n'avons en fait aucun fondement pour justifier de telles affirmations sauf les textes mêmes que nous essayons d'expertiser (1991, p. 89).

Outre les défenseurs habituels du Coran dans la littérature polémique et sur Internet, on a vu ces dernières années les savants musulmans prendre sérieusement en considération les approches critiques de leur récit de la transmission du Coran et des problèmes qui lui sont liés. Des chercheurs comme Muhammad 'Abd al-'Azîm al-Zarqani (1996, 1 : 216-236) et Ghazi 'Inayat (1996, 1 : 297-311), tous deux savants traditionnels vivant au Caire, ont consacré des chapitres de leurs œuvres d'érudition à réfuter systématiquement les accusations contre l'authenticité du canon 'uthmanien. De même Labib as-Sa'id dans son livre *The Recited Koran (Le Coran récité)* dont un chapitre s'intitule « La défense du canon 'uthmanien ». Cependant, le cadre général de la critique proposée par les révisionnistes est encore malheureusement largement ignoré par l'érudition musulmane traditionnelle et non musulmane. Sans exception, les musulmans regardent le texte en leur possession aujourd'hui comme remontant à la recension 'uthmanienne sans changement ni variation d'aucune sorte. Ils pensent que cette version est, à son tour, identique à celle récitée et utilisée du vivant du Prophète. A l'appui de leur position, ils avancent les arguments suivants :

1. Il existait une forte culture de mémorisation du Coran (*hifz*) du vivant du Prophète et la critique textuelle semble ignorer ou minimiser le rôle de la mémorisation dans la compilation du Coran.
2. Le Coran dans son ensemble, de quelque manière qu'il fût alors constitué, était lu durant les prières optionnelles de *ramadân*.
3. Le processus de mise par écrit du texte puis son agence-

ment étaient une tâche habituelle dans l'entourage du Prophète.

4. Beaucoup des récits concernant les recensions extracanoniques semblent être dénués de tout examen critique et sont en réalité fondés sur des sources non fiables.

Tous ces débats tournent autour de nombreux hadiths, de leur validité, des chaînes de transmission, de la signification des mots dans le texte lui-même, des définitions de termes technique tels que *naskh* (abrogation/annulation/suspension) et de la légitimité et l'utilité, voire le besoin, de sources extérieures aux musulmans, etc. Une discussion détaillée de ces questions dépasse le cadre du présent livre. Quelque part entre l'insistance religieuse sur un processus de recueil clair et impartial d'une part, et la position critique qui affirme que le processus de compilation du Coran prit plusieurs siècles, on doit pouvoir trouver une voie qui apaise quelques-unes des tensions. Et le croyant peut conserver une foi profondément installée en l'authenticité du texte, tout en étant capable de regarder les faits de l'histoire en face. Hélas, les faits ne sont jamais aussi simples que les fondamentalistes (religieux comme séculiers) voudraient le soutenir. Même si c'est le cas, il faut quelqu'un pour les aborder, et les hommes qui, comme les faits, font partie de l'histoire, portent en eux leur propre histoire. Toute Ecriture devrait être comprise dans sa relation avec son auditoire à un moment donné. Comme l'a fait remarquer William Graham, « aussi longtemps que l'on utilisera le mot “Ecriture” sans réfléchir pour parler d'un document, plutôt que d'un document tel qu'il est compris par ceux pour lesquels il est *plus qu'un document*, la signification de l'Ecriture, comme phénomène important de la vie et de l'histoire religieuse, restera inaccessible » (1980, p. 27).

5

Le Prophète et le Coran engendré, non pas créé

Pour les musulmans, le Coran est la parole littérale de Dieu. C'est Dieu qui parle, pas seulement au Prophète dans l'Arabie du septième siècle, mais de toute éternité à tous les hommes. Il représente, comme le dit Wilfred Cantwell Smith, « l'éternel qui fait une percée dans le temps, le connaissable dévoilé, le transcendant pénétrant dans l'histoire et y restant, à la disposition des mortels pour qu'ils le manipulent et se l'approprient, le divin devenu apparent » (Smith, 1980, p. 490). Comme nous l'avons vu dans le chapitre précédent, la pensée musulmane dominante est emphatique sur la spécificité du Coran. Une distinction nette est ainsi faite entre les paroles de Dieu – considérées comme révélation répétée et récitée (*wahy matlu'*) – et les paroles et actions du Prophète – considérées comme révélation non répétée ni récitée (*wahy ghayr matlu'*). Alors que la première est utilisée dans la récitation, et qu'on peut tenir son authenticité pour absolument incontestable, aussi bien en ce qui concerne sa formulation que sa signification, la seconde n'est pas récitée, sa formulation est sujette à caution et on ne peut faire confiance qu'à sa signification. Suyûtî décrit comme suit les différences entre les deux formes de révélation :

En ce qui concerne la première forme, Dieu dit à Gabriel : « Dis au Prophète auquel Je t'envoie que Dieu lui dit de faire telle ou telle chose. » Et Il lui ordonna de le faire. Gabriel comprit ce que Dieu lui disait de faire. Aussi descendit-il avec ce message vers le Prophète, et il le lui transmit, mais la formulation [utilisée par Gabriel] ne fut pas la même que la formulation [originelle de Dieu]. Il en est de même quand un roi demande à une personne en qui il a confiance de dire à quelqu'un : « Le roi te fait dire : "Ne néglige pas ton service, ne laisse pas ton armée se disloquer, appelle au combat, etc." » Dans ce cas, [le Messager] n'a ni menti ni abrégé [le message].

Quant à l'autre forme, Dieu dit à Gabriel : « Lis au Prophète ce texte écrit », et Gabriel le descendait de la part de Dieu, sans y apporter la moindre altération, de même qu'un roi rédige une instruction par écrit et la tend à son serviteur digne de confiance et lui dit : « Va lire cela à telle personne. »

La vie du Prophète et le Coran sont réellement intimement entrelacés et beaucoup, y compris parmi les savants musulmans, ont affirmé qu'il faut voir dans cette relation plus que la distinction nette que fait l'érudition traditionnelle entre les deux formes de révélation, le Coran et les hadiths. Nous reviendrons sur le thème de l'entrelacement après avoir évoqué le dogme qui entoure le Coran et les développements qui y ont conduit, puis commenté la révélation supposée non répétée, la *sunna*.

La révélation récitée : développement de la doctrine sur le Coran

Afin d'apprécier pleinement le refus de l'érudition musulmane religieuse d'aborder cette zone obscure, il est nécessaire de comprendre les deux développements doctrinaux clés qui ont façonné l'approche musulmane, en particulier sunnite, du Coran et de l'érudition coranique. Il s'agit des doctrines de l'éternité du Coran et de son inimitabilité (*i'jâz*). Alors que la congruence éternelle du Coran a longtemps été regardée comme synonyme d'un livre hors du temps et de l'espace, l'histoire du Coran et de son interprétation prouve qu'il en est autrement, comme le découvre vite quiconque s'intéresse au Coran en tant qu'Ecriture fonctionnelle et contextuelle. Pour relier la signification coranique avec le moment présent, les musulmans sont contraints de le relier à un moment éloigné de l'histoire. Aussi bien la doctrine de l'éternité du Coran que celle de son inimitabilité ont profondément affecté la nature de l'érudition coranique et expliquent l'absence de toute critique historique et littéraire dans les études coraniques (*'ulûm al-Qur'ân*). Réfléchir à ces deux doctrines montre aussi une tendance constante, dans la première période de formation de la théologie islamique, à aller d'une interprétation ouverte du dogme vers une interprétation plus étroite, ainsi qu'une évidente affinité entre la doctrine et la réalité ou l'histoire sociopolitique. Alors que je vais me concentrer sur ces deux doctrines clés et sur leur rôle dans l'élaboration de l'érudition coranique, il sera important de se souvenir que ces développements doctrinaux ont convergé avec d'autres, dans le champ de la tradition et de la jurisprudence, pour élargir systématiquement, dans la théologie islamique, l'espace de l'impensable.

La doctrine de l'inimitabilité (*i'jâz*)

Les formulations théologiques, en dépit de la réalité de leur « véracité » ou non, et de l'intensité de l'engagement du croyant à leur égard, sont le produit d'un effort intellectuel qui a souvent duré des siècles. Cet effort est invariablement accompagné et souvent également façonné par les querelles religieuses et politiques, et il est donc logique de conclure que ces dernières ont influencé les développements de la théologie à un point considérable. Dès le début de l'islam, les musulmans ont tenu la notion de nature miraculeuse et inimitable du Coran pour une preuve de la prophétie de Muhammad. « En effet, dit Muhammad al-Baqillani (mort en 1013), [sa] prophétie est construite sur ce miracle », un miracle qui « demeure depuis sa révélation jusqu'au Jour de la résurrection » (1930, p. 13). La conviction que les révélations coraniques ne peuvent être ni égalées ni surpassées, en éloquence et en contenu, par aucun pouvoir humain a acquis une forme plus précise quand on a enseigné qu'à tout prophète avait été donné un miracle vérifiable, et que le miracle du Prophète Muhammad était le Coran [1].

Les musulmans soutiennent que le Prophète était illettré, et par conséquent incapable de produire aucune œuvre littéraire, encore moins une « perfection littéraire fascinante » telle que le Coran. Le Coran appelle le Prophète *al-nabiyy al-ummi*, ce que les musulmans ont interprété comme « le Prophète illettré ». L'étymologie du mot *ummi* est contestée par certains savants critiques, qui soutiennent que l'illettrisme du Prophète est une invention musulmane tardive pour apporter un appui polémique au concept de caractère exceptionnel du Coran (cf. Bell, 1970, p. 34-36). Les doutes émis par l'érudition critique sont renforcés par certains des premiers savants du Coran. Tabari, racontant que le Prophète avait vraiment écrit certaines parties du traité de Hudaybiyya, dit que le Prophète savait écrire « quoique difficilement » (cité par al-Baqillani, 1930, p. 37). Baqillani, bien que suggérant que *ummiyya* signifie « illettrisme », dit que le Prophète « ne savait pas écrire et ne lisait pas très bien » (*ibid.*).

Dès le début de l'annonce de sa prophétie, Muhammad rencontra une hostilité intense et féroce à l'égard de sa mission de la part de sa tribu, les Quraysh. Une des formes prises par cette opposition consista à dénoncer la source de ses affirmations, et ainsi leur véracité. Il fut à divers moments accusé d'être ensorcelé, possédé par un démon (*djinn*), halluciné et donc indigne d'être suivi. En outre, comme nous l'avons vu dans le chapitre précédent, le style littéraire nouveau du Coran avait peu à voir avec la poésie arabe de l'époque. Il fut donc rejeté parce que considéré comme produit avec l'assistance d'étrangers. Les adversaires du Prophète furent mis au défi par le Coran d'amener « un propos semblable » (52 : 34), « dix sourates pareilles à cela » (11 : 13) voire seulement « une sourate pareille » (10 : 38). Le Coran déclare alors avec confiance :

> Si les hommes et les génies s'unissaient pour produire rien de semblable au Coran, ils y échoueraient, même en se soutenant les uns les autres (17 : 88).

L'apparent échec des adversaires du Prophète à relever le défi – Suyûtî dit : « On n'a trace d'aucune tentative de l'un d'entre eux de s'atteler à la tâche » (1973, p. 117) – fut considéré comme justifiant l'origine divine du Coran. La tradition musulmane n'identifie que peu de ces tentatives. « Ce qui en reste, dit Boullata, et qui a été, comme on peut le comprendre, éliminé par l'orthodoxie, ce sont des fragments de parodies ridicules, qui sonnent creux et qui ne sont pas à porter au crédit de leurs auteurs » (Boullata, 1988, p. 141)[2].

La nécessité de prouver l'authenticité de la mission du Prophète dans le cadre d'une situation religieuse et sociale de proclamation et de rejet a donc « nécessité » ou « provoqué » les textes traitant de ce défi. Après la disparition du Prophète, cette nécessité s'ajouta au besoin de fournir à la communauté musulmane une instance doctrinale inattaquable. Le résultat en fut un concept systématique, le *i'jâz*, à savoir la nature unique et miraculeuse du Coran. Alors que le caractère surnaturel de la révélation coranique avait été, dès le début, « le postulat de base et la justification » de la prophétie de Muhammad, le terme *i'jâz* n'acquit sa signification technique qu'à l'époque de Ahmad ibn Hanbal (mort en 855). La plupart des chercheurs considèrent qu'il fut pleinement élaboré pour la première fois par les mu'tazilites, les pionniers de la théologie scolastique en islam, dont je vais dire un mot. L'apparente unanimité autour de la doctrine du caractère exceptionnel du Coran n'est pas toujours bien fondée dans l'érudition coranique des premiers temps, et la question de savoir ce qui constitue exactement le cœur ou le fondement de son inimitabilité n'a jamais été réellement résolue (cf. l'article « I'djaz » de Grunenbaum dans *Encyclopedia of Islam*, 1987, 3 : 1018-1020). Certains des savants mu'tazilites soutiennent que le Coran n'est pas unique en soi, mais que toute tentative pour l'imiter est rendue vaine par Dieu. Ce concept de déviation, *sarfa* (littéralement « détournement »), décrit par Wansbrough comme un argument « légèrement irréaliste » et « insatisfaisant », « dont les termes mêmes vont à l'encontre du but recherché » (1977, p. 80), fut rejeté par une majorité qui mit l'accent sur le fait que la suprématie linguistique, stylistique et interprétative du Coran était indissociable de son caractère unique. Des divergences surgirent pourtant, et devaient durer longtemps : 'Alî ibn Hazm (mort en 1064), théologien hispano-arabe de renom, refusa par exemple de reconnaître les qualités esthétiques du Coran comme preuves de son caractère exceptionnel et contesta que la parole de Dieu puisse être d'une quelconque façon comparée au discours humain (Ibn Hazm, non daté, 3 : 15 et s.), alors que 'Abd al-Malik al-Juwayni (mort en 1085), qui officia comme imam dans les deux mosquées sacrées de La Mecque et Médine, et enseigna à Abû Hâmid al-Ghazâli, probablement le savant islamique le plus glorifié depuis l'époque médiévale, refusa totalement et sans réserve de reconnaître la supériorité esthétique du Coran (al-Juwayni, 1948, p. 54-55).

Mais pour la majorité, nous l'avons dit, le Coran est unique par « son éloquence et sa beauté rhétorique, la précision, la maîtrise et la subtilité de son style » (Ayoub, 1984, p. 2). Après beaucoup de débats, un large consensus a émergé sur le fait que c'était la combinaison d'un ensemble de caractéristiques qui constituait le fondement de l'inimitabilité du Coran, plutôt qu'une caractéristique unique. Ibn 'Atiyya et d'autres les ont catégorisées comme « son agencement littéraire, la profondeur de sa signification et l'éloquence de ses mots » (1954, p. 278). Certains ont même suggéré que l'inimitabilité du Coran résidait dans la qualité de sa guidance.

Quelques observations s'imposent ici sur la question de l'inimitabilité coranique :

1. La révélation coranique – dont les versets *tahaddi* (défi) sont un exemple ancien – est indissociablement liée à la situation religieuse et sociale dans laquelle se déroulent la proclamation prophétique et son rejet. Il est parfaitement évident que la doctrine de son caractère exceptionnel est également liée à l'histoire.

2. Il est évident que l'érudition coranique des premiers temps ne fut pas caractérisée par les certitudes fermées qui devaient prédominer par la suite. Ce fait est corroboré par la diversité des points de vue sur les différents éléments qui constituent le *i'jâz* du Coran – profondeur de la signification, éloquence des mots, style rhétorique – et par les débats théologiques qui ont entouré chacun de ces éléments.

3. Le Coran lui-même et les savants du Coran ont toujours envisagé le langage comme simultanément parole et action : Dieu est rencontré par les êtres humains à travers le langage. Cette fonction performative et informative du langage fut reconnue par tous les savants anciens et explique que l'accord se soit fait sur l'idée que le caractère unique du Coran tient à la fois à son message et à son vecteur. La parole-événement qui se produit dans la révélation, de même que dans la proclamation, est elle-même considérée par le

Coran comme un événement salvateur (2 : 19-20 ; 13 : 31 ; 17 : 107 ; 39 : 23 ; 85 : 21-22 ; etc.).

4. « L'agencement littéraire, la profondeur de sa signification et l'éloquence de ses mots » auraient-ils été sollicités comme critères du caractère exceptionnel du Coran s'il avait été révélé dans une société non arabe ? La force du Coran, c'est qu'il ait connu un tel succès, et qu'il captive toujours des adeptes nombreux, d'une manière qui les bouleverse.

La doctrine du caractère incréé et éternel du Coran (*qadîm*)

Le lien entre la façon dont le dogme s'est développé et son environnement sociopolitique est également prouvé par les évolutions théologiques autour de la nature du Coran comme parole de Dieu, qui ont abouti à la doctrine sunnite affirmant son caractère incréé et éternel. A l'origine, le débat s'est centré sur la question suivante : le Coran comme parole (*kalâm*) de Dieu est-il un attribut de Dieu ou non ? Par la suite, une autre dimension de cette question acquit une importance croissante : le Coran est-il créé (*makhlûq*) ou non (c'est-à-dire *laysa bi makhlûq*) ? Enfin, dans la première moitié du neuvième siècle, l'expression assez peu péremptoire « non réellement créé » (*laysa bi makhlûq*) fut remplacée par un *ghayb makhlûq* (« incréé ») plus définitif. La question désormais en jeu était la suivante : le Coran coexiste-t-il avec Dieu de toute éternité ? Aucune controverse n'a influencé de façon aussi décisive l'érudition islamique en général et l'érudition coranique en particulier. Alors que ce problème fut au cœur d'une discipline théologique postérieure à la période prophétique, à savoir le *kalâm*[3], il faut reconnaître que cette discipline elle-même surgit à propos de questions implicitement contenues dans le Coran. Les réflexions sur la façon dont les positions doctrinales furent transformées durant et après la *mihna* (833-848), sorte d'« inquisition » ou de procès instituée par le bienfaiteur des mu'tazilites, le calife Abû al-'Abbâs al-Ma'mûn (mort en 198/833), sont très importantes si l'on veut essayer de comprendre comment l'opinion concernant la diversité théologique sur le Coran fut virtuellement éliminée. La position mouvante de Ibn Hanbal dans ce débat, par exemple, illustre cette transformation.

Les mu'tazilites et l'émergence du *kalâm*

Peu après son émergence, l'islam connut une période de spéculation théologique intense. Cette période fut invariablement accompagnée d'un « enchevêtrement de commentaires dogmatiques » (Goldziher, 1981, p. 67) qui éloignèrent le texte de « l'esprit qui inonde sa propre essence » (*ibid.*). « Leur intention étant plus la preuve que l'élucidation » (*ibid.*), les défenseurs de la foi finirent par la corrompre. C'est le cas des initiateurs du *kalâm*, les mu'tazilites, de même que de leurs adversaires les plus acharnés – qui devaient plus tard les détruire –, les *muhaddithûn*, les traditionnistes (spécialistes de la tradition prophétique, c'est-à-dire des hadiths). Ce qui est incontestable, c'est que le *kalâm* est, en tant que discipline formelle, enracinée dans les luttes sociopolitiques au sein de la communauté musulmane[4]. Mais les polémiques entre musulmans ne furent pourtant pas seules responsable de l'émergence et du développement du *kalâm* : le contact avec le monde non islamique y contribua aussi. Il était inévitable que l'évolution de la pensée islamique soit influencée par d'autres cultures. Avec l'expansion de l'islam – qui fut elle-même au moins partiellement le produit de son environnement social antérieur –, le contact avec la pensée et les institutions d'enseignement non musulmanes a été un accélérateur et a laissé sa marque sur leurs pendants musulmans. Confrontés à la littérature christologique et aux idées qui la sous-tendaient, par exemple, les musulmans ne pouvaient plus se limiter au Coran ; c'est là où les concepts et les outils intellectuels grecs trouvèrent à s'employer[5].

La théologie mu'tazilite était centrée sur l'unité absolue de Dieu et sur la justice divine – ils se disaient eux-mêmes les « gens de l'unité et de la justice divines » (*ahl al-tawhîd wa al-'adl*). Quand ils traitaient de la question des attributs de Dieu, et en particulier de l'attribut de parole, leur souci premier était par conséquent de conforter l'unicité, le caractère exceptionnel et l'immuabilité absolus de Dieu. Suggérer que quoi que ce soit, même la révélation divine, puisse partager l'une de ces caractéristiques porterait atteinte, disaient-ils, à l'altérité totale de Dieu. Leur principe de justice divine aboutissait à un rejet des notions de pouvoir arbitraire de Dieu et de prédestination. Si le Coran était éternel, argumentaient-ils, il s'ensuivrait que tous les événements qui y sont relatés avaient été préalablement ordonnés ; les acteurs de tous ces événements auraient eu leur sort scellé dès avant leur naissance.

On ne sait pas exactement quand un débat théologique sérieux a commencé sur la nature de la parole divine et le caractère créé ou non du Coran. On s'accorde en général à considérer que la thèse de la nature incréée du Coran a suivi dans le temps celle de sa nature créée soutenue par Jad ibn Dirham (mort en 743) et Jahm ibn Safwân (mort en 745), et que cette discussion se limita à quelques savants jusqu'à l'époque de la *mihna*. L'intérêt du pouvoir pour le *kalâm* augmenta pourtant de façon sensible au début du règne abbasside. Le calife Hârûn al-Rashîd (mort en 809) en particulier vit s'approfondir le débat sur cette question. La controverse atteignit de nouveaux sommets – intellectuels, politiques et émotionnels – sous al-Ma'mûn (mort en 198/833). La nature implacable de la controverse se révèle dans la mise en place de la *mihna* vers la fin du règne d'al-Ma'mûn en 833. Beaucoup parmi les dirigeants importants et les personnalités furent obligés de confesser publiquement le caractère créé du Coran. A quelques exceptions près, la plupart des théologiens et des juristes se soumirent. Nombreux furent ceux qui continuèrent pourtant en secret à soutenir la doctrine du Coran incréé, et quelques-uns refusèrent ouvertement de se soumettre à la doctrine officielle. Le plus éminent d'entre eux, Ibn Hanbal, fut publiquement fouetté, puis emprisonné.

La *mihna* souleva une opposition farouche de la part des habitants de Bagdad, dont l'inclination populiste rejetait les acrobaties intellectuelles du *kalâm* pour se tourner vers des hadiths plus simples et plus concrets. La *mihna* se poursuivit par intermittences sous les deux califes suivants jusqu'à son abandon en 234/848, peu après l'accession au pouvoir d'al-Mutawakkil (mort en 247/861). La répression déchaînée de la période de la *mihna* dressa les différents protagonistes les uns contre les autres avec une force inconnue jusqu'alors, et le nouvel islam « orthodoxe » implanta ses idées avec une rigidité que les musulmans n'avaient pas connue avant la *mihna*. Les mu'tazilites furent alors dénoncés comme jahmites[6], et le point de vue selon lequel le Coran est incréé mais constitue un événement produit dans le temps (*muhdath*) fut accusé d'hérésie. Par la suite, les dénonciations dépassèrent même ce niveau, appliquant le principe que *man shaka fi kufrihim faqad kafar* (« quiconque doute de leur incroyance nie la foi »). Cette irrésistible marche en avant de l'« orthodoxie » dans le domaine du « pensable » et sa transformation en domaine de l'« impensable » sont attestées par ce qui suit.

En premier lieu, avant la *mihna*, il était acceptable pour la plupart des traditionnistes à l'« orthodoxie » indubitable de suspendre leur avis sur le caractère créé ou non du Coran ; certains considéraient même cette façon de faire comme nécessaire et vertueuse. Ibn Hanbal était bien entendu de ceux qui s'abstenaient de tout ajout à l'affirmation selon laquelle « le Coran est la parole de Dieu ». On cite d'ailleurs ce qu'il aurait dit : « Quiconque affirme que le Coran est créé est un jahmite, et quiconque affirme qu'il est incréé est un innovateur hérétique » (cf. Madelung, 1985, p. 521). Plus tard, Ibn Hanbal aurait dit que « celui qui suspend son avis est pire que celui qui dit que le Coran a été créé » (*ibid.*, p. 509). Nous observons ainsi que pendant et après la *mihna* l'hésitation se transforma en insistance dogmatique pour que chacun se range à la doctrine de l'incréation et même en une dénonciation haineuse de ceux qui gardaient le silence.

En second lieu, avant la *mihna*, que le Coran soit créé ne voulait pas dire qu'il soit temporel. Ici Madelung fait allusion aux positions médianes attribuées à Ja'far al-Sâdiq (mort en 765) et Abû Hanîfa (mort en 767), tous deux faisant partie des figures éminentes de l'islam « orthodoxe ». Tout en reconnaissant tous deux le Coran comme parole de Dieu, le premier ignorait son caractère incréé et le second le rejetait (*ibid.*, p. 508 et 512)[7]. Après la *mihna*, cependant, « créé » en vint à être considéré comme signifiant essentiellement « temporel », et « incréé », « coéternel avec Dieu » (*qadîm*).

Cette doctrine orthodoxe nouvellement purifiée sur la nature du Coran est exprimée de manière incisive dans une phrase attribuée à Ibn Hanbal : « Ce qui réside entre les deux couvertures du Livre, c'est la parole d'Allah » (Ibn Hanbal, 1959, 1 : 415). Elle précise que le Coran, parole de Dieu, est éternel et incréé en ce qui concerne son essence et sa signification, mais créé quant à ses lettres et ses sons (*harf wa jarh*). On finit bientôt par admettre que « ce qui est lu dans les prières, tel que cela sort de la gorge des croyants », doit être tenu pour inséparable de la parole éternelle et incréée de Dieu. L'expression « ma prononciation du Coran est créée » fut dénoncée comme hérétique et même Muhammad ibn Isma'il al-Bukhâri (mort en 256/870), le grand compilateur de traditions prophétiques, qui considérait de telles déclarations comme autorisées, ne fut pas à l'abri de dénonciations. Comme le champ de la doctrine du Coran éternel et incréé s'étendait, la position formulée par Ibn Hanbal, et plus tard par les acharites[8], finit par occuper le centre de la scène et leur doctrine triompha en tant que position intermédiaire.

Les conséquences de la *mihna* pour l'érudition coranique

Nous avons donc vu qu'à la fois les outils épistémologiques, c'est-à-dire la discipline du *kalâm*, et les différents discours sur l'Ecriture étaient façonnés par des forces historiques « externes ». La question n'était donc pas tant de savoir ce que le Coran, ou Dieu, dit, mais ce que les croyants veulent qu'Il dise. De ce recours régulier au Coran pour légitimer tout et son contraire, il ressort à l'évidence que la crédibilité de son caractère créé aussi bien que celle de son caractère non créé peuvent en être déduites[9]. On peut résumer ainsi les conséquences de ces développements théologiques. En premier lieu, les positions théologiques médianes et l'hésitation doctrinale furent virtuellement éliminées. Les premiers musulmans et pendant plus d'un siècle, la grande majorité des savants, y compris les traditionnistes, ne débattirent pas de cette question en dépit de tentatives de fabriquer des hadiths disant le contraire. Quand cette question devint un enjeu de débats politiques et publics, elle fut résolue à l'aide d'une doctrine « vraie » et inflexible de la nature incréée et éternelle du Coran. En second lieu, les mu'tazilites furent réduits à une frange hérétique, et avec eux le contenu de beaucoup de leurs idées. L'esprit d'intolérance avec lequel ils défendirent impitoyablement leurs idées – comme le firent leurs adversaires – et la raison qu'ils parvinrent à appliquer aux questions de foi devaient pourtant rester présents chez les musulmans jusqu'à ce jour [10]. Outre ces deux conséquences, on vit la réémergence d'une position « orthodoxe » avec un esprit de vengeance, équipée de l'arme doctrinale à toute épreuve qu'est le *bila kayfa* (« sans comment », c'est-à-dire « sans investigation supplémentaire ») qui consiste à accepter le dogme sans se poser de questions [11]. La conséquence, sur la créativité de la pensée musulmane, du débat sur le caractère créé du Coran se perçoit dans cette lamentation de Muhammad Iqbal (mort en 1938), le grand philosophe et poète du sous-continent indien :

> Les mots du Coran sont-ils créés ou non ?
> En quelle croyance réside le salut de la *umma* musulmane ?
> N'est-il pas suffisant pour le musulman des jours actuels que les idoles al-Lat et al-Manat [12] aient été arrachées de la théologie musulmane ? (cité par Rahman, 1978, p. 67).

Quelles sont les implications herméneutiques de l'idée que le Coran comme Ecriture existe en dehors de l'histoire ? En premier lieu, l'érudition islamique traditionnelle a fait une distinction franche et apparemment irréductible entre la production de l'Ecriture d'une part, et son interprétation et sa réception d'autre part. Cette distinction, si elle se poursuit – comme en fait il semble que ce soit le cas –, est le facteur crucial qui modèle l'herméneutique coranique, car elle implique que la seule herméneutique que l'islam puisse se permettre est celle qui a trait à la façon dont le Coran a été reçu et interprété par ses auditeurs et ses adeptes, c'est-à-dire une herméneutique de réception. Que cette approche soit adéquate pour faire face aux défis de la postmodernité est improbable. Il semblerait cependant que tôt ou tard les musulmans seront confrontés à la mise en relation de ces questions avec les fruits – pourtant amers – de l'érudition littéraire et historique critique. Comme c'est le cas pour la distinction vaine entre les bienfaits de la technologie et le système de valeurs qui lui est sous-jacent – ce point n'insinuant aucun jugement catégorique –, nous devrons affronter les conséquences de notre myopie.

En deuxième lieu, contrairement à l'érudition biblique qui était au moins unanime à considérer qu'il s'agissait d'une « œuvre » – de Dieu ou des hommes –, la perspective transcendantaliste de l'islam est allée bien au-delà ; le fait pour le Coran d'être une « œuvre » fut en soi controversé, comme l'a été la question de son caractère événementiel (historique) (*muhdath*). La moindre concession faite à un aspect de la révélation coranique est sommairement rejetée comme créant « un espace conceptuel qui permet de poser une question potentiellement dangereuse au sujet de l'autorité de l'Ecriture » (Akhtar, 1991, p. 97). Dans la mesure où l'herméneutique s'occupe aussi de la naissance et de la nature d'un texte, il est donc difficile d'envisager que les savants du Coran l'adoptent dans un avenir proche. De ce point de vue, l'érudition coranique pourrait suivre la voie tracée par l'érudition biblique, lorsque l'exégèse et les polémiques chrétiennes classiques autour de la Réforme se caractérisaient par des accusations lancées contre une exégèse produite par des systèmes humains qui fonctionnaient mal, sans mettre en cause la genèse de l'Ecriture. Il y eut donc alors un débat immense sur le cadre historique de l'Ecriture et sur la façon dont ce cadre en influençait l'interprétation, sans toucher à la nature ni à la genèse de l'Ecriture.

Troisièmement, la manière dont le précepte de l'éternité du Coran trouva à s'exprimer, la doctrine du *i'jaz* ainsi que les facteurs historiques qui l'ont provoquée, et la prétention du Coran à être un guide pour les gens qui sont situés au sein de l'histoire signifient que la révélation reste liée à l'histoire. Les musulmans, comme les autres, sont liés à une réalité qui transcende l'histoire et cette révélation, supposée ou réelle, a pris place au sein de l'histoire et a été conditionnée par celle-ci. Ainsi, comme l'affirme Smith de façon si convaincante, « l'Ecriture, quoi qu'elle puisse être par ailleurs, est également un phénomène historique » (1980, p. 489).

La *sunna* : une révélation sans récitations

Présentés comme distincts du Coran, on trouve les hadiths (littéralement « rapport », « nouvelle », « récit », pl. *ahadîth*) – les propres actes du Prophète, ses paroles ou ses silences en présence de personnes faisant quelque chose (indiquant par là son approbation) – inclus dans un recueil de traditions. Dans la période classique de l'islam, ils devinrent l'unique fondement de la détermination de la *sunna*[13]. Le schéma d'une rigidification progressive de la pensée religieuse et d'une réification de la terminologie religieuse est également manifeste dans la transformation du concept de *sunna*, tel qu'il était compris initialement par les premiers musulmans, en une catégorie juridique très spécifique, liée par nature aux présumées traditions du Prophète. Pour les deux premières générations de musulmans, le Coran et la *sunna* (littéralement « chemin », « précédent »), considérés tous deux comme des parties interdépendantes de l'événement qu'est la révélation, constituèrent des fondements religieux apparemment appropriés pour édifier leur vie religieuse sur cette base. Il existe un certain nombre d'indications, durant les premières années de l'islam, montrant que les musulmans étaient guidés par un corpus de traditions essentiellement vagues et indifférenciées – le Coran, la *sunna*, le Prophète et les *sunna*-s des Compagnons et des premiers califes – qui fut considéré comme lié à la révélation. C'est seulement après l'année 150 de l'hégire que la théorie juridique savante commença à mettre l'accent sur la *sunna* du Prophète comme étant une « confirmation après coup de la *sunna* vivante de la communauté » (cf. Rahman, 1966, p. 43-67 ; Graham, 1977, p. 9-19).

Dans les premières années de l'islam, le terme *sunna* fut largement utilisé pour exprimer le précédent socioreligieux, incluant les précédents établis par chacun des quatre premiers califes qui ont succédé à Muhammad, et même plus largement la pratique d'une communauté particulière. Ainsi en est-il de la « *sunna* de Médine » ou de la « *sunna* de Bagdad ». Autre fait important : le terme fut souvent utilisé dans l'islam premier pour dénoter un vaste modèle de relations légitimes qui était caractéristique de la période où le Prophète vivait à Médine. Tabari note que l'expression *kitâb Allâh wa sunna nabbiyyihi* (« le Livre de Dieu et la *sunna* de Son Prophète ») était le signe de ralliement pour les grandes révoltes, indépendamment de la conviction idéologique ou théologique de ceux qui se révoltaient. Plus tard, et surtout grâce aux efforts de al-Shâfi'i (mort en 204/819), la *sunna* ne fut utilisée que pour le précédent établi par le Prophète et qui pouvait être authentifié par des hadiths fiables. Al-Shâfi'i soutint que la *sunna* – qu'on écrit parfois, à partir de ce moment-là, avec une capitale – devait être considérée comme semblable au Coran en termes d'autorité « car le commandement du Prophète est le commandement de Dieu ».

Al-Shâfi'i représente un courant de pensée qu'on a appelé les *ashâb al-hadîth* ou *ahl al-hadîth* (les gens du hadith). Dans les œuvres polémiques de al-Shâfi'i, on remarque que cette position se heurtait à au moins deux autres courants de pensée parmi ses contemporains. D'abord, et précédant les *ashâb al-hadîth*, il y eut les *ahl al-ra'y*, les juristes pragmatiques des premières écoles juridiques pour qui la *sunna*, en tant que tradition vivante, ne devait pas être sclérosée dans les hadiths. La *sunna* prophétique était pour eux une source parmi d'autres, et ils se souciaient beaucoup plus de la cohérence interne de leurs propres systèmes de raisonnement juridique. Ensuite vinrent les *ahl al-kalâm*, les théologiens scolastiques qui rejetèrent toute idée de faire confiance aux hadiths, et insistèrent sur le Coran comme seule source à laquelle se fier. Pour eux, accepter un hadith était conditionné par le fait qu'il ait une cohérence interne, qu'il soit logique et conforme au Coran.

Comme nous l'avons vu, les premiers siècles après la disparition du Prophète se caractérisèrent par une énorme diversité d'opinions sur toute question politique et théologique imaginable, et ces opinions étaient le plus souvent interdépendantes. Au fur et à mesure que l'empire musulman s'étendait et faisait naître une foule de questions juridiques et idéologiques, aussi bien le Coran que la *Sunna* devinrent un domaine disputé dans les différentes querelles pour l'autorité et la légitimité. L'orthodoxie émergente fut à la fois le fer de lance et, dans un certain sens, le produit des tentatives pour définir, collecter, codifier et authentifier la *Sunna* du Prophète. Les diverses narrations, souvent divergentes, des paroles, des actes et des approbations silencieuses du Prophète se multiplièrent rapidement, tant et si bien qu'on peut trouver des dizaines de milliers de hadiths attribués à un Compagnon qui avait moins de dix ans à la mort du Prophète[14].

La *Sunna* étant désormais assimilée à la *sunna* de Muhammad et élevée au rang de source de l'autorité religieuse et juridique, et les hadiths institués comme seul moyen d'authentifier la *Sunna*, les différents débatteurs tentèrent, sur la base des hadiths, de justifier leurs points de vue et de dépouiller leurs adversaires de toute légitimité. Cela a contribué à l'émergence à la fois d'un corpus de littérature des hadiths et d'une science entière autour de lui, fondée pour l'essentiel sur la fabrication officieuse et en pleine croissance de hadiths [15]. Dans un hadith très controversé, le Prophète décourage ses Compagnons de prendre des notes quand il les conseille sur un sujet quelconque, par crainte que ces notes puissent être confondues avec la révélation écrite. « Que celui qui a écrit quelque chose que j'ai dit, en dehors du Coran, l'efface. » C'est ce qui explique, peut-on supposer, la réticence de certains Compagnons, à commencer par les quatre premiers califes, à mettre par écrit ce que le Prophète avait dit, alors que la transmission orale des dits prophétiques était restée chose courante [16]. Ce hadith semble avoir été remplacé par plusieurs hadiths ultérieurs où le Prophète exprime explicitement son approbation d'un tel enregistrement. 'Abd Allâh ibn 'Umar (mort en 73/692), par exemple, a rapporté qu'il était courant d'écrire tout ce que le Prophète disait sauf s'il était demandé de ne pas le faire. Il vint voir le Prophète pour demander à être guidé, et ce dernier lui dit : « Ecris, car je ne dis que la vérité » (Busti, 1981, 4 : 184) [17]. Le temps passant, écrire les hadiths fut de plus en plus largement accepté, et certains critères furent fixés pour déterminer si un hadith était authentique ou non.

Un hadith se compose de deux parties : la chaîne de transmission et son contenu. La grande majorité des spécialistes des hadiths se concentrent sur la première partie d'un hadith pour établir son authenticité. Une science complète, enquêtant dans le contexte de chaque transmetteur pour identifier la faiblesse ou la solidité d'une chaîne, se développa à partir de ce processus. Cette science – qui suppose d'examiner la cohérence interne d'un hadith et de vérifier sa compatibilité avec le Coran – se basait sur les critères suivants :

— Un hadith *sahîh* (sain) est un hadith sans défaut, dont la chaîne de narration est sans faiblesse.

— Un hadith est *hasan* (beau, bon) s'il a une chaîne de narration incomplète et si sa fiabilité est douteuse.

— Un hadith est *da'îf* (faible) s'il existe des doutes sérieux, soit parce que son narrateur ou la chaîne de narration sont connus comme peu fiables, soit parce qu'il est d'une orthodoxie douteuse.

Par de nombreux côtés, la littérature des hadiths et la façon dont les musulmans l'abordent ressemblent à celles des chrétiens avec le Nouveau Testament. Il s'agit d'un corpus de littérature sacrée dont il est admis qu'il a été développé et rassemblé par un certain nombre de gens au cours d'une période de temps prolongée.

Il existe une autre forme de hadith où le Prophète semble citer Dieu mot à mot sans qu'il s'agisse d'une citation du Coran. Un tel hadith est appelé *hadîth qudsî* (tradition divine). Le modèle le plus explicite de ce que William Graham appelle la « révélation extracoranique » est considéré comme venant de Gabriel ou d'un des rêves du Prophète. Leurs chaînes de transmission sont souvent non vérifiées, variées et elles contiennent parfois des liens faibles, comme une source non digne de foi. En voici un exemple :

> Dieu dit : A quiconque est empêché de Me demander [de l'aide] parce qu'il est occupé à réciter ou à se souvenir de Moi (*al-qur'ân wa dhikr*), Je lui donnerai bien plus que ce que Je donne à ceux qui Me demandent des choses (Maliki, 1980, 6 : 46).

Le phénomène des traditions divines est un domaine relativement inexploré et souligne certaines questions relatives à l'intersection entre parole prophétique et parole divine et, point peut-être plus important, à la nature fluide de leur relation réciproque, avant la crispation musulmane dans la période où la théologie fut mise par écrit dans des livres, et son dogme fixé.

Le Prophète Muhammad et le Coran

Quelles furent les relations entre Muhammad et le Coran comme texte divin, et entre sa *sunna* et le Coran comme livre de guidance ? L'altérité ontologique du Coran, comme je l'ai dit, est un donné de l'« orthodoxie » musulmane. Pour garantir cette altérité, pourtant, le messager devait être absolument fiable, et par conséquent exempt des limitations humaines ordinaires – telles que l'étourderie et l'erreur – qui auraient pu perturber la transmission fidèle de son message de l'au-delà. Par ailleurs, s'il devait transmettre la guidance à l'humanité, ne devait-il pas donner l'exemple du produit de cette guidance – un être humain parfait ? En libérant le Prophète de ces limitations, ne court-on pas le risque d'assimiler sa personnalité à celle de Celui qui l'a envoyé ? En décrivant le précédent prophétique comme « révélation non répétée », n'entre-t-on pas dans des eaux périlleuses en termes de définition de l'autorité religieuse à part Dieu ? Dans le deuxième chapitre, j'ai raconté l'épisode où le fils de Halîma, la mère nourricière du Prophète, rapporta que deux hommes étaient venus, habillés de blanc, qu'ils avaient ouvert la poitrine [de Muhammad] et qu'ils avaient plongé leurs mains à l'intérieur. Plus tard, Muhammad expliqua que les visiteurs étaient des anges qui avaient nettoyé avec de la neige une tache noire qu'il avait sur le cœur. Cet épisode devait devenir par la suite un événement clé de la doctrine très controversée du *'isma* – l'infaillibilité prophétique[18]. Alors qu'il y eut peu d'accord sur toutes les implications de la doctrine, l'unanimité se fit autour de l'idée que tous les prophètes qui étaient aussi des messagers à qui avait été confiée la révélation divine étaient affranchis de toute erreur relative à la transmission de la révélation divine. De ce point de vue, le fait qu'un élément humain soit inévitable dans l'assemblage de la révélation était ainsi reconnu et regardé en face.

Le problème subsiste pourtant à deux niveaux. D'abord, Muhammad était aussi un être humain normal, et si la révélation divine est entrée en « son cœur », doit-on supposer que ce cœur – celui d'une personne particulière, elle-même vivant dans l'Arabie du septième siècle – n'a eu aucun impact sur ce qui est entré en cette personne pour en émerger ensuite dans sa langue sous forme de révélation prononcée à voix haute ? En second lieu, comment restreindre son *'isma* (infaillibilité) à la transmission verbale, par lui, de la révélation divine et ne pas l'appliquer à ses explications de son message ? Pourtant, si on prolonge cette infaillibilité, où tracer la limite, étant donné qu'il était un être humain ordinaire qui recevait même parfois une réprimande dans le Coran (cf. 80 : 1-4) ? Un hadith répertorié dans le recueil de Ibn Hanbal dit que « Gabriel avait coutume de descendre voir le Prophète avec la *sunna* comme il le faisait avec le Coran ». Si on avait abordé la question de la révélation en termes purement rationnels[19] cela aurait soulevé des problèmes importants. Comment le Prophète faisait-il par exemple la distinction entre la révélation coranique répétée et les révélations non répétées, se manifestant à travers son comportement et dans ses propres dires, tel un *hadîth qudsî* qui commence par « Dieu dit » ? Si par ailleurs Dieu est en charge de l'ensemble du processus, alors il ne présente plus aucune difficulté : c'est la volonté de Dieu qui fait simplement en sorte que l'esprit et/ou le cœur de Muhammad fassent la différence entre les deux catégories.

L'orthodoxie musulmane ne répond pas à la première question. Le regretté Fazlur Rahman, savant pakistanais et doyen de la recherche musulmane moderniste contemporaine, a développé une position intéressante qui tourne autour de six questions. Il met l'accent sur le fait que révélation est potentiellement obéissance plus qu'information, et pense que « le Coran est la réponse divine, à travers l'esprit du Prophète, à la situation morale et sociale de l'Arabie du Prophète, en particulier aux problèmes du moment dans la société commerciale de La Mecque » (Rahman, 1982, p. 5). Il affirme l'altérité ontologique du Coran comme « *oralement révélé* [en italiques dans le texte] et pas seulement dans sa signification et ses idées » (1966, p. 30-31). Selon lui, ce « message divin se fraya un passage à travers la conscience du Prophète, envoyé par une instance dont la source était Dieu » (1988, p. 24). Rahman insiste sur le fait que, alors que le Coran « lui-même a maintenu son altérité [...], l'objectivité et le caractère verbal de la révélation, [il a] d'une manière tout aussi certaine rejeté son externalité vis-à-vis du Prophète » (*ibid.*). Il soutient pourtant :

> L'orthodoxie manque des outils intellectuels nécessaires pour combiner, dans sa formulation du dogme, l'altérité et le caractère verbal de la révélation, d'une part, et sa connexion intime avec l'œuvre et la personnalité religieuse du Prophète, de l'autre. Cela veut dire qu'elle n'a pas la capacité intellectuelle de dire à la fois que le Coran est entièrement la parole de Dieu et, au sens le plus courant, également entièrement la parole du Prophète (1966, p. 31).

Bien que les opinions de Rahman soient considérées comme nouvelles, voire innovantes, il n'a fait qu'exprimer ce que d'autres avaient fait il y a longtemps. Il faut noter que ses idées selon lesquelles « la révélation verbale s'est faite dans les mots, le langage et le style déjà présents dans l'esprit du Prophète » impliquent que la révélation est aussi le produit de l'esprit de Muhammad.

> Quand Dieu a voulu communiquer une guidance qui dure jusqu'à la fin du monde, Il a soumis l'esprit du Prophète d'une

> manière telle que, dans le cœur pur du Prophète, Il a envoyé le Livre de Dieu d'une façon nébuleuse et indifférenciée (*ijmalan*)[...] Le Message s'imprima sur le cœur pur du Prophète tel qu'il existait dans le royaume divin, et c'est ainsi que le Prophète finit par être convaincu qu'il s'agissait de la parole de Dieu [...] Par la suite, au fur et à mesure que le besoin s'en faisait sentir, un propos bien structuré était énoncé par les facultés rationnelles du Prophète par l'intermédiaire de l'ange (*ibid.*).

En ce qui concerne l'infaillibilité prophétique, les juristes (*fuqahâ*) et les théologiens (*mutakallimûn*) développèrent deux façons distinctes de la traiter. Les juristes virent cette question sous l'angle de l'application de la loi : qu'est-ce qui, dans le précédent prophétique – en se fondant sur l'infaillibilité prophétique –, constituait un engagement, et qu'est-ce qui ne le représentait pas ? Un critère fut élaboré pour distinguer entre celles des actions du Prophète qui émanaient directement de sa mission de messager de Dieu (*sunna al-huda*, c'est-à-dire « *sunna* de guidance ») et ses actions en tant que mortel (*sunna al-'adiya*, c'est-à-dire « *sunna* de coutume »). La plupart des théologiens partagent l'avis que le Prophète était exempt de toute erreur dans les sujets concernant la guidance. Un désaccord largement répandu subsiste sur toutes les autres questions, la majorité soutenant l'idée que, alors que tous les prophètes sont exempts de péchés majeurs, ils sont néanmoins susceptibles d'erreurs humaines de jugement sur des questions matérielles, et même de péchés mineurs[20]. La *Sunna* devint en réalité une manifestation importante de la révélation extra-coranique, comme le montre clairement un hadith de Abû Dâwûd : « Il me fut donné le Livre, et avec lui quelque chose qui lui ressemble (*wa mitlahu ma'ahu*). » Cela signifiait aussi que toutes les actions du Prophète considérées comme découlant de sa mission prophétique acquéraient un caractère obligatoire et avaient une incidence importante sur la question de l'autorité du Coran.

Etant donné que la vie religieuse de Muhammad était vue comme une explication du message du Coran et que le Coran avait réellement « besoin » que la *Sunna* le vérifie, la phrase célèbre selon laquelle le Coran a besoin de la *Sunna* et non l'inverse – et que la *Sunna* peut en fait abroger le Coran – s'est largement répandue et reste admise par les juristes musulmans traditionnels. Pour eux, cela n'est pas en contradiction avec l'autorité de Dieu parce que l'abrogation prophétique même d'un texte coranique émane de Dieu, ainsi que l'explique al-Ghazâli :

> Il n'y a pas de contestation du fait que le Prophète n'a jamais abrogé le Coran de sa propre initiative. Quand il le fit, ce fut pour répondre à une inspiration. C'est Dieu qui abrogea en réalité, opérant par le truchement de Son Prophète. On doit donc tenir les règles du Coran comme abrogées par le Prophète plutôt que seulement par le Coran. Bien que dans ce cas l'inspiration ne soit pas une inspiration coranique, la parole de Dieu n'en est pas moins unique. Dieu n'a pas deux paroles, l'une exprimée dans le style coranique qu'il nous est ordonné de réciter en public, et qu'on appelle le Coran, l'autre parole n'étant pas le Coran. Dieu n'a qu'une parole qui diffère dans ses modes d'expression. Parfois Dieu fait connaître sa parole par le Coran, et en d'autres occasions par des paroles dans un autre style, non récitées en public, qu'on appelle *sunna* (cité par Brown, 1999, p. 17).

De ce point de vue, l'opinion de Wansbrough mérite d'être notée. Il suggère qu'il ne faut pas considérer que la juxtaposition de deux formes de révélation, avec une autorité comparable, implique que le Coran cède une certaine autorité aux « intrusions de la *Sunna* » (1977, p. 54). « En effet, dit-il, on peut soutenir la position inverse. La canonisation de la révélation coranique n'a pu devenir effective au sein de la communauté qu'une fois son contenu mis en relation avec celui de la *Sunna prophétique* [en italiques dans le texte] et, peut-être plus important, avec la figure historique qui s'y trouve déterminée » (*ibid.*).

William Graham, dans son *Divine Word and Prophetic Word in Early Islam (Parole divine et parole coranique dans l'islam des origines)*, a montré en détail comment, « dans les décennies de formation de l'islam, alors que le Coran était encore essentiellement oral plutôt qu'écrit, les distinctions entre révélation et inspiration prophétique étaient, quoique présentes dans une certaine mesure, moins absolues et [...] moins importantes que la conscience dominante d'être à proximité de [...] l'événement de la révélation prophétique » (1977, p. 14)[21]. Des vestiges de ce processus actif de révélation, non encore emprisonné dans le Coran, sont visibles dans un ensemble de « matériau » de révélation qu'on ne trouve pas dans le Coran lui-même. Cet ensemble comprend les dits divins, les récits où Dieu enseigne au Prophète ou le guide d'une manière qui n'est pas la révélation, par exemple dans les rêves, la position des chiites pour qui la révélation se poursuit, quoique sous une autre forme, en direction des imams désignés. Il se retrouve en fait dans la description même de la *sunna* comme « révélation non répétée ». Les recueils de Muslim, Bukhâri et Ibn Hanbal contiennent un hadith intéressant où ce que Graham appelle « révélation extra-coranique » est clairement appelé « révélation » : « Dieu continua la révélation (*taba'a al-wahy*) au Messager de Dieu jusqu'à sa mort, jusqu'au moment même où il mourut, et l'essentiel de la révélation se produisit le jour où le Messager de Dieu mourut. »

Etant donné le changement de signification du mot *sunna* entre la façon dont l'utilisaient les premiers musulmans et son utilisation ultérieure, quand elle fut enracinée dans les hadiths prophétiques, il n'est pas difficile de voir le problème auquel la pensée musulmane du courant dominant est confrontée par ceux qui soulignent les limitations inhérentes au recueil des hadiths et que Arkoun appelle des « procédures humaines imparfaites » dans la « transmission orale », l'utilisation de « formes graphiques imparfaites », les « conflits entre clans et partis » et les « lectures non signalées » (1987a, p. 5). Contrairement à la question de l'authenticité du Coran à laquelle Arkoun fait allusion ci-dessus, le débat sur la *Sunna* comme source d'autorité a en général été malgré tout libre, même dans les cercles musulmans. Même si ceux qui ont rejeté cette position, ou les hadiths dans leur intégralité, n'ont pas échappé aux accusations de *kufr*, ils n'ont toutefois pas été mis au ban de la société musulmane.

Alors que ce débat fut ravivé au dix-huitième siècle, et vigoureusement poursuivi jusqu'à la première partie du vingtième siècle dans la société musulmane contemporaine, il est devenu beaucoup plus nuancé. Cette évolution est due, dans une large mesure, à la subtilité grandissante des débatteurs et, surtout, au simple fait que les savants modernistes étudient et invoquent le Coran en utilisant les hadiths de façon beaucoup plus judicieuse et sélective, au lieu de réveiller l'amour-propre de l'« orthodoxie » par des attaques frontales contre des doctrines soutenues depuis longtemps.

> A un niveau plus profond, la controverse concerne également les interprètes humains du Coran et leur autorité. Si la *sunna* est l'outil essentiel pour comprendre la révélation, alors les experts de la *sunna* sont également indispensables. Mais s'il est nécessaire de pouvoir situer la révélation dans un contexte, ce sont alors ceux qui connaissent le monde moderne qui seront les interprètes les plus compétents du Coran, et la connaissance de la tradition sera considérée comme superflue. Les profonds fossés sociologiques entre les leaders traditionnels et l'intelligentsia instruite moderne, entre le savant religieux et le technocrate, sont ainsi projetés sur l'éventail des attitudes musulmanes modernes vis-à-vis du Coran et de son interprétation (Brown, 1999, p. 59).

6

Comprendre et interpréter le Coran

Bien que le message fondamental, éthique et spirituel, du Coran conserve continuellement sa pertinence, on peut considérer que la plus grande partie du texte s'adresse en général aux gens du Hijaz, qui vivaient au moment de la révélation. L'érudition musulmane a été réticente à explorer cette relation, ainsi que ses implications pour la genèse du Coran comme pour son interprétation. Au lieu de cela, « [les savants traditionnels du Coran] ont fixé des limites arbitraires aux investigations des innombrables courants historiques qui, d'un point de vue naturaliste, se mêlent à l'événement de la révélation prophétique qui a donné naissance à la tradition et à la foi islamiques » (Graham, 1980, p. 21). Malgré cette réticence à approfondir les implications du caractère circonstanciel du Coran, le principe de contextualité lui-même est en général accepté par les spécialistes traditionnels du Coran, et les tentatives pour éloigner le Coran de son lieu de naissance sociohistorique témoignaient d'une rigidité qui était étrangère aux savants des premiers temps, en même temps qu'elles y contribuaient.

La révélation progressive (*tadrîj*)

Le Coran dresse le portrait d'une divinité activement engagée dans les affaires de ce monde et de l'humanité. Le savant traditionnel le plus convaincant, avec son modèle de révélation relativiste et progressive, est sans nul doute Shâh Walî Allâh Dihlawi (mort en 1762), un savant réformiste majeur du sous-continent indo-pakistanais qui a développé une théorie élaborée de la relation entre la révélation et son contexte. Dans le prolongement de son concept d'« unité de l'être » où toutes choses sont étroitement intégrées, il met l'accent sur l'interdépendance des puissances et des effets cosmiques, divins, terrestres et humains dans l'univers. Dieu ne parlerait donc pas dans le vide, et Il ne transmet pas un message élaboré ex nihilo. Dihlawi semble suggérer une sorte de connexion existentielle entre histoire et révélation. La forme idéale de la religion (*dîn*), dit-il, correspond à la forme idéale de l'espèce (*fitra*). « Les manifestations actualisées de la forme idéale descendent en révélations successives qui dépendent des circonstances matérielles et historiques particulières » (cité par Hermansen, 1985, p. 147) de la communauté qui les reçoit. Chaque révélation successive façonne à nouveau les éléments « trouvés précédemment en une nouvelle *Gestalt* qui incarne la religion primordiale idéale, sous une forme modifiée qui corresponde à la communauté qui la reçoit » (*ibid.*). Selon Dihlawi, il s'ensuit alors, avec chaque contexte successif, que la religion a adapté « sa forme, ses croyances et ses pratiques spirituelles aux habitudes, aux fois précédentes et aux tempéraments des nations auxquelles elle a été révélée » (Dihlawi, 1952, 1 : 187). Dans ce schéma de révélation, la façon qu'a Dieu de traiter l'humanité se compare à celle d'un médecin qui prescrit différents médicaments à ses patients aux différents stades de leurs maladies ; se cantonner à la communauté religieuse prémuhammadienne reviendrait, du point de vue de Dihlawi, à agir comme un adulte qui prend un médicament prescrit à un enfant ou qui utilise un médicament d'hier pour une maladie d'aujourd'hui.

Le Coran, malgré sa cohérence interne, n'a jamais été formulé comme un tout intégré, mais fut révélé en réponse aux exigences de situations concrètes. Le Coran dit explicitement les raisons de la nature progressive de sa révélation. Les « limites arbitraires » posées par les savants traditionnels à l'investigation des courants historiques présents dans la révélation, auxquels Graham faisait allusion précédemment, n'excluent pas le principe de progressivité (*tadrîj*). Ce principe, caractéristique de l'ensemble du processus de révélation, se manifeste le mieux dans les clivages spécifiques du texte – entre les parties mecquoises et les parties médinoises – et dans deux spécialités des études coraniques, les *asbâb al-nuzûl* (sing. *sabab al-nuzûl*, « circonstances de la révélation ») et le *naskh* (abrogation).

Révélations mecquoises et révélations médinoises

Bien que la distinction entre versets mecquois et versets médinois ne soit pas faite dans le Coran tel qu'il est aujourd'hui ordonnancé, la connaissance de l'endroit où chaque révélation a eu lieu est considérée par tous les savants du Coran comme essentielle pour en comprendre le contenu. Cet extrait du *Note on the Virtues of Qur'anic Studies (Note sur les vertus des études coraniques)* de Abû al-Qâsim al-Nisaburi est une référence en la matière :

> Parmi ce qu'il y a de plus vertueux dans la connaissance du Coran, on trouve ce qui concerne sa révélation et la chronologie de ce qui fut révélé à La Mecque et ce qui fut révélé à Médine, les révélations qui ont eu lieu à La Mecque mais concernant Médine, celles révélées à Médine mais concernant La Mecque, les révélations mecquoises concernant les habitants de Médine et les révélations médinoises concernant les habitants de La Mecque, les révélations qui ressemblent à des révélations mecquoises mais furent en fait révélées à Médine, et celles qui ressemblent à des révélations médinoises mais furent en fait révélées à La Mecque, les révélations qui eurent lieu à Al-Jahfa, à Jérusalem, à Ta'if et à Hudaybiyya, les révélations qui eurent lieu de nuit et celles qui eurent lieu de jour, celles qui se produisirent quand [Muhammad était] avec un groupe et celles qui se produisirent quand [il était] seul, les versets médinois au sein d'une sourate mecquoise et les versets mecquois au sein d'une sourate médinoise [...] Quiconque n'est pas versé dans ces vingt-cinq aspects et est incapable de faire la distinction entre eux est inapte à parler du Livre de Dieu ('Inayat, 1996, 1 : 171).

Cette liste, qui peut sembler très complexe, souligne d'un côté la vanité qu'il y a à se demander simplement : « Qu'est-ce que le Coran veut dire ? » sur un sujet particulier, en attendant une réponse simple, et de l'autre l'importance d'une prise en considération de toute la révélation coranique dans son contexte. Une autre manière de traiter la séparation entre éléments mecquois et éléments médinois consiste à faire la distinction entre textes révélés avant et après l'hégire. Il existe encore une troisième voie, attribuée à 'Abd Allâh ibn Mas'ûd, qui distingue les textes adressés aux gens de La Mecque et ceux adressés aux gens de Médine. Parfois, selon le critère qu'on utilise pour classer un verset, il peut se révéler mecquois ou médinois. Le verset suivant en est un exemple :

> Humains, Nous vous avons créés d'un mâle et d'une femelle. Si Nous avons fait de vous des peuples et des tribus, c'est en

vue de votre connaissance mutuelle. Le plus digne au regard de Dieu, c'est celui qui se prémunit davantage. Dieu est Connaissant, Informé (49 : 13).

Ce verset fut révélé à La Mecque, alors que le Prophète vivait à Médine mais était en pèlerinage à La Mecque. Etant donné qu'il s'adressait aux Médinois et que son exhortation devait être accomplie à Médine, le verset peut être défini comme médinois. Quelques sourates contiennent à la fois des versets révélés à La Mecque et des versets révélés à Médine. Dans ce cas, la sourate est définie à partir de ses premiers éléments, ou des plus importants. Par exemple, si le début de la sourate a été révélé à Médine, la sourate dans son ensemble est dite médinoise.

Les textes sont définis comme mecquois ou médinois sur la base d'un certain nombre de caractéristiques, permettant de dater un verset ou un chapitre donnés. En dehors du récit le mieux établi des circonstances de la révélation d'un texte, ou de la référence directe dans le texte à une personne ou un événement spécifique, la distinction entre versets mecquois et versets médinois se fonde sur la structure, le style et le contenu. En termes de structure et de style, les sourates courtes, les versets commençant par « Humains[1] » ou « *Kalla*[2] », ceux qui prescrivent aux croyants de se prosterner et ceux qui contiennent l'histoire de la genèse sont considérés comme mecquois. Au contraire, les sourates plus longues et les versets commençant par « Vous qui croyez » sont considérés comme médinois. Quand on s'intéresse aux contenus du Coran, les textes mecquois se concentrent sur trois éléments essentiels de la doctrine islamique : l'absolue unicité de Dieu, la prophétie de Muhammad et la responsabilité ultime des gens en présence de Dieu. A l'appui de ces doctrines fondamentales, le Coran fournit des récits des prophètes anciens et de leur combat pour établir la loi divine. En outre, il contient aussi des réponses aux arguments philosophiques, religieux ou areligieux des adversaires du Prophète. Les implications de la croyance dans ces doctrines de base sont exprimées sous forme d'injonctions, elles aussi caractéristiques de cette phase de la révélation.

Les circonstances de la révélation (*asbâb al-nuzûl*)

Les *asbâb al-nuzûl* sont les circonstances de la révélation d'une sourate ou d'un verset, et indiquent le moment, les conditions ou le lieu de la révélation. Les *asbâb al-nuzûl* furent transmises par les Compagnons, et leur fiabilité fut soumise au même examen que la littérature des hadiths en général. Il n'est donc pas rare de trouver, à propos d'une révélation spécifique, des récits « douteux » ou des récits divergents attribués aux Compagnons. Dans ce cas, on privilégie le récit le plus « fiable » et on tente d'harmoniser les apparentes contradictions entre les diverses narrations. Dans les études traditionnelles islamiques, les *asbâb al-nuzûl* forment un élément important des études de *maghâzi* et de *sîra* – qui traitent respectivement des razzias et de la vie du Prophète –, de l'interprétation et des questions juridiques. Bien que cette discipline ait été négligée, son importance est évidente à en juger par « la fréquence de l'affirmation selon laquelle rien n'est plus précieux pour aider à comprendre le Coran que de savoir quand et dans quelles circonstances ses versets ont été révélés » (Burton, 1977, p. 16). La fonction des *asbâb* dans l'exégèse, explique Rippin,

> consiste à fournir un compte rendu narratif qui puisse donner corps à l'exégèse du verset. Les techniques d'interprétation habituelles, consistant à incorporer des gloses, des éclaircissements massorétiques (c'est-à-dire avec des variantes), l'expansion nar-

rative et, le plus important, la définition du contexte, prédominent dans la structure du *sabab* (1988, p. 2-3).

Rippin en conclut également qu'en de nombreuses occasions il semble que les récits de *asbâb* soient cités par les commentateurs sans raison exégétique apparente : « Ils sont cités puis ignorés » (*ibid.*). Se fondant sur le contexte de ces citations, il pense qu'elles sont suscitées par un désir général d'historiciser le texte du Coran, afin de prouver constamment que Dieu a vraiment révélé Son livre à l'humanité sur terre ; le document agit ainsi comme témoignage du souci de Dieu pour Sa création (1988, p. 29)[3]. Etant donné l'impression générale que donne le Coran de Dieu en permanence impliqué dans les affaires de l'humanité, c'est à coup sûr une raison crédible pour que soit citée une *sabab*. Al-Suyûtî dit en effet que le rappel constant de la présence de Dieu dans l'univers est une des fonctions de la *sabab* (1973, p. 29). « La *sabab*, dit Rippin, est un rappel constant et la corde, ce qui est une des significations du mot *sabab* dans le Coran, qui permet à la contemplation humaine de s'élever vers les niveaux les plus éminents tout en s'occupant des aspects matériels du texte » (1988, p. 1). Alors qu'on peut considérer les *asbâb al-nuzûl* comme importantes pour tout essai de compréhension du Coran, il est évident que leur utilisation a également été entourée d'un scepticisme considérable. Les raisons de ce scepticisme vont de la crainte de compromettre l'altérité ontologique du Coran jusqu'à la corruption reconnue de l'essentiel de la littérature des hadiths – sur laquelle toutes les narrations de *asbâb* sont fondées (Dihlawi, 1966, p. 49). Dihlawi, par exemple, met en garde contre le risque de « se noyer dans les détails d'événements annexes » qui n'ont aucune « fiabilité significative ». Il fait cependant une exception importante pour les versets où se voit une contradiction évidente (avec d'autres versets) à cause d'un événement survenu dans la période prophétique (*ibid.*, p. 19).

L'abrogation (*naskh*)

Littéralement, *naskh* signifie « remplacer une chose par une autre [et] l'annuler » (Ibn Manzûr, 1994, 3 : 624). Dans les études coraniques et la jurisprudence islamique, par contre, le mot désigne la vérification et l'élaboration des différents modes d'abrogation. Le texte de référence pour le concept de *naskh* est le verset 2 : 106 :

> Nous n'abrogeons aucun verset, ni ne le faisons passer à l'oubli, sans en apporter de meilleur ou d'analogue. Ne sais-tu pas que Dieu est Omnipotent ?

Les modes de *naskh* sont les suivants :

— l'abrogation par le Coran des Ecritures divines qui l'ont précédé ;

— l'abrogation de quelques textes coraniques dont on dit qu'ils n'ont plus cours ;

— l'abrogation de certains commandements anciens du Coran par des révélations ultérieures, alors que le texte contenant ces commandements reste englobé dans le Coran ;

— l'abrogation d'une *sunna* (pratique prophétique) par une injonction coranique ;

— l'abrogation d'une injonction coranique par une *sunna*.

Les versets textuellement « abrogés » se répartissent en deux groupes : les versets où à la fois le texte et la loi sont supposés abrogés et ceux dont on pense que seul le texte est abrogé, la loi restant en vigueur. L'importance accordée au *naskh* se mesure au grand nombre d'œuvres qui abordent le sujet avec objectivité. Outre la littérature sur la théorie du *naskh*, on trouve de nombreuses narrations attribuées aux

Compagnons qui insistent sur la nécessité d'acquérir la connaissance des versets du Coran abrogeant ou abrogés. On rapporte qu'un jour 'Alî ibn Abî Tâlib vit un homme, dans la mosquée de Kufa, répondre aux questions que lui posaient les gens autour de lui. Il demanda à l'homme s'il pouvait distinguer les versets abrogeant des versets abrogés. Comme l'homme répondit par la négative, 'Alî l'accusa de se leurrer lui-même et d'abuser les autres gens, et il lui interdit de parler à nouveau dans la mosquée (Suyûtî, 1973, p. 20 et s.).

Malgré l'accent mis sur une saine connaissance du *naskh*, il n'y a probablement aucune autre discipline dans les sciences coraniques qui soit aussi confuse en ce qui concerne la validité, la signification et l'applicabilité de cette notion. C'est ce qui explique que de nombreux savants aient mis en cause sa validité au-delà du premier des cinq modes énumérés précédemment (Razi, 1990, 3 : 245-252). Un certain nombre de réformistes de l'époque moderne comme Sayed Ahmad Khan (mort en 1898) et de chercheurs contemporains comme Ismâ'îl al-Fârûqî (mort en 1986) ont rejeté l'idée qu'une partie du Coran pouvait en abroger une autre. Ils affirment que, au lieu de considérer une révélation coranique antérieure abrogée par celles qui la suivent, il est plus correct de continuer à la regarder comme valide et susceptible d'être appliquée dans des circonstances semblables à celle où elle fut révélée. L'essentiel de la préoccupation de ces savants est centré sur l'autorité du texte. Quand presque chaque passage, ou chaque pratique, tenu pour abrogé par un savant est mis en doute par un autre, il y a alors peu de chances d'aboutir à un compromis.

Les diverses modifications de la signification du terme *naskh* sont les premières responsables de cette confusion, ainsi que Dihlawi l'a fait remarquer (1966, p. 40). Certains Compagnons, comme Ibn Qayyim al-Jawziyya (mort en 1350) le montre, ont utilisé le mot dans le sens de *istithnâ'* (exception, exclusion), de *takhsîs* (particulariser la signification) ou de *tabyîn* (clarifier un verset précédent) (1895, 1 : 12). Son usage premier n'a donc pas nécessairement englobé l'idée d'abrogation dont il devint par la suite synonyme. Ces différentes significations se confondirent plus tard. L'utilisation du terme *naskh* dans son sens général a donc accru le nombre de versets abrogés – il y en eut, selon Dihlawi, jusqu'à cinq cents (1966, p. 40). La tendance parmi les savants du Coran a été de les réduire (Fârûqî, 1982, p. 40 et s. ; Hassan, 1965, p. 187). L'abrogation de versets individuels dans le Coran étant en général désapprouvée, différentes méthodes ont été employées pour limiter leur nombre ou pour nier leur occurrence même, tout en admettant que la possibilité en existe[4]. Abû Muslim al-Isfahâni (mort en 1527), par exemple, a totalement refusé la théorie du *naskh* et Fakhr al-Dîn al-Râzi (mort en 1209), un des grands commentateurs du Coran, soutient que le fait que l'abrogation soit possible ne signifie pas réellement qu'elle se soit produite (Râzi, 1990, 3 : 246). Suyûtî réduit le nombre de versets abrogés à vingt et un, alors que Dihlawi, qui soutient que la plupart peuvent être harmonisés, le ramène à cinq (Dihlawi, 1966, p. 41-46).

L'exégèse coranique (*tafsîr*)

La piété et l'attitude exceptionnellement respectueuse des premiers musulmans à l'égard du Coran conduisent à suggérer qu'il y eut une réticence générale vis-à-vis de toute activité exégétique dans les premiers temps de l'islam. Al-Mabani cite la réponse de Abû Bakr à qui on demandait de donner la signification du verset 4 : 85. Abû Bakr répondit : « Quel ciel pourrait me procurer de l'ombre, et quelle terre pourrait me porter si je devais dire au sujet du Livre de Dieu une chose que je ne connais pas ? » (1954, p. 183). On demanda à Sa'id ibn Jubayr de composer un *tafsîr*, et il répondit avec colère : « Perdre une partie de mon corps vaudrait mieux qu'écrire un *tafsîr* ! » (cité par Ahmad, 1968, p. 83). Harris Birkeland, dans son *Old Muslim Opposition Against Interpretation of the Koran (De l'ancienne opposition des musulmans à l'interprétation du Coran)* (1955), a expliqué en détail cette hostilité et sa disparition progressive. Birkeland a aussi montré que, malgré la piété individuelle, une telle hostilité est également apparue au cours du deuxième siècle de l'hégire, jusqu'à ce que le *tafsîr* soit fermement intégré « à l'intérieur et sous la coupe de la doctrine orthodoxe et de ses exigences [avec] des méthodes strictes mises en place pour la transmission de l'information, qui ont formé le cœur de la procédure d'interprétation » (Rippin, « Tafsir » dans *The Encyclopedia of Religion [L'encyclopédie de la religion]*, 1987, 14 : 237)[5].

Dans les premières phases de l'exégèse coranique, le terme *ma'ani* (littéralement « signification ») fut celui qu'on utilisait le plus souvent pour désigner l'exégèse[6]. Vers le troisième siècle de l'hégire, ce terme fut supplanté par *ta'wîl*, dont la racine est *'-ww-l* (littéralement « retourner au commencement », « interpréter » ou « élaborer »). Au siècle suivant, il fut progressivement remplacé par *tafsîr*, après une longue période où les deux mots furent interchangeables.

Ce dernier est devenu courant pour parler d'exégèse coranique. Issu de la racine *fassara* (littéralement « interpréter », « clarifier ») ou *asfara* (littéralement « briser », comme dans *asfara al-subh*, le « jour pointe »), le nom verbal *tafsîr*, bien que n'apparaissant qu'une fois dans le Coran (25 : 33), finit par devenir le terme technique pour nommer l'exégèse coranique vers la fin du cinquième siècle de l'hégire. Zarkashi a défini le *'ilm al-tafsîr* (science de l'interprétation) comme « le corps de connaissance qui traite de l'explication, de l'interprétation et du commentaire du Coran, englobant toutes les manières d'en acquérir la connaissance, qui contribue à le comprendre correctement, à expliquer sa signification et à transposer ses lois et sa sagesse » (1972, 3 : 13).

Entre le deuxième et le quatrième siècle, quand les termes *ta'wîl* et *tafsîr* étaient utilisés de façon interchangeable, il y eut aussi des essais pour particulariser leur application au domaine de l'exégèse. Le mot *tafsîr* fut utilisé pour désigner l'exégèse philologique, l'exotérique, ou pour faire référence aux livres profanes comme aux livres divins, alors que *ta'wîl* se rapportait à l'exposé d'un sujet, à l'ésotérique, ou à la seule exégèse d'une Ecriture divine. Muqatil ibn Sulayman (mort en 150/767), un exégète ancien, proposa que le *tafsîr* exprime ce qui, à propos du Coran, est connu au niveau humain, et *ta'wîl* ce qui est connu de Dieu seul. Plus tard, *ta'wîl* devint un terme technique, employé à la fois par les traditionnistes et par ceux qui se situaient en dehors du courant dominant, comme les ismaéliens, les mu'tazilites et certains soufis, pour désigner une interprétation qui se passe de la tradition et se fonde sur la raison, l'opinion personnelle, la recherche et/ou l'intuition. Aujourd'hui, l'« orthodoxie » sunnite utilise le terme avec une connotation péjorative dans le but d'exprimer le rejet de la signification « manifeste » d'un verset pour adopter une autre interprétation plus « obscure ». Dans cette distinction tardive et prononcée entre *ta'wîl* et *tafsîr*, nous voyons que les catégories traditionnelles sont en contradiction avec les ambiguïtés inhérentes à tout discours contemporain sur l'interprétation – et en fait avec l'opinion des premiers cercles exégétiques qui ne semblaient pas avoir admis une telle distinction[7]. La conception contemporaine de la compréhension, de l'interprétation et de la signification rejette le clivage entre exégèse philologique et exégèse traitant de la substance du texte. La signification ne serait-ce que d'un simple mot, qui peut sembler « évidente » à première vue, peut ne pas résister à cette description après un examen attentif ou parce qu'on se situe à une autre époque, ou dans un autre lieu. Des difficultés semblables accompagnent l'évaluation traditionnelle des sources et de la typologie du *tafsîr*.

Les sources du *tafsîr*

Le Coran a toujours été considéré comme son propre premier commentateur, et il constitue la première source pour comprendre sa signification, puisque de nombreuses questions surgissant d'un verset particulier trouveront réponses et éclaircissements dans d'autres versets : les affirmations de nature générale (*mujmal*) dans les affirmations spécifiques (*mubayyin*), les absolues (*mutlaq*) dans les limitées (*muqayyad*) et les ordinaires (*'am*) dans les singulières (*khas*). C'est une forme de *tafsîr* sur laquelle les savants sunnites du Coran ont fortement mis l'accent. La deuxième source majeure pour le *tafsîr* est le Prophète Muhammad, qui est considéré par les musulmans comme la personnification du message du Coran et son commentateur extérieur par excellence. Il existe de nombreux exemples de commentaire prophétique (*al-tafsîr al-nabawi*), et les compilations de hadiths de Bukhâri, Muslim, Tirmidhi et d'autres possèdent toutes des sections dédiées à ces commentaires, organisés dans un ordre conforme à leur occurrence dans le Coran. La présence prophétique était inestimable pour les besoins de l'exégèse, car même les versets intelligibles étaient mieux compris s'ils étaient expliqués par le récipiendaire direct de la révélation. Selon le Coran, c'est une des fonctions du Prophète :

> Et Nous avons fait vers toi descendre le Rappel pour que tu explicites aux humains ce qui à plusieurs reprises était vers eux descendu : Nous les engagions ainsi à réfléchir (16 : 44).

La disparition du Prophète priva la communauté musulmane de sa source directe de clarification et de guidance. Les Successeurs (*tâbi'ûn*) – la génération qui a suivi celle des Compagnons –, et même certains des Compagnons, furent souvent confrontés à des problèmes nouveaux et eurent besoin de la guidance de ceux qui étaient vus comme les maîtres du Coran et qui étaient les plus proches du Prophète en compagnonnage et en connaissance. Ce groupe constitua la troisième source de *tafsîr*. Certains commentaient librement le Coran alors que, pour d'autres, c'était le privilège exclusif du Prophète. Parmi les Compagnons, 'Umar ibn al-Khattâb, 'Abd Allâh ibn Mas'ûd, Ubay ibn Ka'b, Zayd ibn Thâbit, Abû Mûsâ al-Ash'ari, 'Abd Allâh ibn Zubayr et 'Abd Allâh ibn 'Abbâs furent considérés comme les plus éminents commentateurs du Coran. Ibn 'Abbâs était estimé en outre comme le plus savant dans la science du *tafsîr* et on dit que, même du vivant du Prophète, on l'appelait *tarjumân al-Qur'ân* (l'interprète du Coran) et *bahr al-'ulûm* (l'océan de la connaissance). Dans les premières années de l'érudition islamique, le *tafsîr* fit partie intégrante, quoique non identifiable, des sciences du hadith, et les chercheurs divergent sur le point de savoir à quel moment il devint une science à part entière. Muhammad Husayn al-Dhahabi, un chercheur égyptien contemporain, soutient que la séparation du *tafsîr* d'avec les hadiths jusqu'à constituer une science indépendante fut accomplie par Ibn Mâja (mort en 886), Ibn Jarîr al-Tabari (mort en 938) et d'autres, postérieurs (1979, 1 : 144). D'autres affirment que le *tafsîr* rompit avec la science des hadiths longtemps avant, « même si les recueils de hadiths et les livres de *sîra* (histoire prophétique) étaient utilisés pour intégrer des informations de *tafsîr* concernant certains versets, sous forme de traditions » (Sawwaf, 1979, p. 142).

La classification traditionnelle du *tafsîr*

Les savants sunnites ultérieurs du Coran, fondant leur classification du *tafsîr* sur les moyens employés par un commentateur plutôt que sur le centre d'intérêt ou le contenu d'un commentaire particulier, sont parvenus aux catégories suivantes :

— l'exégèse par transmission (*tafsîr bi al-riwâya*),

— l'exégèse par opinion/raisonnement (*tafsîr bi al-ra'y*),

— l'exégèse par allusion (*tafsîr bi al-ishâra*) ('Inayat, 1996 et Zarqani, 1996) [8].

*L'exégèse par transmission (*tafsîr bi al-riwâya*)*

L'exégèse par transmission (*tafsîr bi al-riwaya*) est aussi appelée, chose intéressante, *tafsîr bi al-'ilm* (exégèse fondée sur la connaissance). Elle est le fondement de ce qui est considéré comme l'exégèse orthodoxe, et représente le mode d'interprétation le plus communément admis. Ce type de *tafsîr* est supposé s'appuyer sur les narrations explicatives dans le Coran lui-même, sur les hadiths fiables du Prophète (tels que les définit l'« orthodoxie », dans le cadre de sa propre épistémologie théologique et juridique), sur les manifestations concrètes de la loi et de la moralité coraniques dans sa vie, ou sur les narrations « authentiques » des Compagnons. Il est basé sur l'hypothèse qu'il existe un corpus littéraire « acceptable », constitué de hadiths et d'opinions des Compagnons et des Successeurs, transmis d'une génération à la suivante sans qu'interviennent la raison, le discernement, la sélection ou le rejet des transmetteurs. Les savants peuvent donc « se contenter de répéter » en s'en remettant à l'autorité précédente, comme le leur prescrit ce verset coranique :

> Interrogez donc là-dessus les gens du Rappel, si vous ne savez pas (167 : 43).

La première génération d'exégètes musulmans s'appuya sur les deux premières sources de *tafsîr* mentionnées ci-dessus (le Coran et les hadiths), sur leur propre connaissance des circonstances de la révélation, sur la poésie antéislamique et sur de fréquentes discussions avec les juifs ou des musulmans d'origine juive. Ces discussions conduisirent souvent à rechercher les significations de mots obscurs et donnèrent un vernis judaïque à un grand nombre de versets. De cette génération et de celle des Successeurs, naquit une partie du corpus toujours changeant et en développement de littérature traditionnelle de *tafsîr*. Le temps passant, le volume de commentaire traditionnel s'accrut à un point considérable et un grand nombre de traditions furent attribués au Prophète aussi bien qu'à 'Alî et Ibn 'Abbâs, toutes étant incorporées au *tafsîr*. Alors qu'un certain nombre de commentaires – ou de compilations de narrations exégétiques « authentiques » – tels ceux de Muqatil ibn Sulayman et de Sufyân al-Thawri (mort en 161/778) gagnaient en prestige au cours du deuxième siècle de l'islam, aucun n'acquit l'« authenticité » de l'exégèse de Ibn al-Jarîr al-Tabari, *Jami' al-bayân 'an ta'wîl ay al-Qur'ân*. Indubitablement le summum du *tafsîr* traditionnel, son œuvre constitue la source de la majorité des exégèses des siècles suivants. Elle est importante pour deux raisons : la première tient au caractère très complet de son travail de compilation et de sauvegarde des différents hadiths exégétiques et des opinions des premiers temps sur leur valeur et leur applicabilité ; la seconde au fait qu'il fut le premier à classer sa documentation d'une façon ordonnée selon le sujet traité et sa relation avec la structure des versets coraniques.

Bien que le commentaire de Tabari ait été salué comme le socle du *tafsîr bi al-riwâya*, il dut aussi s'intéresser aux textes fondamentaux de la tradition, en acceptant certains, rejetant les uns et minimisant l'importance des autres [9]. On peut affirmer que l'exégèse de Tabari est entièrement construite sur les hadiths, mais l'hypothèse, qui va de pair, selon laquelle Tabari en tant que personne, rédacteur, philologue et juriste et son milieu social n'ont joué aucun rôle dans son processus de sélection et de médiation est clairement discutable. La large approbation accordée à cette première catégorie de *tafsîr* s'est accompagnée de querelles théologiques et philosophiques virulentes, caractéristiques des deuxième et troisième catégories.

*L'exégèse par opinion/raisonnement (*tafsîr bi al-ra'y*)*

Il était inévitable qu'émerge un type de *tafsîr* qui ne se proclame pas enraciné dans la littérature des hadiths, et qui s'appuie sur la raison comme outil reconnu et indispensable du processus herméneutique. L'expression *tafsîr bi al-ra'y*, par opposition à ce qui se voulait *tafsîr bi al-'ilm* (exégèse fondée sur la connaissance), utilisée par ses détracteurs, ne fut jamais acceptée par ses partisans. L'argument qui permet de considérer comme permise une exégèse fondée sur l'opinion et la raison fait appel à la réaction bien connue du Prophète aux réponses de Mu'adh ibn Jabal quand ce dernier fut envoyé pour enseigner au Yémen. Le Prophète demanda à Mu'adh à quoi il aurait recours s'il était confronté à des situations problématiques. Mu'adh répondit qu'il jugerait selon le Coran et la *sunna*. « Et si tu n'y trouves pas la solution ? » Il répondit qu'il utiliserait son jugement personnel. Le Prophète fut enthousiasmé par l'esprit d'initiative manifesté par Mu'adh, et il loua Dieu pour cela (Maliki, 1980, 3 : 689). L'opposition à cette forme de *tafsîr* s'appuie sur les mêmes déclarations attribuées au Prophète qui cherchent à légitimer le premier mode de *tafsîr* : « Quiconque parle au sujet du Coran sans avoir la connaissance, qu'il ait une demeure dans le feu » (Abû Dâwûd, cité par Suyûtî, 1973, 2 : 179) et « Celui qui se prononce au sujet du Coran, [même si] ce qu'il dit est exact, s'est trompé » (Abû Dâwûd et Tirmidhi, cités par Suyûtî, *ibid.*).

Face à la maîtrise indiscutable de certaines sommités de ce type de *tafsîr*, et à l'apparente « contradiction » entre les deux positions – toutes deux fondées sur les hadiths –, un certain nombre de savants du courant dominant, comme al-Ghazâli, ont résolu le « problème » en scindant le *tafsîr bi al-ra'y* en deux sous-catégories : le *tafsîr mahmûd* – un commentaire « méritoire » fondé sur la source des hadiths du *tafsîr*, les règles de la *sharî'a* et la langue arabe d'une part, et le *tafsîr madhmûm* – un commentaire « blâmable » entièrement fondé sur l'opinion personnelle, indépendamment des sources et règles qu'on vient de mentionner. La plupart des commentateurs qui se rattachent à ce mode rejettent l'affirmation selon laquelle les savants antérieurs avaient lié tout *tafsîr* détaillé de chaque verset aux « prédécesseurs vertueux » et à ceux dont l'autorité pouvait être rattachée au Prophète lui-même ou à ses Compagnons. Ils soutenaient au contraire que la pénurie de hadiths sur le *tafsîr* venait précisément de ce que le Prophète désirait et encourageait l'étude du Coran. « Un homme qui détient une preuve est plus honorable qu'un lion dans son repaire, et un imitateur est plus méprisable qu'une chèvre miteuse », a dit Mahmûd ibn 'Umar al-Zamakhshari (mort en 538/1075), chef de file de ce type de *tafsîr*, « car la connaissance est une ville dans laquelle on peut entrer par deux portes : l'une est la raison et l'autre la tradition » (cité par Ahmad, 1968, p. 87). Alors que al-Ghazâli faisait partie des grands défenseurs de ce type d'exégèse dans l'islam sunnite, ses vrais partisans furent les mu'tazilites, et Zamakhshari est indubitablement, dans l'érudition coranique, le commentateur le plus éminent de ce type de *tafsîr*, dont les œuvres sont toujours vivantes. Son *Al-kashshâf 'an haqâ'iq ghawamid al-tanzîl* est considéré par l'érudition du courant dominant, quoique avec réticence, comme une des œuvres de *tafsîr* les plus importantes. Manifestant une attitude plutôt désinvolte vis-à-vis des hadiths exégétiques, il accorde une importance considérable à l'analyse linguistique, activité qu'il « accomplit avec une habileté consommée » (Ayoub, 1984, p. 5).

*L'exégèse par allusion (*tafsîr bi al-ishâra*)*

Alors que la querelle s'intensifiait régulièrement entre théologiens scolastiques (*mutakallimûn*) et traditionnistes (*muhaddithûn*), et que la politique envahissait ouvertement la vie religieuse, il devenait inévitable qu'une troisième voie émerge, une voie qui dédaigne les deux précédentes et qui tente désespérément de rester fidèle au désir de communion avec Dieu. Ce fut la voie du gnosticisme ou du soufisme (*tasawwuf*). Les féroces disputes théologiques (voir chapitre 4) ont aussi favorisé le jaillissement de cette tendance. Les soufis dénonçaient l'obsession des arguments verbaux, qu'ils disaient vides de certitude spirituelle et d'affinité avec Dieu, dont l'adoration, rappelaient-ils, est le propos de la création[10]. Le désir d'échapper à la mainmise formaliste, intellectuelle et philosophique, sur le *tafsîr*, dans les deuxième et troisième siècles de l'islam, contribua également à ce que se développe l'idée que le Coran possède une signification plus profonde et plus intérieure, qui ne se livre qu'à ceux qui parcourent le chemin de la *ma'rifa*, la gnose. Les dimensions spirituelles de l'existence humaine et l'eschatologie furent les thèmes centraux de ce type de *tafsîr*, et deux idées centrales formèrent l'assise de sa méthodologie interprétative. Premièrement, ses partisans affirmèrent que, de même qu'une personne rituellement impure n'est pas autorisée à toucher le Coran, quiconque a un cœur impur ne pourra être réceptif à son message. En second lieu, tout en rejetant la signification « évidente » et philologique du texte, ils se concentrent sur la découverte de ses « significations intérieures », ou plutôt ils cherchent à y être exposés[11]. Le *tafsîr bi al-ishâra* attache au texte des significations qui ne sont pas perceptibles – ni souvent acceptables – pour les savants de l'islam qui adhèrent à une approche plus formaliste et légaliste[12]. Sa philosophie se fonde sur l'idée que « la nature est un tissu de symboles, qui doivent être lus selon leur signification, et le Coran est l'équivalent de cette signification en mots humains » (Nasr, 1987, p. 24). On insiste beaucoup sur le fait que le mot *âyât* est régulièrement employé dans le Coran pour signifier à la fois ses propres « versets » et les « signes » – ce dernier terme faisant référence, dans le contexte coranique, aux phénomènes naturels manifestant la présence et la grandeur de Dieu. « La nature et le Coran, dit Seyyed Hossein Nasr, expriment tous deux la présence et l'adoration de Dieu :

> Nous lui ferons voir Nos signes sur les horizons et dans leur âme, jusqu'à faire éclater (à leurs yeux) que c'est bien là le Vrai (41 : 53) » (*ibid.*).

'Umar Khayyam explique le processus par lequel cette connaissance du Coran parvient au « chercheur » :

> [Ils] ne [la] cherchent pas par la méditation ni par la pensée discursive, mais par la purification de leur être intérieur et de leur tempérament. Ils nettoient leur âme rationnelle des impuretés de la nature et de la forme humaine, jusqu'à ce qu'elle devienne pure substance. Alors ils se retrouvent face à face avec le monde spirituel, si bien que les formes de ce monde se reflètent vraiment en eux, sans aucun doute ni aucune ambiguïté [...]

> Dis à tous ceux qui raisonnent que, pour les amoureux de Dieu, c'est l'intuition [gnostique] qui est le guide, et non la pensée discursive (cité par Nasr, 1987, p. 34).

L'exemple le plus éminent de cette forme de *tafsîr* est l'œuvre de l'Andalou Muhyi al-Dîn Muhammad ibn 'Alî ibn 'Arabi (mort en 638/1240), connu par ses disciples sous le nom de *al-shaykh al-akbar* (le maître le plus grand). Ses œuvres majeures ne portent pas sur le *tafsîr* mais sur la doctrine mystique. Il est très connu pour son exposé de la doctrine du *wahdat al-wujûd* (l'unité de l'être), qui dit que toute existence, n'étant en fin de compte rien, n'est en réalité rien d'autre que Dieu. Dénoncé comme hérétique par l'« orthodoxie » d'alors, il eut de nombreux défenseurs zélés. « Chaque verset du Coran, dit-il, a un sens extérieur et un sens intérieur, chaque expression (*harf*) a une limite (*hadd*), et il existe une ascension à partir de chaque limite vers une compréhension plus élevée » (cité par Lichtenstadter, 1974, p. 19). Ibn 'Arabi, qui utilisait fréquemment l'allégorie et le symbolisme dans son *tafsîr*, affirmait que le Coran est une maison qui abrite un trésor dont toutes les idées exprimées dans ses œuvres sont issues. Il affirmait que la clé lui avait été donnée pour le comprendre et pour l'utiliser comme fondement de ses enseignements (*ibid.*).

Note sur la typologie traditionnelle

La tentative de l'« orthodoxie » musulmane pour élaborer une typologie claire ressortissait d'un schéma plus vaste pour asseoir sa propre légitimité, ce qui impliquait qu'elle devait contenir en elle le rejet des autres méthodes, dites « hérétiques ». D'une certaine manière, bien entendu, ce n'est pas très différent de la recherche critique « orthodoxe » qui construit sa propre légitimité sur la primauté incontestée de la raison et de la parole écrite, et rejette comme « peu fiable » et « non scientifique » les autres modes de connaissance tels que l'intuition ou la parole orale. Dans une perspective critique, la catégorisation du *tafsîr* des « orthodoxes » pose un certain nombre de problèmes. En premier lieu, l'exégèse par transmission jouit d'une légitimité très large parmi eux parce qu'elle se fonde sur l'hypothèse que leurs spécialistes sont absolument objectifs et travaillent sur des transmissions « objectives » qui leur sont parvenues d'un domaine hors du temps et de l'espace, et d'individus qui ne défendaient aucun intérêt particulier dans les questions philosophiques, politiques et théologiques – et donc n'introduisaient aucune distorsion – qui faisaient rage dans tout le monde musulman moins d'une ou deux décennies après la mort du Prophète. Cette situation étant quasiment impossible, il s'ensuivit qu'ils exercèrent leur faculté de raisonnement pour discriminer parmi les transmissions dont ils se servaient comme matériau de base (ce qui, dans une certaine mesure, les rendait « coupables » d'exégèse par opinion).

En second lieu, l'idée que tout exégète potentiel doit s'appuyer sur la connaissance « profonde et vaste » d'un large champ de sciences requises – et distinctes du *tafsîr bi al-ra'y* – élimine certainement une part du côté subjectif de ce dernier. Toute subjectivité est cependant inévitable. Il est couramment admis aujourd'hui que les sciences mêmes sur lesquelles s'établit cette « crédibilité savante » étaient enracinées dans des conditions sociales et historiques particulières. Et la possession d'une connaissance « profonde et vaste » de ces sciences n'a pas empêché que des opinions diverses émergent autour de textes identiques et que de nombreuses différences philosophiques, théologiques et juridiques existent – toutes prétendant s'enraciner dans la tradition.

En troisième lieu, il est largement reconnu que la plupart des exégètes classiques qui « tombent » dans la catégorie des « orthodoxes » furent des gens profondément pieux, qui se consacraient fréquemment et régulièrement à des exercices spirituels facultatifs, même s'ils ne suivaient pas une voie soufie spécifique (*tarîqa*). La distinction nette entre *tafsîr* par allusion et *tafsîr* par transmission impliquerait que ces exégètes ne soient jamais « touchés » par leurs exercices spirituels et que ces derniers ne leur apportent aucune inspiration spirituelle propre à éclairer le sens du Coran : c'est une position insoutenable pour l'« orthodoxie ».

Quatrièmement, toute catégorisation qui se situe dans le cadre d'un combat pour légitimer certaines opinions comme « dogmatiques » et en délégitimer d'autres comme « hérétiques », afin d'établir une orthodoxie officielle, ne peut esquiver les indéniables apports des exclus. Dans le cas de Zamarkhshari, par exemple, l'« orthodoxie » a eu recours à une panoplie de moyens d'emprunt, allant d'une reconnaissance réticente de son génie, et d'un encouragement prudent à étudier son œuvre, jusqu'au plagiat. En ce qui le concerne, la version théologiquement expurgée de son œuvre vit alors sa diffusion autorisée à grande échelle, apportant parfois une renommée considérable à son censeur-éditeur.

Enfin, l'acte d'interprétation est beaucoup plus complexe que ce que les catégories dogmatiques et scientifiques, tranchées et fermées, laissent entendre. Aucun être humain n'est entièrement un animal rationnel, un être spirituel ni un automate qui se contente de répéter la tradition ou de régurgiter des réalités scientifiques. Quel que soit le degré d'attachement d'un savant à la tradition, il pose encore des questions à cette tradition, et puise dans cette tradition conformément à sa précompréhension. De même qu'il n'était pas rare, pour le « traditionaliste » Tabari, de proposer une signification très allégorique d'un texte particulier, il n'est pas inhabituel pour le « rationaliste » Zamarkhshari d'attribuer ses performances exégétiques au pouvoir miraculeux de la Ka'ba, ou à la *baraka* (bénédiction) qui émane d'elle.

Pour résumer, la signification attribuée à un texte par tout commentateur ne peut exister indépendamment de sa personnalité et de son environnement. Il n'y a aucune raison de suggérer qu'une génération particulière puisse être l'otage d'une autre, car même les commentateurs classiques ne se considéraient pas comme liés de façon irrévocable au travail de la génération qui les précédait. L'émergence du *tafsîr* comme science dans l'islam est elle-même une preuve de la créativité des commentateurs qui, jusqu'à ce jour, continuent d'être inspirés par le travail de leurs prédécesseurs, de l'assimiler, de le développer, voire de le rejeter.

Une typologie non religieuse

Tranchant avec la typologie musulmane « orthodoxe » du *tafsîr*, qui se fonde sur des méthodes « vraies » ou « fausses » menant respectivement à l'« orthodoxie » ou à l'« hérésie », la littérature du *tafsîr* a également été classifiée par un certain nombre de chercheurs critiques – qui pour la plupart suivent la typologie proposée la première fois par Wansbrough dans son *Qur'anic Studies : Sources and Methods and Scriptural Interpretation (Etudes coraniques : sources, méthodes et interprétation scripturaires)*. Cette typologie décrite comme « fonctionnelle, unifiée et révélatrice » (Rippin, « Tafsir » dans *The Encyclopedia of Religion (L'encyclopédie de la religion)*, 1987, 14 : 238) se construit à partir de la forme et de la fonction d'une œuvre de *tafsîr* particulière [13]. Ces types sont : narratif (haggadique), juridique (halakhique), textuel (massorétique), rhétorique et allégorique.

Wansbrough affirme également que cette liste, outre qu'elle reflète le contenu et le mode d'un *tafsîr* particulier, offre une distinction très nette entre les types et, sauf pour le dernier type nommé, peut aussi être intégrée chronologiquement dans la liste précédente [14].

Le tafsîr *narratif*

Cette forme de *tafsîr* se caractérise par la création d'une narration illustrative, souvent alimentée par le folklore du Proche-Orient. Selon Wansbrough, « la source de la plus grande part, sinon la totalité, de ces textes est à l'évidence la littérature rabbinique » (1977, p. 134) puisque le Coran donne peu ou pas de détails sur les événements de la période de la révélation [15]. Le *tafsîr* narratif traite de questions ordinaires, confrontant les lecteurs à un texte qui fournit rarement un contexte pour ses nombreuses déclarations, et il suggère que les trous dans la narration coranique furent comblés par cette source très familière que constituait le folklore biblique (*ibid.*, p. 135). Wansbrough explique comment, dans ce type de *tafsîr*, en particulier dans les œuvres de ses premiers commentateurs comme Muqatil ibn Sulayman (mort en 1509/767) et Muhammad Kalbi (mort en 146/763), il est très difficile, et « fréquemment impossible » (*ibid.*, p. 127), de séparer le texte du commentaire. En outre, « le texte scripturaire était subordonné, conceptuellement et syntaxiquement, au *narratio* » (*ibid.*, p. 127).

Le tafsîr *juridique*

Contrairement au *tafsîr* narratif où l'arrangement textuel est respecté, dans ce type de *tafsîr* le texte est agencé selon les thèmes juridiques. Un des exemples les plus anciens de cette forme de *tafsîr* est *L'Interprétation de cinq cents versets du Coran* de Ibn Sulayman, traitant de questions comme la foi, la prière, les ablutions, le pèlerinage, la conduite du *jihâd*, l'héritage, l'usure, le mariage, le divorce, les dettes, les contrats. Outre le fait que tous ces versets sont considérés comme les seuls du Coran traitant de la loi, son interprétation a donné un éclairage juridique plus grand au texte coranique à une époque où la jurisprudence islamique (*fiqh*) n'était pas une discipline cohérente et bien définie. A sa façon typique d'attirer infatigablement l'attention sur ce qu'il considère comme l'origine juive de l'islam, Wansbrough soutient que « les halakhistes employèrent les traditions du *tafsîr* de trois façons dans la littérature exégétique : les *ahkâm* (prescriptions), le *ikhtilaf* (désaccord) et le *naskh* (abrogation) » même si « le champ de chaque forme s'étendait au-delà de l'exploitation exclusivement midrashique du texte de l'Ecriture » (*ibid.*, p. 183). Etant donné la rareté relative des textes juridiques et la brièveté de ces textes, Wansbrough dit que « l'extrapolation de la loi à partir de la révélation fut, dans la communauté musulmane comme dans d'autres, organisée selon des principes théocratiques, processus sinueux et interminable » (*ibid.*).

Le tafsîr *textuel*

Cette forme de *tafsîr* – Wansbrough parle d'« exégèse massorétique » – s'occupe des détails du texte, est « essentiellement déductive » (1977, p. 168) et traite des « explications lexicales, d'analyse grammaticale et d'un ensemble admis de lectures différentes du Coran » (*ibid.*, p. 203). Wansbrough pense que l'élaboration du texte – « la massore [16] coranique » – est « entièrement exégétique, même quand son contenu a été transmis en guise de variantes textuelles » (*ibid.*, p. 203). Parmi les œuvres les plus anciennes de ce type sur lesquelles Wansbrough s'appuie habituellement, on trouve le *Tafsir* de al-Farra (mort en 822) et celui de Abû 'Ubayd (mort en 838) intitulés respectivement *Ma'ani al-Qur'ân (Les significations du Coran)* et *Fad'il al-Qur'ân (Les vertus du Coran).* « Pour l'histoire textuelle de l'Ecriture musulmane, l'activité des massorètes ne fut pas seulement créative mais aussi productive de postulats qui devinrent les bases à la fois de la grammaire et de la lexicographie » (*ibid.*, p. 208). « Une caractéristique de ce type de *tafsîr* consistait à citer et (habituellement) à commenter la totalité du texte de l'Ecriture [...] avec le souci de l'intégrité du texte et de la cohérence structurelle des parties les unes avec les autres » (*ibid.*, p. 226).

Le tafsîr *rhétorique*

Dans le chapitre précédent, nous avons vu comment le « génie littéraire » du Coran fut mis en avant en tant que miracle fondateur de Muhammad. Bien que les racines de cette forme de *tafsîr*, qui est centré sur les excellences littéraires du Coran, se trouvent probablement dans l'exégèse textuelle et en particulier grammaticale, son développement ultérieur comme forme indépendante de *tafsîr* naquit du besoin de prouver l'inimitabilité du Coran. « En rhétorique, de même qu'en philologie, la tyrannie de la *lingua sacra* ne se faisait pas sentir, mais elle y trouvait à s'exprimer comme critère d'excellence » (Wansbrough, 1977, p. 231). Selon Rippin, le *Ta'wîl mushkil al-Qur'ân* de Ibn Qutayba (mort en 276/889) fut la transition clé entre l'analyse rhétorique la plus ancienne, fondée sur les subtilités grammaticales et exégétiques, et celle de la doctrine ultérieure de la nature miraculeuse du Coran. « Dans ces textes, l'attention est portée aux qualités littéraires de la langue arabe qui la situent en dehors des normes de la prose et de la poésie arabes. Diverses figures poétiques sont isolées, par exemple, soumises à analyse pour déterminer leur signification et, dans de nombreux cas, comparées à la poésie arabe plus ancienne » (Rippin, « Tafsir » dans *The Encyclopedia of Religion (L'encyclopédie de la religion)*, 1987, 14 : 239).

Le tafsîr *allégorique*

Le *tafsîr bi al-ishâra*, déjà évoqué, a produit le *tafsîr* allégorique qui part de la distinction entre le *zâhir* (littéralement « évident », « clair », c'est-à-dire ce qui est historiquement ou empiriquement vérifiable) et le *bâtin* (le « caché », l'allégorique). Le *Tafsîr* de Sahl al-Tustari (mort en 896) – que Wansbrough appelle « primitif et archétypal » (1977, p. 244) – en est un exemple ancien. Comme on peut s'y attendre de toute œuvre fondée sur des intuitions spirituelles, ce genre est dépourvu de toute méthodologie exégétique globale. « On n'y trouve aucune recherche d'ensemble de thèmes mystiques. Elle est par nature fragmentée. Les parties ésotériques des textes se forment autour de méditations typiquement soufies sur le Coran, chacune partant d'un mot clé du texte. L'interprétation allégorique devient dans ce cas autant un processus d'association thématique qu'un processus de commentaire textuel » (Rippin, *The Encyclopedia of Religion (L'encyclopédie de la religion)*, 1987, 14 : 239-240).

Note sur Wansbrough

Wansbrough prend grand soin de présenter son œuvre comme provisoire et va pourtant jusqu'à formuler des hypothèses à partir de ces conclusions très expérimentales. Sa distinction entre les catégories de *tafsîr*, par exemple, outre qu'elle dépend d'un nombre très limité d'œuvres de chaque genre, est une illustration de son insistance à montrer qu'elles se suivent dans un ordre chronologique strict. Pour sa catégorie de *tafsîr* haggadique, il s'appuie presque entièrement sur l'œuvre de Muqatil ibn Sulayman (mort en 767) et de Muhammad Kalbi (mort en 763). Rappelons son point de vue selon lequel, dans ce *tafsîr*, le texte a réellement suivi la narration, et lui est soumis ; témoins ces deux œuvres. Pourtant, quand il en vient à Ibn Ishâq qu'il présente comme en étant véritablement un exemple, il recourt nonchalamment à des affirmations injustifiées d'intervention dans le contenu du texte – « Je suis tenté d'attribuer cela à une intervention dans la rédaction du texte » (1977, p. 127). Se justifiant de ne pouvoir bien faire entrer Ibn Ishâq dans sa typologie, il dit : « Que cela soit moins vrai de l'œuvre de Ibn Ishâq peut venir de ce qu'elle a été précisément rédigée par un savant pleinement versé dans les méthodes et les principes de l'exégèse massorétique » (*ibid.*). Wansbrough, bien sûr, utilise sa typologie pour soutenir que le texte a évolué sur près de dix générations, sans se demander pourquoi cette évolution n'a pas pu se faire en une seule génération. Comme l'affirme William Graham, « l'identification de points de vue différents, de vieux motifs antérieurs aux Ecritures et d'un langage emprunté aux usages judaïques suggère de nombreuses possibilités nouvelles d'interprétation, mais il n'apparaît pas clairement que cela impose la conclusion radicale qu'il n'existait aucun texte coranique fixé et reconnu avant l'an 200 de l'hégire » (Graham, 1980, p. 140).

En lisant Wansbrough, j'ai trouvé curieux que beaucoup des termes qu'il applique sans hésiter à la tradition du *tafsîr* coranique (haggadique, halakhique, massorétique, etc.) sont expliqués, dans *The Shorter Oxford English Dictionary*, du point de vue de la tradition judaïque. Autrement dit, ils n'ont, en dehors de cette tradition, que peu ou pas de signification.

L'obstination de Wansbrough à les employer, s'ajoutant à l'intention de montrer que le Coran est un produit de la tradition scripturaire juive, a aussi pour effet de souligner la prétendue vacuité de la tradition coranique. Comme si, en soi, celle-ci n'était rien. Comme tout critique, Wansbrough est issu d'un milieu particulier même si, à l'instar de ceux qui se proclament des « chercheurs désintéressés », il pense être un produit vierge, aseptisé, sans a-priori. Il appartient à une génération de chercheurs qui se rattache à une vision politique et culturelle du monde selon laquelle les peuples soumis sont de simples emprunteurs et héritiers des classes dominantes. Comment les Arabes pouvaient-ils donc produire par eux-mêmes quelque chose de tant soit peu cohérent ? Ce n'est d'ailleurs pas ce qu'ils prétendaient, reconnaissant au contraire aisément l'interdépendance du Coran avec les Ecritures antérieures. A La Mecque, déjà, Muhammad fut accusé d'avoir appris les messages du Coran d'un non-Arabe, peut-être un juif ou un judéo-chrétien :

> Nous savons bien qu'ils disent : « Il ne fait là que suivre la dictée d'un humain » : or la langue de celui qu'implique leur allégation est barbare, alors que ce texte est en claire langue arabe (16 : 103).

Le Coran ne nie pas que Muhammad ait été en contact avec des chrétiens ou des juifs ; en effet, il proclame une proximité avec leurs traditions scripturaires et se présente lui-même comme un vérificateur de ces Ecritures.

> Fils d'Israël, rappelez-vous Mon bienfait par Moi prodigué. Acquittez-vous de votre pacte envers Moi, que Je M'acquitte du Mien envers vous. Seulement, ayez de Moi l'épouvante. Croyez en ce que J'ai fait descendre pour avérer votre legs. Ne soyez pas les premiers à y opposer un déni. Ne vendez pas Mes signes à vil prix, mais envers Moi vous prémunissez. Ne mélangez pas de faux le Vrai, ne refoulez pas le Vrai, alors que vous savez (2 : 40-42).

Le Coran et l'herméneutique

Le terme « herméneutique » fait principalement référence à l'interprétation textuelle et aux problèmes qui l'entourent. La difficulté de l'herméneutique vient de ce que les expressions humaines – ou les expressions divines dans une langue humaine – (en particulier les textes) sont simultanément étrangères et familières au lecteur. Prenant en compte ce paradoxe apparent, le lecteur – si le texte est susceptible d'être compris – doit transposer la signification du texte dans son propre système de valeurs et de significations. Tiré du grec *hermeneuein* (interpréter), l'herméneutique se définit comme la « discipline intellectuelle qui traite de la nature et des présuppositions de l'interprétation des expressions » (Harvey, « Hermeneutics » dans *Encyclopedia of Religion*, 1987, 6 : 279). En tant qu'activité interprétative, dont la préoccupation essentielle est le texte écrit, on peut la décrire comme « la théorie des opérations de compréhension dans leur relation à l'interprétation des textes écrits » (*ibid.*). L'herméneutique traite de trois questions conceptuelles majeures : la nature d'un texte ; ce que veut dire comprendre un texte ; comment compréhension et interprétation sont déterminées par les présuppositions et les hypothèses (l'horizon) à la fois de l'interprète et du public pour lequel le texte est interprété.

En arabe, l'expression *fiqh al-tafsîr wa al-ta'wîl* – la compréhension de l'exégèse et l'interprétation – me convient parfaitement. L'absence d'un terme précis pour herméneutique dans les disciplines islamiques classiques ou le fait qu'il ne soit pas employé de façon significative dans la littérature coranique contemporaine n'impliquent pas que des notions ou des opérations herméneutiques définies soient absentes des études coraniques. Alors que le terme « herméneutique » ne remonte lui-même qu'au dix-septième siècle, les opérations d'exégèse textuelle et les théories de l'interprétation – religieuses, littéraires, juridiques – remontent à l'Antiquité. L'activité traditionnelle de *tafsîr* a toujours été catégorisée, et on admet que ces catégories – chiite, mu'tazilite, abbasside, acharite, etc. – disent quelque chose des attaches, de l'idéologie, de l'époque et des horizons sociaux du commentateur. Les liens entre le sujet de l'interprétation, l'interprète et le public sont rarement établis. Lorsque c'est le cas, ce lien est habituellement fait dans l'intention de dénigrer l'œuvre ou l'auteur, ou pour souligner les préjugés théologiques de l'auteur. Pourtant, jusqu'à ce jour, peu de choses ont été écrites sur ces liens dans un contexte historique ou de critique littéraire, ou sur les hypothèses sociopolitiques explicites ou implicites qui sous-tendent leurs orientations théologiques. Telle est la préoccupation de l'herméneutique contemporaine.

Dans la recherche musulmane contemporaine, Fazlur Rahman, Nâsr Hâmid Abû Zayd et Muhammad Arkoun sont parmi les rares à s'occuper d'herméneutique. Rahman insiste pour rappeler que « le Coran est la réponse divine [...] à la situation morale et sociale de l'Arabie du Prophète » (1986). Il plaide ainsi pour une « théorie herméneutique qui nous aidera à comprendre la signification du Coran comme un tout, si bien que les parties théologiques du Coran et ses parties éthiques et juridiques deviennent un tout unifié » (*ibid.*). Arkoun souligne le besoin d'une reconstruction du contexte historique de chaque texte ou période (coranique) et d'une prise en considération plus grande de « l'esthétique de réception : comment un discours est reçu par ses auditeurs et lecteurs » (1987b, p. 17). Il suggère une réévaluation critique de la méthodologie d'interprétation « élaborée par les juristes et théologiens, basée sur la rationalité comme fondatrice de la vraie connaissance, et excluant les constructions de l'imagination » (*ibid.*, p. 23) ; il espère « que la sémiotique et la linguistique pourront créer la possibilité de lire les textes religieux [...] d'une manière nouvelle » (*ibid.*). Alors que Rahman et Arkoun mettent l'accent sur le contexte historique de la révélation coranique, Abû Zayd insiste sur son origine arabe et sur la nécessité de l'aborder comme une œuvre littéraire arabe. Sans nier l'origine divine du Coran (« C'est un texte divin par son origine »), il soutient qu'il est vain de creuser cette question puisque le divin est au-delà du champ de l'investigation scientifique.

> Le Coran est une relation de communication entre l'émetteur et le destinataire, qui se développe par le moyen d'un code et d'un système de langage. Parce que, dans le cas du Coran, l'émetteur ne peut être soumis à l'investigation scientifique, l'étude du texte doit procéder de la prémisse que constitue la réalité vérifiable et observable de la culture de la communauté à laquelle le texte est adressé, de même que de son destinataire premier, le Messager. La culture s'exprime par la langue. L'étude du texte doit donc procéder de la réalité et de la culture, comme donnée empirique. A partir de ces données, on arrive à une compréhension scientifique du texte. L'idée que le texte est un produit de la culture (*muntaj thaqafi*) est si évidente qu'il n'est pas nécessaire d'argumenter plus avant (1994, p. 27-28).

Pour Abû Zayd, pourtant, le texte va au-delà du Coran, qu'il décrit comme le « texte primaire » duquel tous les autres textes islamiques jaillissent. Par « texte » au sens large, il entend « le réservoir de savoir des Arabes à un moment où ils ne possédaient aucune science, seulement la poésie » (*ibid.*, p. 41). Bien qu'au premier abord sa méthodologie ressemble à celle de Wansbrough et de ceux qui ont adopté une approche littéraire des études coraniques, l'accent qu'il met sur l'arabicité du texte le situe fermement dans le camp des arabisants plutôt que de ceux qui étudient l'islam : « Nous avons besoin de refaire du texte un texte arabe – et l'arabe est une langue historique, qui fait partie d'une culture arabe qui est elle-même une culture historique. » Alors que Wansbrough voyait l'interprétation tellement étroitement mêlée au texte qu'on ne pouvait plus les distinguer, Abû Zayd la considère comme l'« envers du texte », irrévocablement liés l'un à l'autre, et il affirme que c'est seulement à travers l'interprétation que le texte peut être compris. A cette fin, le Coran a besoin d'être décodé à la lumière de son milieu historique, culturel et linguistique. En outre, les résultats de ce décodage doivent être à leur tour encodés dans le code du milieu culturel et linguistique de l'interprète. Contrairement à Arkoun, il considère son propre travail comme faisant partie du projet de renouveau et de réforme, et il a utilisé les résultats de son travail pour militer en faveur des droits de l'homme et de l'égalité entre les sexes, disant que sur ces questions l'esprit du texte doit prendre le pas sur la lettre (1993a) [17].

Nous avons dans ces écrits les prémices de l'émergence de l'herméneutique comme discipline des études coraniques. Si l'on en juge par les modèles antérieurs de l'érudition islamique, il se passera beaucoup de temps avant que son orientation et sa nature deviennent des évidences. Pourtant, c'est dans les sociétés où les musulmans ont désespérément besoin de donner un sens contemporain à la parole de Dieu au milieu des luttes actives pour la justice, qu'on trouvera une contribution importante à cette discipline [18].

Dire adieu à l'innocence

Le Coran guide-t-il d'une manière anhistorique et universelle, ou bien est-il – au moins pour ce qui concerne les façons de l'interpréter ou de l'approcher – également éclairé, entre autres choses, par la réalité socioéconomique ?

Une approche du Coran qu'on suppose habituellement

libre de présuppositions et neutre n'a aucun fondement dans l'histoire du *tafsîr* ou des *'ulûm al-Qur'ân*, car toute expérience humaine non prophétique est essentiellement interprétative et influencée par la culture et la personnalité – facteurs impossibles à transcender (l'expérience personnelle des « chercheurs du divin » peut se révéler différente, mais ses résultats doivent rester limités à l'individu et ne sont pas susceptibles d'une application sociale significative). C'est, en outre, ce qu'ont admis – même s'ils ne l'ont pas fait explicitement – la plupart des *mufassirûn* (exégètes) et des *fuqahâ* (juristes) orthodoxes. Par ailleurs, toute activité interprétative et ses conclusions se situent dans un contexte particulier. Il est par conséquent impossible de parler d'une interprétation universelle du Coran. Toute activité interprétative et toute « signification » sont donc aussi, par nécessité, empiriques, et aucun *tafsîr* ni aucun *ta'wîl* n'est exempt de valeur. Toute lecture du Coran est « eisegétique [19] » avant d'être exégétique : l'eisegétique est vraiment l'envers, plutôt qu'une distorsion, de l'exégèse.

7

Croire en le Coran

Le Coran décrit son propre contenu comme

> explicitation de toute chose et comme guidance et miséricorde et bonne nouvelle à Ceux-qui-se-soumettent (16 : 89)

et déclare que

> dans le Livre Nous n'avons absolument pas omis la moindre chose (6 : 38).

C'est sur les contenus du Coran, comme message de Dieu à l'humanité et aux musulmans, que les approches savantes musulmanes ont mis l'accent. « Comment est-ce que je respecte les obligations que Dieu m'impose, en ce jour et en ce temps ? » est la question qui guide le musulman. Pour la plupart des « étrangers engagés » et pour pratiquement tous les « révisionnistes désintéressés », le contenu du Coran échappe véritablement à toute investigation, puisqu'il est dit réellement impénétrable pour une personne de l'extérieur. Les ouvrages de Kenneth Cragg, et plus spécifiquement ceux de Toshihiko Izutsu (1966), ont fait taire cet argument. L'un comme l'autre ont produit des études importantes – dans le cas de Izutsu, on peut même dire pionnières – sur différents aspects de la signification du Coran.

Etant donné que le Coran n'est pas nettement divisé en chapitres traitant d'un sujet particulier, le choix des thèmes majeurs implique invariablement une part d'arbitraire. J'ai choisi de distinguer deux grandes catégories : la croyance et la pratique. La première est développée dans ce chapitre, la seconde dans le chapitre suivant. Le Coran accorde une importance extraordinaire à la relation forte entre foi (*imân*) et pratique, ou ce qu'il appelle l'« œuvre salutaire » (*a'mal al-sâlihât*). L'expression *alladhîna âmanû wa 'amilû al-sâlihât* (ceux qui croient pratiquent l'œuvre salutaire) ne revient pas moins de trente-six fois. Dans le Coran, il est clair que l'*imân* est intimement liée à la conduite vertueuse, que ce soit dans le sens où la conduite fait partie de la foi, où elle en émane, ou bien où elle y conduit. « Séparer la foi de l'action est pour le Coran, dit Rahman, une situation totalement indéfendable et absurde » (1983, p. 171). Peut-être est-ce Izutsu qui propose la meilleure formulation de cette relation :

> Le lien de relation sémantique le plus fort relie *a'mal al-sâlih* (conduite vertueuse) et *imân* (foi) pour en faire une unité quasi indissociable. De même que l'ombre suit la forme, chaque fois qu'il y a *imân* il y a *sâlihat* [...] au point qu'on peut sentir qu'il est légitime de définir la première en fonction de la seconde, et la seconde en fonction de la première (1966, p. 204).

Il est important de noter que, quelles que soient les différences dans la relation entre foi et praxis, l'érudition traditionnelle a habituellement interprété la praxis dans un sens très étroit, à savoir les rituels de l'islam chosifié. Alors que l'*imân* est, dans le Coran, souvent reliée aux rituels, il existe de nombreux exemples où il est fait référence à l'*imân* et à la conduite vertueuse dans un sens général et non spécifié[1]. En outre, le Coran est assez emphatique sur les actes de vertu les plus humbles, qui sont récompensés sans que l'*imân* soit indiquée comme condition[2].

La croyance en Dieu

> A la transcendance de Dieu ne plaise, Lui tellement au-dessus de leurs fabulations ! Créateur absolu des cieux et de la terre, comment aurait-Il un enfant, sans avoir de compagne, alors qu'Il a tout créé, que de tout Il est Connaissant ? Tel est Dieu votre Seigneur. Il n'est de dieu que Lui, seul Créateur de toute chose. Adorez-Le. Il est de toute chose Répondant, les regards ne peuvent L'atteindre, c'est Lui qui embrasse tous les regards. Il est le Subtil, l'Informé (6 : 100-103).

On peut dire que croire en l'existence d'un Créateur transcendant, et se battre pour vivre avec toutes les implications de cette croyance, constitue le cœur du message du Coran. Le Créateur est sans doute le sujet de loin le plus important du Coran. La centralité de la croyance en l'existence de Dieu, pour lequel le Coran utilise le mot « Allah[3] », est également sensible dans le premier article de foi : « Il n'y a de dieu que Dieu. » Le Coran utilise le mot « Allah » environ deux mille cinq cents fois pour nommer le Transcendant. « Allah » est appelé, dans la théologie islamique, *al-ism al-dhât* (le nom essentiel). Les autres termes employés par le Coran pour parler de Dieu sont appelés *al-asmâ al-sifât* (les noms exprimant des attributs). Parmi ces noms, on trouve *al-Rabb* (le Seigneur), *al-Rahmân* (le Tout miséricorde), *al-Malik* (le Souverain), *al-Quddûs* (le Très Saint), *al-Salâm* (le Dispensateur du salut), *al-Mu'min* (le Fidèle), *al-Muhaymin* (le Protecteur) et *al-'Azîz* (le Sublime).

L'expression *subhanahu wa ta'ala 'amma yâsifûn* (à la transcendance de Dieu ne plaise, Lui tellement au-dessus de leurs fabulations) est de celles qui reviennent souvent. Parfois, comme dans le passage cité plus haut, elle apparaît dans un contexte polémique pour réfuter la filiation divine de Jésus-Christ et, en d'autres endroits, comme une simple affirmation de la gloire illimitée de Dieu. Malgré les déclarations que chacun peut faire à propos de Dieu, Il est en réalité libre de tout ce que les gens Lui attribuent. En d'autres termes, malgré ce que nous apprenons de Dieu, de Sa nature et de Ses caractéristiques ici ou là dans le Coran, Dieu reste affranchi, non seulement des limitations de la biologie et de la paternité, mais aussi des restrictions du langage humain. La dernière partie du texte cité précédemment insiste sur ce point :

> les regards ne peuvent L'atteindre, c'est Lui qui embrasse tous les regards. Il est le Subtil, l'Informé (6 : 103).

Le portrait que le Coran fait de Dieu est celui d'une divinité au-dessus de la communauté religieuse qui Le sert – et appelle Dieu « Lui » – et qui, peut-être inévitablement, cherche à enfermer Dieu dans les limites de préconceptions et d'horizons sociaux, religieux et politiques. Dieu est également plus grand que la loi, et élever la loi au niveau du divin et de l'immuable, c'est en fait associer autre chose à Dieu, ce qui est le contraire du *tawhîd.* Hassan Askari a montré comment ce principe de transcendance de Dieu empêche les tendances implicites dans les traditions religieuses à s'absolutiser elles-mêmes et à proclamer un amalgame total entre ce qu'elles croient (« disent ») de Dieu, et Dieu Lui-même. C'est en second lieu un principe qui évite aux traditions religieuses d'affirmer leurs différences au point d'en perdre le sens de leur responsabilité éthique partagée au service du bien et, par-dessus tout, le sens de leur orientation vers Dieu, de leur retour ultime vers Lui (1986, p. 4).

Dieu existe en et par Lui-même, et Lui associer quoi que ce soit est rejeté par le Coran.

> Dieu – il n'est de dieu que Lui, le Vivant, l'Agent suprême (3 : 2).

Dans le texte cité plus haut, on voit cette idée émerger de façon indirecte :

> Comment aurait-Il un enfant, sans avoir de compagne ?

Selon le Coran, attribuer une paternité, quelle qu'elle soit, à Dieu est une chose abominable. Cela s'applique aussi à tout concept de divinité partagée, dont le rejet est sèchement exprimé dans une courte sourate mecquoise, dont le Prophète avait coutume de dire qu'elle valait un tiers du Coran, *al-Ikhlâs* (*La religion foncière*) :

> Dis : « Il est Dieu, Il est Un, Dieu de plénitude, qui n'engendra ni ne fut engendré, et de qui n'est l'égal pas un » (112 : 1-4).

En affirmant l'absolue unicité de Dieu, le Coran répond à une forme de trithéisme auquel il accuse de croire les chrétiens que Muhammad fréquentait :

> Gens du Livre, ne vous portez pas à l'extrême en votre religion. Ne dites sur Dieu que le Vrai : seulement que le Messie Jésus, fils de Marie, était l'envoyé de Dieu, et Sa Parole, projetée en Marie, et un Esprit venu de Lui. Croyez en Dieu et aux envoyés, ne dites pas : « Trois » ; cessez de le dire : mieux cela vaudra pour vous ! Dieu est un dieu unique. A sa transcendance ne plaise qu'il eût un fils ! A Lui tout ce qui est aux cieux et sur la terre. Là-dessus qu'il suffise de Dieu comme répondant [...] (4 : 171)[4].

Dieu est décrit comme le Créateur des cieux et de la terre. Çà et là, le Coran nous dit :

C'est Lui qui pour vous créa ce qu'il y a sur la terre en totalité, puis, s'en prenant droit au ciel, en sept cieux l'équilibra. De toute chose Il est Connaissant (2 : 29)[5].

La notion de Dieu comme Créateur (*khâliq*), et de la création comme *âyât* (signes) de Son existence et de Sa puissance, imprègne tout le Coran. Dieu est le Créateur de toute chose (6 : 102 ; 13 : 16), des cieux et de la terre (14 : 19), de la nuit et du jour, du soleil et de la lune (41 : 37), des fruits, des grains et des plantes (55 : 11-12), de tous les animaux (24 : 45), des montagnes et des rivières (13 : 3). En dehors de ce qui est visible, Dieu est aussi le Créateur des anges (43 : 19) et des djinns (55 : 15). Toute la création est née de Sa volonté :

Car Nous n'avons à dire à une chose, si Nous la voulons, que : « Sois », et elle est [...] (16 : 40).

Dieu n'est toutefois pas seulement un Créateur, mais aussi *rabb* (Seigneur, Celui qui pourvoit). De la façon dont le Coran utilise le mot *rabb*, émerge l'image d'un être divin qui prend soin et qui nourrit (ces deux sens sont inhérents à la signification du mot *rabb*). Il est le *rabb* de l'humanité, des cieux et de la terre, et de tout ce qui existe entre eux (38 : 66), de l'orient et de l'occident (26 : 28), de l'univers (1 : 1), de toute chose (6 : 164). Alors que

les regards ne peuvent L'atteindre, c'est Lui qui embrasse tous les regards (6 : 103).

Le Coran décrit un lien particulièrement étroit entre Dieu et ceux qui Le servent :

Que si Mes adorateurs t'interrogent sur Moi, Je suis tout proche à exaucer l'invocation de qui M'invoque, quand on

> M'invoque. Puissent-ils donc Me répondre, puissent-ils croire en Moi dans l'espoir d'aller selon la droiture [...] (2 : 186).

Ailleurs, Dieu est présenté comme plus proche des gens que leur veine jugulaire (50 : 16). Une grande partie du Coran est consacrée à la louange de Dieu. Le Coran affirme que l'univers entier chante la louange de Dieu :

> Il n'est aucune chose qui par la louange ne Le glorifie (17 : 44),

les êtres humains étant les seules entités créées qui choisissent de le faire ou non. Le texte suivant constitue une des louanges de Dieu les plus grandioses et émouvantes qu'on puisse trouver dans le Coran :

> Tout ce qui est aux cieux et sur la terre exalte la transcendance de Dieu : c'est Lui le Tout-Puissant, le Sage. A Lui la royauté des cieux et de la terre, Il fait vivre et mourir, Il est Omnipotent. Lui, l'Initial et le Final, le Manifeste et le Caché ; Lui, Connaissant de toute chose. C'est Lui qui a créé les cieux et la terre en six jours ; puis Il S'installa sur le Trône, d'où Il connaît tout ce qui entre dans la terre et tout ce qui en sort, qui descend du ciel et qui y monte ; avec vous Il est où que vous soyez ; et sur tout ce que vous faites Dieu est Clairvoyant. A Lui la royauté des cieux et de la terre. C'est à Dieu que de toute chose il est fait retour. Il fait entrer la nuit dans le jour, Il fait entrer le jour dans la nuit ; et c'est Lui le Connaissant de l'être des poitrines (57 : 1-6).

La prophétie

> Patiente donc. La promesse de Dieu, c'est le Vrai. Nous jurons ou bien de te faire voir une part de ce que Nous leur avons promis, ou bien de te recouvrer toi-même avant qu'à Nous ils ne retournent. Oui, Nous avons envoyé des envoyés avant toi. Il en est de qui Nous te narrâmes l'histoire, d'autres de qui Nous ne l'avons pas fait. Il n'appartient à nul prophète de produire un signe, sinon sur licence de Dieu (40 : 77-78).

Une des doctrines fondamentales du Coran est celle de la continuité historique de la révélation, par laquelle Dieu a envoyé une série de messagers aux différentes nations pour les guider sur le chemin de la vertu.

> Point de communauté où ne soit passé un donneur d'alarme (35 : 24).

Cette continuité dans la révélation, selon la croyance musulmane, a culminé avec la révélation du Coran et la prophétie de Muhammad. Tous ces messagers vinrent avec un message identique (41 : 43) – celui de la soumission à Dieu – et toute l'humanité est tenue de croire en la véridicité de chacun d'eux.

> Ceux qui dénient Dieu et Ses envoyés, ou veulent dissocier entre Dieu et Ses envoyés, et disent : « Nous croyons telle partie, nous dénions telle autre », et se ménagent un chemin d'entre-deux, ceux-là sont les dénégateurs, en vérité (4 : 150).

Le Coran utilise deux termes pour parler de prophétie, *rasûl* (pl. *rusul*) et *nabî* (pl. *anbiyâ'*). Le mot *rasûl* semble désigner un messager, muni de la révélation, qui dirige effectivement sa communauté, alors que *nabî* semble qualifier un apôtre qui ne vient pas nécessairement avec une révélation nouvelle ou une loi.

> Chaque communauté aura eu son envoyé. Une fois venu leur envoyé, il sera décidé d'eux équitablement, sans qu'ils subissent la moindre iniquité (10 : 47).

Les *rusul* suivants sont cités dans le Coran : Nûh (Noé), Lût (Loth), Ismâ'îl (Ismaël), Mûsâ (Moïse), Shu'ayb, Hûd, Sâlih et 'Isâ (Jésus). La liste des *anbiyâ'* (prophètes sans révélation nouvelle), beaucoup plus longue, comprend des figures comme Ibrâhîm (Abraham), Ishâq (Isaac), Ya'qûb (Jacob), Hârûn (Aaron), Idrîs, Dâwûd (David), Yûnus (Jonas), Sulayman (Salomon), Ayyûb (Job) et Dhû l-Nûn. Muhammad est appelé parfois *rasûl* et parfois *nabî*. Dans la littérature et les enseignements islamiques, pourtant, il est fait peu de cas de ces distinctions, et les deux termes sont utilisés de façon interchangeable.

> Il choisit comme envoyés qui Il veut (3 : 179)

et, comme le montre le texte précédent, ils ne tirent leur autorité que de Dieu : ils ne peuvent pas

> produire un signe, sinon sur licence de Dieu (40 : 78).

Les prophètes sont aussi choisis au sein de leur propre communauté (7 : 35 ; 10 : 74 et 39 : 17) et sont seulement responsables de transmettre les messages de Dieu (16 : 35). Comme cela a été sans cesse dit à Muhammad, la guidance n'est pas sa prérogative mais celle de Dieu. Les musulmans soutiennent aussi que tous les prophètes sont exempts de péché (*ma'sûm*) et tous les maux qui leur sont attribués dans le Coran sont considérés comme des « erreurs » plutôt que comme des péchés. Quant à la relation entre tous les messagers de Dieu, nous voyons dans les deux versets qui suivent des affirmations qui peuvent, pour certains, sembler contradictoires.

> Ce sont là des signes de Dieu. Nous te les récitons dans le Vrai : tu es d'entre les envoyés [...] Ces envoyés, Nous donnons la précellence à certains d'entre eux sur d'autres. Il en est à qui Dieu parla. Il a élevé certains sur d'autres en degrés [...] Nous conférâmes à Jésus fils de Marie les preuves, le confortâmes de l'Esprit de sainteté [...] (2 : 252-253).

> L'Envoyé croit en ce dont la descente s'opère sur lui de la part de son Seigneur. Ainsi font les croyants : tous croient en Dieu et Ses anges, Ses Ecritures, Ses envoyés, sans faire de différence entre Ses envoyés ; tous ont dit : « Entendre, c'est obéir ! » (2 : 285).

Les musulmans pensent généralement que Muhammad a bénéficié d'une dignité supérieure à celle de tous les autres prophètes « dans la mesure où il fut le dernier Prophète, porteur d'un message universel applicable à tous les hommes à toute époque » (Asad, 1980, p. 56). L'expression « Il a élevé certains sur d'autres en degrés » dans le premier verset ci-dessus est ainsi vue comme concernant Muhammad. Quant à l'affirmation « sans faire de différence entre Ses envoyés » dans le second texte, Asad dit : « Ces mots sont pour ainsi dire mis dans la bouche des croyants. Dans la mesure où tous les apôtres sont véritablement porteurs des messages de Dieu, il n'y a pas de différence entre eux, même si a été donnée "la précellence à certains d'entre eux sur d'autres" » (*ibid.*, p. 64). Pourtant, si tel était le cas, on aurait pu s'attendre à voir apparaître la phrase « sans faire de différence entre Ses envoyés » après l'expression « tous ont dit », et non avant.

Le Coran contient un certain nombre de récits mettant

en jeu des prophètes, souvent racontés dans l'intention de réconforter Muhammad face au rejet par les Quraysh et par les destinataires des révélations antérieures.

> On s'était bien moqué des envoyés d'avant toi : eh bien ! les moqueurs ont subi l'étreinte de cela même dont ils se moquaient (6 : 10).

A l'exception du récit de Joseph, et dans une moindre mesure de celui de Moïse, ces récits apparaissent de façon fractionnée, et le Coran les présente moins comme une histoire que comme des leçons morales (*'ibra*) pour l'humanité sur les conséquences de la désobéissance à Dieu. Tous les prophètes cités dans le Coran sont des hommes. Alors que Marie fut destinataire de la révélation, nulle part nous n'avons d'indice montrant qu'elle fut censée jouer, ni qu'elle joua effectivement, un rôle social d'avertisseur ou de porteur de bonnes nouvelles[6].

Voici un bref résumé de quelques-uns des récits coraniques concernant les prophètes. Bien que les détails accompagnant ces récits dans les Ecritures antérieures ne se retrouvent pas dans le Coran, les ressemblances entre eux sont évidentes.

Abraham

Abraham, mentionné soixante-neuf fois dans le Coran, apparaît comme le père commun des gens du Livre, la communauté musulmane faisant aussi partie des enfants de ce grand patriarche[7]. Dans la révélation mecquoise, Abraham est dépeint comme un apôtre de Dieu qui admoneste son peuple, et il n'y est fait aucune mention de l'édification de la Ka'ba ni du fait qu'il est le premier musulman, ni de sa relation à Ismâ'îl. Ce fils de Azar (6 : 74-79) – le nom de sa mère n'est pas citée – fut un jeune homme profondément méditatif, qui affronta son père et sa communauté pour qu'ils adorent Dieu.

> « Par Dieu ! Puissé-je jouer un tour à vos idoles dès que vous aurez le dos tourné ! » Il les mit en pièces, sauf une grosse qu'ils avaient, comptant qu'à elle ils s'en prendraient (21 : 57-58).

Pour ce « crime », il fut jeté dans un feu gigantesque auquel Dieu ordonna de devenir

> du feu, et salut sur Abraham (21 : 69).

Plus tard, Abraham partit pour la Palestine et, en raison de son invincible engagement pour le monothéisme, mérita le nom de *khalîl Allâh*, l'« ami de Dieu ». Abraham eut deux fils, tous deux considérés comme prophètes dans le Coran : Ismaël, l'aîné, naquit de Hagar et Isaac de Sarah. Le Coran ne parle pas de leur mission ni de leur communauté, sauf pour dire qu'ils poursuivirent le combat pour le monothéisme. La plupart des savants soutiennent que Ismaël était le fils qu'Abraham était prêt à sacrifier sur ordre de Dieu. C'est aussi Ismaël qui aida Abraham à édifier et à purifier la Ka'ba (2 : 125), à la place d'un temple érigé à l'origine par Adam. Isaac fut le produit d'une grossesse miraculeuse, à un âge où Abraham comme Sarah avaient dépassé l'âge de procréer (11 : 72 et 14 : 39), et la bonne nouvelle de sa conception fut transmise à Abraham par Gabriel. Dans les révélations médinoises, Abraham est décrit comme *hanîfan musliman* (un musulman droit), fondateur de la communauté de Muhammad à laquelle il a donné un nom, bâtisseur, avec son fils Ismaël, de

> la première Maison instituée pour les habitants de Baqqa, en bénédiction et guidance pour les univers (3 : 96).

Etant donné le contexte du conflit entre le Prophète et les juifs de Médine, le portrait du patriarche Abraham est maintenant différent : il est le père d'une foi « authentique » (c'est-à-dire l'*islâm*), autre que celui que vivaient les juifs de Médine.

Moïse

Moïse est cité environ cent quarante fois dans le Coran, plus que tout autre prophète. Malgré un défaut d'élocution, il y est appelé *kalâm Allâh*, la « parole de Dieu », et décrit comme le libérateur de son peuple et un législateur venu avec une révélation nouvelle, qui confirme les enseignements d'Abraham.

> Tout cela figure sur les feuilles primordiales, les feuilles d'Abraham et de Moïse (87 : 18-19).

Sa mission est racontée dans le Coran, avec des détails semblables à ceux qu'on trouve dans la Haggada. Si les analogies entre les vies et les combats de Muhammad et ceux d'Abraham sont assez ténues, ce n'est pas le cas pour Muhammad et Moïse. Selon le Coran, l'apparition de Muhammad était annoncée par Moïse (7 : 157). Moïse eut à souffrir des accusations fausses de divination et de magie, et il lui fut reproché de détourner son peuple de la foi de ses ancêtres (10 : 78).

Quand il vint au monde, il était lui aussi virtuellement orphelin. Il fut sauvé par la femme (et non la fille) de Pharaon, et grandit dans la maison de Pharaon. Comme Muhammad, Moïse partit en exil et reçut du buisson ardent, durant cette période, une révélation. Accompagné de son frère Aaron, il fut envoyé à Pharaon, puis aux Israélites. Sa confrontation avec Pharaon mena à l'exode et à la destruction de Pharaon, de Hâmân et de leur armée. Après cette libération, Moïse entra en conflit avec sa propre communauté, qui regrettait les « jours meilleurs d'Egypte ». Pendant qu'il était allé passer trente et une nuits avec Dieu (7 : 148 et 20 : 77-98), et recevoir Ses remontrances, Sâmirî, un des Israélites, leur fabriqua un veau d'or pour répondre à leur désir d'avoir un « dieu palpable ». Moïse et son peuple finirent par passer quarante années dans le désert.

Jésus

Le Coran fournit de précieux détails de la vie de Jésus et de sa mission. L'accent est mis plutôt sur la doctrine et sur le démenti par Jésus de son propre statut divin. Jésus – ou 'Isâ, fils de Marie, ainsi que le Coran le nomme – naquit d'une vierge (3 : 45-47). Il est décrit comme

> un Esprit venu de Lui (4 : 171),
> Sa Parole (4 : 171)[8],
> le Messie, [qui ne méprisait pas] d'être un adorateur de Dieu (4 : 172),
> du petit nombre des rapprochés de Dieu (3 : 45),
> prodigieux dans cette vie et dans l'autre (3 : 45).

L'expression « fils de Marie » est, dans une société patriarcale, une indication de sa naissance miraculeuse. Jésus est un messager et un prophète venu avec un livre, les Evangiles (*injîl*). Ses révélations et ses paroles contiennent des preuves et une sagesse, et il fut assisté dans sa mission par Dieu et par *rûh al-qudus* (littéralement l'« esprit saint »), considéré comme correspondant à l'ange Gabriel. Dieu fut le principal maître et guide de Jésus, à qui avait été donné le pouvoir miraculeux de ressusciter les morts, de soigner les malades, de fabriquer des oiseaux d'argile et, avec la permission de Dieu, d'insuffler la vie en eux (3 : 47-49).

En général, les musulmans nient la crucifixion, bien que le Coran se contente d'affirmer :

> Ils ne l'ont pas tué, ils ne l'ont pas crucifié, mais l'illusion les en a possédés. Ceux qui là-dessus controverseront ne font qu'en douter, sans avoir en l'espèce d'autre science que de suivre la conjecture [...] Ils ne l'ont pas tué en certitude, mais Dieu l'éleva vers Lui. Dieu est Tout-Puissant et Sage (4 : 157-158).

Ailleurs le Coran dit :

> Jésus, voici que Je te recouvre, t'élève vers Moi (3 : 55).

Ceux qui prétendent que Jésus fut réellement crucifié disent que le verset 4 : 157 nie simplement qu'« ils » (c'est-à-dire les juifs) l'aient tué. Le verset 3 : 55 justifie l'idée que Jésus a été élevé à Dieu et n'est pas mort de mort physique. Ce point peut être difficile à concilier avec 5 : 117, où se trouve une conversation entre Dieu et Jésus au Jour du jugement, et où Jésus dit à Dieu :

> Je ne leur ai dit que ce que Tu m'as commandé : « Adorez Dieu, mon Seigneur et Le vôtre. » J'étais leur témoin tant que je fus parmi eux. Et quand Tu m'eus recouvré, c'est Toi qui fus leur surveillant, puisque c'est Toi qui de toute chose es témoin (5 : 117).

La grande majorité des musulmans croit également en la seconde venue de Jésus. Ceci se fonde en partie sur un verset assez obscur :

> Il n'en est pas un parmi les gens du Livre qui ne soit appelé, certes, à croire en lui [Jésus] avant sa mort (4 : 159)[9].

Etant donné que ce ne fut le cas ni de son vivant ni du vivant de Muhammad, on pense que cela se produira dans les temps ultimes, quand Jésus reviendra comme Messie, descendant en Terre sainte et détruisant les symboles d'un christianisme « corrompu ». Sa communauté antérieure fusionnera avec la communauté musulmane et, au bout de quarante ans, il mourra de mort physique et sera enterré à Médine, à côté de Muhammad.

Noé

Noé est le premier prophète cité dans le Coran dont la communauté a été punie ; il est appelé « donneur d'alarme » (11 : 25) et « vrai envoyé de Dieu » (26 : 107). Comme d'autres prophètes comme Abraham et Moïse, le Coran présente Noé comme un *muslim*. Les gens de sa communauté l'accusèrent d'être un mortel ordinaire comme eux (10 : 71-73), pensant que Dieu aurait mieux fait d'envoyer un ange (23 : 24), de leur mentir et de les tromper (7 : 64), d'être possédé par un djinn (54 : 9) et de ne séduire que les basses classes sociales (11 : 27 et 26 : 111). L'épreuve que Muhammad a subie face à sa communauté trouve un écho dans les mots de Noé à son peuple :

> O mon peuple, si c'en est trop pour vous que ma présence parmi vous et que mon rappel obstiné des signes de Dieu, eh bien ! c'est à Lui que je m'en remets. Arrêtez donc avec vos associés votre plan ; bien mieux : ne le laissez pas dans le vague ! bien mieux : exécutez-le sur moi, sans me faire languir. Si vous faites volte-face, eh bien ! je ne vous ai pas demandé de salaire : mon salaire n'incombe qu'à Dieu (10 : 71-72. Voir aussi 11 : 29).
>
> Je ne me vante pas auprès de vous de détenir les trésors de Dieu. Je n'ai du mystère aucune science. Je ne prétends pas du tout être un ange. Mais ceux que votre regard dédaigne, je ne leur dis pas non plus que Dieu ne leur accordera pas un bien (11 : 31).

Quand les gens de son peuple se détournent de son message, ils sont – y compris sa femme et son fils – anéantis par un immense déluge, alors que Noé et sa poignée de disciples sont sauvés dans l'arche (64 : 10).

Joseph

L'histoire de Joseph, le fils de Jacob, est le seul long récit ininterrompu du Coran, dans la sourate intitulée *Yûsuf* (*Joseph*). Le récit contient la plupart des détails qu'on trouve dans la Haggada sur la façon dont il fut abandonné par ses frères, la lamentation de son père après sa disparition, les fausses accusations portées contre lui après qu'il eut été sauvé du puits dans lequel ses frères l'avaient jeté, sa capacité à interpréter les rêves, son séjour en prison et sa libération, sa réhabilitation comme ministre du roi, et ses retrouvailles avec ses frères et son père. Outre ce long récit, qui n'est pas en accord avec le style général du Coran, Joseph n'est mentionné qu'en deux autres occasions : comme ancêtre pieux (6 : 84) et comme quelqu'un qui fut rejeté bien qu'il ait fourni des preuves frappantes (40 : 34). Par sa participation à un pouvoir qui n'était pas entièrement formé de croyants, Joseph représente l'engagement politique juste pour une cause légitime et noble, sans tenir au pouvoir absolu.

Loth

Loth acquiert, dans le Coran, une importance plus grande que celle que lui donne la Haggada. Cela est peut-être dû au fait que Loth y apparaît, comme Muhammad, comme un prophète en butte aux moqueries de son peuple, qui subit en conséquence la colère de Dieu. Le Coran le dépeint comme

un sûr envoyé (26 : 162).
Nous lui conférâmes la norme et la connaissance (21 : 74).

Un certain nombre de gens de sa communauté se rendaient coupables, en plus du péché consistant à rejeter Dieu – ou peut-être comme un corollaire –, de viol, d'atteinte aux droits et à la dignité des invités, et de banditisme de grand chemin. Dieu envoya deux émissaires, des anges, aux gens du peuple de Loth. Lorsqu'ils l'humilièrent devant ses hôtes, et qu'ils tentèrent d'abuser sexuellement des deux émissaires, Dieu lui prescrit de fuir la cité, qui fut par la suite détruite.

Shu'ayb

Souvent assimilé au beau-père de Moïse dans les sourates du milieu de la période mecquoise (par exemple en 26 : 177-189), le prophète Shu'ayb apparut parmi les gens de la Brousse (*al-ayka*), après d'autres comme Hûd, Sâlih et Loth. Dans les sourates ultérieures, il apparut parmi les gens de Madyan comme l'un de leurs frères (11 : 84-95). Shu'ayb associait son témoignage du monothéisme à des appels passionnés à ne pas exploiter économiquement les gens, à utiliser honnêtement les poids et mesures. Comme ce fut le cas avec les autres prophètes, les classes dirigeantes les rejetèrent, lui et les petits groupes de ceux qui le suivaient, et menacèrent de les chasser. S'ils n'avaient pas pris en considération sa famille, ils l'auraient lapidé. Après la fuite de Shu'ayb et de ses disciples, un tremblement de terre se produisit, et le matin trouva tous les habitants du village morts dans leur demeure.

L'au-delà

> Quand la terre sera secouée par son secouement, que la terre vomira ses charges, que l'homme dira : « Qu'est-ce qu'elle a ? », ce Jour-là elle rapportera sa chronique, car ton Seigneur lui fit révélation. Ce Jour-là, les hommes surgiront par troupes pour contempler leurs actions. Qui aura fait un atome de bien le verra. Qui aura fait un atome de mal le verra (99 : 1-8).

Le Coran parle à plusieurs reprises de la responsabilité ultime de tous les êtres humains vis-à-vis de Dieu et affirme que, toute sa vie et toutes ses affaires émanant de Dieu, elles sont en fait dans un état permanent de retour résolu vers un Créateur, Pourvoyeur et Juge juste et miséricordieux.

> Nous appartenons à Lui, nous retournerons à Lui (2 : 156).
> C'est à Dieu que de toute chose il est fait retour (3 : 109).

Cette croyance ne vient en réalité qu'après la croyance en l'existence de Dieu et en Ses prophètes. On peut penser qu'elle découle du besoin de jumeler les vérités que sont l'existence de Dieu et la responsabilité ultime envers Lui. La mort physique n'est donc pas la fin de la vie, mais une simple mutation vers une autre forme de vie.

*Ce monde (*al-dunyâ*) et l'autre monde (*al-âkhira*)*

Les êtres humains, comme les communautés humaines, sont placés sur terre – *al-dunyâ* – pour une période prédéterminée que le Coran appelle *ajal musamma*, avant de passer dans *al-âkhira* (l'au-delà).

C'est Lui qui vous a créés d'argile, puis décréta un terme, car tout terme est en Lui fixé [...] (6 : 2).

Toute communauté aura son terme. Une fois advenu, ils ne pourront le retarder d'une heure, non plus que l'avancer (10 : 49).

Les termes *dunyâ* (le monde) et *âkhira* (littéralement « suivant » ou « dernier ») se rapportent à la fois au temps et à l'espace, ainsi qu'à deux options morales ; *dunyâ* est l'espace géographique et le présent où l'humanité est censée préparer le *âkhira*, mais ce lieu de préparation peut aussi être bon et épanouissant en soi.

Ecris pour nous du bonheur dans ce monde et dans la vie dernière (7 : 156).

Les croyants sont pourtant mis en garde contre la quête de ce *dunyâ* au prix du *âkhira*.

Qui veut labour de la vie dernière, Nous lui amplifions son labour ; qui veut labour de la vie ici-bas, de celle-ci Nous lui accordons une miette, mais en annulant son lot dans la vie dernière (42 : 20).

L'étape intermédiaire entre le *dunyâ* et le *âkhira* est le *barzakh* – le moment passé dans la tombe.

Au point que lorsque la mort advient à l'un d'eux, il dise : « Seigneur, fais-moi revenir dans l'esprit d'agir salutairement en ce que j'ai délaissé. » Non pas ! Ce n'est qu'une parole qu'il ne cesse de dire tandis que de derrière les morts un seuil se referme jusqu'au Jour de la résurrection (23 : 99-100).

Il semble, d'après ce verset, que tous ceux qui sont à ce stade sont en réalité conscients et vivent les conséquences de leurs actes accomplis dans le *dunyâ*. Les versets 40 : 45-46 parlent du peuple de Pharaon qui fera l'expérience du châtiment chaque matin et chaque soir, quand l'Heure surgira[10].

*La résurrection (*al-qiyâma*)*

Les différents noms que le Coran donne à la résurrection sont par eux-mêmes riches d'images, et véhiculent un sens spectaculaire de la fin de la vie telle que nous la connaissons. Le terme le plus souvent utilisé – il n'intervient pas moins de soixante-dix fois – est *yawm al-qiyâma* (le Jour de la résurrection). Il est suivi par *al-sa'a* (l'heure) qui apparaît quarante fois, et *al-yawm al-âkhir* (le Jour dernier), qu'on trouve trente-six fois. Quelques autres termes sont *yawm al-dîn* (le Jour de la rétribution), *yawm al-fasl* (le Jour de la décision), *yawm al-hisâb* (le Jour du jugement), *yawm al-fath* (le Jour de la victoire), *yawm al-talâq* (le Jour du rassemblement), *al-qar'â'* (la brusque calamité), *al-ghashiya* (l'événement obscurcissant), *al-sakhkha* (la calamité abasourdissante), *al-haqqa* (la grande vérité) ou *al-wâqi'a* (le grand événement). Il semble qu'il existe un moment particulier où l'Heure arrivera, et la littérature eschatologique est pleine des signes de l'Heure (*ishârat al-sa'a*). Il n'est pas rare d'entendre des musulmans, quand ils sont confrontés à une question éthique nouvelle comme, par exemple, le clonage, dire que « nous pouvons voir que nous vivons dans les *âkhir zamân* (les derniers temps) ». Le Coran dit seulement :

> On t'interroge sur l'Heure : Dis : « La science en revient à Dieu » (33 : 63).

« Il semble cependant que les premiers musulmans seraient surpris de voir qu'après quatorze siècles, les musulmans sont toujours dans l'attente des présages de la conclusion cataclysmique du temps » (Smith et Haddad, 1981, p. 65). L'arrivée de l'Heure est rendue de façon très spectaculaire en 81 : 1-14 :

> Quand le soleil se reploiera, que les étoiles se terniront, que les montagnes seront rendues mouvantes, que (chamelles) pleines à dix mois seront délaissées, bêtes sauvages rassemblées, que les mers bouillonneront, que les âmes seront regroupées, l'enterrée vivante interrogée : pour quelle faute on l'aura tuée ? Quand les rôles seront étalés, le ciel dépiauté, la Géhenne attisée, le Jardin rapproché, alors âme saura ce qu'elle doit présenter (81 : 1-14).

L'Heure elle-même commencera par la sonnerie de la trompe. Le verset 69 : 13 parle d'une sonnerie de trompe, mais le verset 39 : 68 mentionne une seconde sonnerie.

> Donc, quand il sera soufflé dans la trompe, ce ne sera qu'une seule fois, et la terre et les montagnes seront emportées, et d'un seul coup s'aplaniront (69 : 13-14).

« Comme la dégénérescence morale de l'humanité a été considérée comme un des signes de l'approche de l'Heure, l'extraordinaire désintégration actuelle est le signal de la fin du monde et de l'imminence de la résurrection » (Smith et Haddad, 1981, p. 71). La seconde sonnerie proclame l'effondrement final du cosmos entier, et reflète l'unicité et l'unité absolues de Dieu.

> Il n'est de dieu que Dieu. Toute chose s'abolit à l'exception de Sa face. A Lui le jugement. C'est à Lui qu'il sera de vous fait retour (28 : 88).

Le Coran est énigmatique sur la chronologie précise de la sonnerie de trompe et des événements qui lui sont liés. Il semble que, lorsque la résurrection débutera, les corps seront à nouveau reliés à leur esprit et amenés en présence de Dieu pour le jugement final. Le Coran suggère que cette résurrection est celle des corps, et pourtant c'est un jour

> où la terre sera changée en autre chose que la terre (14 : 48).

Chacun aura désespérément besoin de soutien, et le Coran insiste à différentes reprises sur la désintégration des liens de parenté en même temps que de ceux du cosmos. Il est difficile d'imaginer situation plus horrible pour des gens qui ne connaissaient rien de l'existence en tant qu'individu, et se positionnaient essentiellement comme membres d'une unité sociale plus large.

> Quand l'assourdissante viendra, en un Jour où l'homme fuira son frère et sa mère et son père et sa compagne et ses fils. Ce Jour-là chacun d'entre eux de sa propre affaire aura suffisance (80 : 33-37).

Alors que divers dits prophétiques laissent entendre que certains pécheurs seront sauvés, se fondant sur l'intercession des prophètes et d'autres personnes vertueuses, le Coran insiste beaucoup sur la notion de responsabilité personnelle, parce que les actes de chaque personne ont été enregistrés dans son « livre ».

> Ou bien quiconque aura reçu son écrit dans sa droite dira : « Tenez ! Lisez mon écrit ! Je savais bien que je rencontrerais mon compte », et il aura existence de contentement dans un haut Jardin, aux cueillettes à sa portée : « Mangez, buvez en paix de ce que vous-mêmes dans les jours révolus aurez avancé. » Ou bien quiconque aura reçu son écrit dans la gauche dira : « Oh ! si j'avais pu ne pas recevoir mon écrit, ne jamais connaître mon compte ! Ah ! Si ç'avait été définitif ! » (69 : 19-27).

Les actes de toute personne seront placés dans une balance (*mizân*), avant qu'elle soit envoyée au paradis ou en enfer [11].

Alors que le mot *mizân* apparaît plusieurs fois dans le Coran, et que les musulmans l'utilisent habituellement au singulier, c'est au pluriel qu'il a un lien direct avec le Jour du jugement. Il semble que le mot signifie à la fois « échelle » et « balance », au sens comptable. Il est intéressant de noter que les actes seront pesés, et non pas dénombrés, thème récurrent au long du Coran.

> Il y a, ce Jour-là, pesée de Vérité. Ceux de qui les balances sont lourdes, ce sont eux les bienheureux. Ceux de qui elles sont légères se seront perdus eux-mêmes, par leur iniquité envers Nos signes (7 : 8-9).

Le paradis et l'enfer

Le Coran est explicite sur l'alternative devant laquelle se trouve toute personne dans l'au-delà : *al-janna* (le paradis) ou *al-jahannam* (l'enfer). A différents moments, il énonce les actes qui lui vaudront une place dans l'un ou dans l'autre. Alors que les savants musulmans émettent des opinions diverses sur la nature exacte de ces deux lieux et sur les expériences qu'une personne y vivra, les musulmans ordinaires adoptent en général une approche littérale des textes qui font des deux lieux une description vivante, aux images explicites. La pensée musulmane dominante admet que ces textes sont une description d'événements réels à venir, mais ne requiert pas que cette réalité doive correspondre à celle que connaissent les êtres humains. Les interprètes modernistes du Coran suggèrent de plus en plus fréquemment que les versets concernés sont de nature allégorique. « La plupart des détails sur le feu, comme ceux portant sur le jardin, rappellent le Nouveau Testament. D'autres font parfois écho à la tonalité de la poésie arabe ancienne. Dans l'ensemble, la peinture qu'offre le Coran est toutefois unique en son genre, exprimée d'une façon en général cohérente et inspirant toujours la crainte » (Smith et Haddad, 1981, p. 84).

En ce qui concerne l'enfer, sept mots différents servent à le nommer dans le Coran, le plus fréquent étant *jannaham*, qui suggère un lieu d'une grande profondeur[12]. Exprimant la relation entre les actes accomplis dans cette vie et leurs conséquences dans l'au-delà, l'enfer est généralement associé à différents étages descendants, de la même façon que le paradis est associé à différents degrés ascendants. L'élément fondamental dans l'enfer est la torture par le feu. En réalité, le Coran utilise souvent le mot « feu » (*al-nâr*) comme synonyme d'« enfer ». Les flammes de ce feu se font entendre

> en fureur et hoquets (25 : 12),
> une eau qui bout avec fureur (55 : 44),
> le simoun, l'eau bouillante, l'ombre d'une noire fumée (56 : 42-43),
> un grondement, celui de son ébullition, peu s'en faut qu'elle n'explose de rage (67 : 7-8).

Le compagnon du feu est misérable,

> dans le feu, soupirant et râlant (11 : 106) ;
> [ne pouvant boire] que d'une eau pourrie, qu'il ingurgite sans même pouvoir l'avaler. De toute part la mort l'assaille, et pourtant il n'est pas mort (14 : 16-17).

Le Coran signale à différentes reprises les péchés qui condamnent quelqu'un à être expédié en enfer. On y trouve : mentir, être malhonnête, corrompu, se désintéresser de Dieu et de Ses commandements, nier la résurrection, refuser de nourrir le pauvre, vivre dans l'opulence et l'ostentation, exploiter l'autre économiquement, l'opprimer socialement.

Le feu n'est toutefois pas la seule conséquence à laquelle ceux qui agissent mal seront confrontés au Jour du jugement.

> Mais ceux qui auront acquis les choses mauvaises, mauvaise à proportion sera la rétribution. Vilenie les abîmera, eux et leurs biens. Contre Dieu ils ne trouveront nul qui les préserve. Ce sera comme si des pans de nuit obscure occultaient leur visage (10 : 27) [13].

Deux autres formes de châtiment pour les habitants de l'enfer sont citées, le manque d'eau (7 : 50) et de lumière (57 : 13).

Les savants musulmans sont divisés sur la question de savoir si les habitants de l'enfer y resteront éternellement. Une distinction assez arbitraire est faite par les savants « orthodoxes » entre les habitants croyants et les habitants incroyants de l'enfer. Le Coran utilise les racines *kh-l-d* et *a-b-d* pour désigner la pérennité du séjour en enfer, et les applique à la fois aux croyants (4 : 13-14) et aux autres qui ont commis le mal. Cependant, concernant les croyants, l'« orthodoxie » soutient que ces mots ont une portée limitée alors que, dans le cas d'« incroyants », « éternellement » est bien à comprendre littéralement. D'autres, comme Muhammad 'Alî (1990, p. 229-231) et Fazlur Rahman Ansari, ont avancé – en se fondant aussi sur des textes coraniques – que la fonction essentielle de l'enfer est autant punitive que curative, et qu'au bout d'un certain temps l'enfer sera vide de tous ses habitants.

> L'homme qui vit dans le péché est exclu de la présence divine mais, étant purifié par le feu, est à nouveau apte au service divin. L'enfer est donc appelé l'ami des pécheurs (57 : 15) et, ailleurs, leur mère (101 : 9) [14]. Les deux descriptions indiquent clairement que l'enfer est destiné à élever l'homme en le purifiant des souillures du mal, de même que le feu purifie l'or de l'impureté ('Alî, 1990, p. 231).

Le mot *firdaws* (paradis) n'apparaît que deux fois dans le Coran (18 : 107 et 23 : 11), alors que le mot *janna* (jardin) est utilisé beaucoup plus fréquemment, en général au pluriel (*jannât*). Le Coran fait bien comprendre que les bénédictions du paradis ne peuvent être perçues par les sens physiques :

> Nulle âme ne peut connaître ce qui s'occulte pour eux de fraîcheur des yeux, en récompense de ce qu'ils pratiquaient (32 : 17)[15].

La description la plus fréquente du *janna* est celle d'un jardin d'où sourdent des ruisseaux.

> Semblance de jardin promis à ceux qui se prémuniront : d'en dessous coulent des ruisseaux ; les nourritures en sont perdurables, ainsi que l'ombrage (13 : 35).

La nature fugace de ce que *janna* implique réellement est sensible dans l'idée qu'il est un refuge (53 : 14-16) et qu'une nourriture abondante fait partie des dons les plus significatifs du *janna*. Il n'y aura pourtant aucun soleil dans l'au-delà (76 : 13), et les corps n'y ressentiront pas les besoins biologiques en nourriture qui se rapportent au monde physique. De même que le Coran donne une image très visuelle de l'enfer, il présente le paradis d'une manière telle qu'elle a conduit certains à insinuer que le paradis coranique est en réalité un paradis très matérialiste et sensuel, qui ne sollicite pas les instincts les plus nobles chez l'homme.

> [...] les En-avant [...] – les En-avant ? Ce sont les rapprochés. Il est dans les jardins du bonheur toute une troupe de premiers (mais seulement) une poignée de derniers. Sur des lits tressés ils se font face, accoudés. Entre eux circulent des échansons parés de gemmes, avec des jattes, des aiguières, une coupe de jaillissement qui ne leur cause migraine ni déraison, et puis des fruits à leur choix, des chairs d'oiseaux à leur appétit. Il y a de celles

aux yeux noirs, telles les semblances de la perle cachée, en récompense de leurs actions passées. Ils n'entendent là verbiage non plus qu'incitation au péché, mais seulement une antienne : Salut ! Salut ! (56 : 10- 26).

A côté des mâles adultes ordinaires, croyants et vertueux, il existe trois autres catégories d'habitants décrits dans le Coran – deux d'entre elles dans les versets cités précédemment – et qui, à première vue, semblent être au paradis pour le plaisir de ses habitants mâles : les *azwâj*, les *hûr* et les *ghilmân*, ou *wildân*. Le mot *azwâj* est le pluriel de *zawj*, qui signifie littéralement « partenaire ». Le fait qu'il s'attache normalement au masculin du pronom possessif (*azwâjuhum*, c'est-à-dire « leurs partenaires ») conduit à penser que les femmes qui sont au paradis sont là pour jouer un rôle secondaire, comme partenaires de leur époux terrestre. Pourtant, en d'autres occasions, le Coran dit explicitement que les femmes entreront au paradis sur la base de leurs bonnes actions.

Tandis que celui qui effectue l'œuvre salutaire, fût-il mâle ou femelle, pourvu qu'il soit croyant [...] ceux-là Nous les ferons entrer dans le jardin (4 : 124 ; 40 : 40).

La deuxième entité, les houris (*hûr*), est mentionnée quatre fois dans le Coran. Elles ont été un sujet de dérision pour certains savants non musulmans. Habituellement décrites comme

celles au regard contenu, que nul homme nul djinn avant eux n'auront ensanglantées (55 : 56),

celles aux yeux noirs, telles les semblances de perle cachée (56 : 22-23),

ou simplement comme

épouses de pureté (2 : 25),

elles sont présentées dans la plupart des écrits sur l'eschatologie musulmane comme des créatures nouvelles, douées d'une énergie sexuelle sans limites et d'une beauté fabuleuse, destinées au plaisir sensuel des habitants mâles du paradis. D'autres, en particulier parmi les savants musulmans contemporains et apologétiques, comme Muhammad Asad, ont dit qu'elles étaient seulement les partenaires terrestres (synonyme de *azwaj*) des mâles, ressuscitées.

La troisième catégorie est celle des *wildân* (jeunes gens), mot utilisé dans le verset 56 : 17 ci-dessus, ou *ghilmân*, qui a la même signification (52 : 24). Dans un retournement apologétique non déguisé, Muhammad Ali, après avoir traduit ces mots par « enfants », suggère qu'ils font en réalité référence à la « progéniture du vrai fidèle » « qui est décédée dès l'enfance ». Comme s'il prenait conscience de l'écart entre sa traduction et ses conclusions, il reconnaît alors qu'« il existe pourtant une possibilité que ces garçons soient seulement une bénédiction du paradis, de même que les garçons, comme les femmes, sont un emblème de pureté et de beauté » (52 : 24)[16].

Du texte cité précédemment, il ressort à l'évidence que le Coran fait appel aux différentes sensations de l'homme, et pas uniquement sensuelles et matérielles. L'accent mis sur le paradis comme lieu de [salut de] paix se reflète dans :

> Entrez en salut. C'est là le Jour d'éternité (50 : 34).
> Ils n'entendent là verbiage non plus qu'incitation au péché, mais seulement une antienne : Salut ! Salut ! (56 : 25- 26).

Pourtant, le Coran dit qu'au-delà du paradis, la rétribution ultime pour la droiture est la rencontre avec Dieu.

Qui espère rencontrer son Seigneur, qu'il effectue l'œuvre salutaire, et n'associe personne à son Seigneur dans l'adoration (18 : 110).

Il y aura ce Jour des visages éclatants, vers leur Seigneur regardant (75 : 23).

Armez-vous de la patience et de la prière. Oh ! celle-ci paraît bien lourde, si ce n'est aux craignants Dieu, convaincus d'avoir rencontré leur Seigneur et de retourner à Lui (2 : 45-46).

8

La conduite vertueuse selon le Coran

Le cœur du message coranique contient des exhortations à avoir une conduite vertueuse, et la description des conséquences selon qu'on leur obéit ou non. Elles se situent dans le contexte de la présence de Dieu, qui imprègne toute chose, et de la responsabilité ultime de l'être humain vis-à-vis de Lui. Bien que les juristes musulmans aient fait une distinction entre ce qui concerne les « droits de Dieu » (c'est-à-dire ce qui est dû à Dieu) et ce qui concerne les « droits des serviteurs » (c'est-à-dire ce qui est dû à la création), en réalité, dans la perspective du Coran, ils sont inséparables. En outre, si foi et actes vertueux sont intimement liés, il en est de même des dimensions personnelle, sociale et rituelle de la praxis. Pourtant, par souci de commodité, j'ai classé les actes vertueux en trois rubriques, personnels, sociaux et rituels.

Le comportement personnel

Le Coran voit l'être humain comme porteur de l'esprit de Dieu et d'un dépôt sacré qu'Il lui a confié, voyageant sans cesse vers Lui. Etre ainsi en train de retourner vers Dieu exige de se battre sans relâche pour se préparer à cette rencontre. Voici quelques-unes des qualités qu'il faut s'efforcer de développer.

Le bien-être spirituel

L'obligation la plus importante que le Coran impose au croyant est probablement de rechercher la satisfaction de Dieu et de désirer la rencontre finale avec Lui.

> Tel se trouve, en revanche, payer du prix de sa personne son désir de complaire à Dieu. Or Dieu est Tendre envers Ses adorateurs (2 : 207).
>
> [...] de qui nul bienfait à personne ne vise la récompense, mais qui seulement convoite la Face de son Très-Haut Seigneur (92 : 19-20).

On parvient à la satisfaction de Dieu en cultivant une relation directe d'amour et d'adoration de Dieu et en menant une vie qui soit un effort pour respecter Ses commandements. Outre les rituels, le Coran parle souvent de l'adoration de Dieu comme d'un élément important de la personnalité et de la conduite idéales du musulman.

> Rappelle le nom de ton Seigneur et te dévoue à Lui profondément, le Seigneur de l'orient et de l'occident – il n'est de dieu que Lui – prends-Le comme répondant (73 : 8-9).
>
> Vous qui croyez, rappelez Dieu d'un rappel incessant, proclamez Sa transcendance du petit matin au crépuscule (33 : 41).
>
> [...] ayant effectué la prière, rappelez le nom de Dieu, que vous soyez debout, assis ou sur le côté (4 : 103).
>
> Faites de Dieu votre rempart. Il est votre Maître : heureux Maître, et sûr Secourant (22 : 78) !

L'importance extraordinaire que le Coran accorde à Dieu comme centre et comme objectif de la vie du croyant a conduit de nombreux musulmans contemplatifs à regarder la loi comme un simple moyen de faciliter la proximité de Dieu, de même que la rampe aide quelqu'un à monter les escaliers. Condamnant l'« orthodoxie », ils affirment être capables de se dispenser de l'aide de la rampe aussi longtemps qu'ils sont sur le « chemin ascendant ».

Le bien-être physique et esthétique

> Combattez [...] sans pour autant commettre d'agression (2 : 190),

dit le Coran (voir aussi 4 : 29). Ainsi les musulmans doivent-ils éviter toute atteinte au bien-être – spirituel, émotionnel ou physique – de quelqu'un. L'interdiction de consommer de l'alcool, explicitement formulée dans le Coran (5 : 90-91), et celle de consommer du tabac, implicite dans ces versets, en sont des exemples, ainsi que les injonctions suivantes :

> Hommes, mangez de ce que la terre offre de licite et de bon (2 : 168).
>
> Mangez des choses bonnes que Nous vous attribuons [...] (20 : 81).

Tout en mettant en garde contre une consommation excessive et contre le gaspillage, le Coran encourage l'idée qu'il faut vivre joyeusement et demande aux croyants de ne pas s'imposer de fardeaux injustifiés :

> Vous qui croyez, ne tenez pas pour interdites des choses bonnes parmi celles que Dieu vous rend licites (5 : 87).

Parmi les autres dimensions de ce sentiment de bien-être personnel, mentionnées dans le Coran, on peut citer la propreté physique et le plaisir sexuel.

> Dieu aime les enclins au repentir. Il aime les scrupuleux de pureté (2 : 222).
>
> [...] parmi Ses signes qu'Il ait créé pour vous à partir de vous-mêmes des épouses, afin qu'auprès d'elles vous trouviez l'apaisement ; qu'Il ait entre elles et vous établi affection et miséricorde [...] (30 : 21).

Dieu, qui Lui-même possède la beauté, et qui

> est la lumière des cieux et de la terre (24 : 35),

est aussi Celui

> qui si bellement fit toute chose par Lui créée (32 : 7).

Il a créé l'humanité sous

> une forme si belle (40 : 64),

et toute chose sur terre y a été placée pour être source de beauté (27 : 60). Toute chose doit enrichir et embellir la vie du croyant quand il reconnaît la beauté de Dieu dans ces signes de la nature et dans son propre être. La conduite du croyant doit être un miroir de la beauté du monde qui l'entoure, et de la soumission de la nature à la volonté de Dieu. Ainsi que le rapporte un hadith, Muhammad dit : « Dieu est beauté, et Il aime la beauté. »

Le bien-être intellectuel

Alors que le Coran affirme avec force la valeur de la connaissance et sa recherche (39 : 9), il relie le bien-être intellectuel des gens à une profonde prise de conscience de Dieu et de la justice, et assure qu'il y a concordance entre connaissance et foi.

> C'est ainsi, mais seuls craignent Dieu, parmi Ses adorateurs, ceux qui connaissent (35 : 28).
>
> Dieu élèvera ceux d'entre vous qui croient et ceux qui furent gratifiés de degrés dans la connaissance (58 : 11).

Au musulman, il est prescrit de prier en disant :

> Seigneur, grandis-moi en connaissance (20 : 114).

Et posséder la connaissance est considéré comme conduisant à la justice (3 : 18). Le Coran donne souvent l'impression qu'il y a un certain corpus essentiel de vérité à acquérir et qui est la « connaissance » (*al-'ilm*). Pourtant, dans de nombreux versets, l'humanité est mise au défi de réfléchir, de spéculer, de méditer, activités plutôt liées à l'heuristique et au doute, et habituellement considérées comme le fondement de la sagesse.

> Il dote de la sagesse qui Il veut. Quiconque a reçu la sagesse a déjà reçu beaucoup de bien. Mais ne méditent là-dessus que ceux dotés de moelles (2 : 269).

Le Coran semble toutefois supposer que la connaissance et la réflexion conduiront inéluctablement et nécessairement à Dieu :

> « Ceux qui savent seraient-ils à l'égal de ceux qui point ne savent ? » Ils n'ont qu'à réfléchir, ceux dotés de moelles (39 : 9) !

C'est une hypothèse qui ne résiste pas à l'épreuve d'un examen critique, sauf si « réfléchir » s'entend ici dans une acception très spécifique. Quand une telle réflexion ne mène pas à Dieu, elle est rejetée comme conjecture, parce que

> c'est que, faute d'en rien connaître, ils ne font que suivre la conjecture. Or la conjecture ne dispense en rien de la Vérité (53 : 28).

Le bien-être moral

Le Coran recèle une foule d'injonctions relatives au bien-être moral de l'individu et de la société. Les deux textes qui suivent illustrent le style plein de reproches du Coran quand il est question d'immoralité.

> N'approchez pas de la turpitude, ou patente ou clandestine (6 : 151).
>
> Il proscrit la turpitude, le blâmable, la démesure (16 : 90).

Même si ces textes sont suffisamment vagues pour s'appliquer à de nombreux vices, il reste encore à définir ce qu'est le vice dans un contexte particulier, en tenant compte du fait que le contexte façonne la compréhension que chacun se fait à la fois du texte et des concepts de moralité et d'immoralité. Un exemple remarquable en est le mariage temporaire, que les musulmans chiites considèrent comme parfaitement admissible, mais qui pour les sunnites n'est pas autre chose que de la prostitution camouflée. Un autre exemple, la masturbation : alors que trois des quatre écoles juridiques sunnites reconnues et dominantes la considèrent comme répréhensible – le châtiment étant qu'on verra « les doigts du coupable accoucher au Jour du jugement » –, la quatrième école la considère comme vertueuse.

La véridicité

Par la prise de conscience de la présence pénétrante de Dieu et de leur responsabilité inéluctable, il est prescrit aux hommes d'être véridiques en pensée, en paroles et en actes (33 : 70-71). La valorisation postmoderniste du flou, de la nuance trouve peu sa place dans le Coran, qui part du principe qu'il existe une « vérité » absolue, unique et connaissable. Le Coran parle de « lumière » (*al-nûr*) au singulier et de ténèbres (*al-zulumât*) au pluriel, facilitant la revendication par les savants traditionalistes ou fondamentalistes d'une seule vérité, en général la leur ou celle de leur groupe. Les croyants sont appelés à conserver un esprit de véridicité en compagnie des autres personnes véridiques (5 : 84) et à dire la vérité face au mensonge. Cacher la vérité est interdit (2 : 42), de même que la déformer pour en faire un mensonge (2 : 42). L'hypocrisie est condamnée dans les termes les plus vigoureux, et les croyants sont incités à faire en sorte que leurs actes correspondent à leurs paroles :

> Vous qui croyez, pourquoi dites-vous ce que vous ne faites pas ? C'est chose grandement haïssable à Dieu que de dire ce que vous ne faites pas (61 : 2-3).

L'humilité

Etant donné que le Coran part du principe que seul Dieu est absolument pur et que toute l'humanité dépend en fin de compte de Sa grâce, il dénonce l'autosatisfaction et l'arrogance :

> Ce n'est pas à vous de vous innocenter (53 : 32).
>
> Dieu n'aime ni l'arrogance ni l'outrecuidance (4 : 36).
>
> « Ne te rengorge pas sur les autres. Ne marche pas sur terre avec pétulance » [...] Dieu déteste l'outrecuidant, le fanfaron [...] « Mesure ta démarche, mets une sourdine à ta voix » (31 : 18-19).
>
> [...] les hommes et les femmes de véridicité, de patience et de crainte, [...] Dieu leur ménage Son indulgence, un salaire grandiose (33 : 35).

Mais cette humilité ne doit pourtant pas être confondue avec une coexistence polie avec le mal et l'injustice, et il semble qu'elle ne doive s'exercer qu'à l'égard de ceux qui partagent les valeurs de soumission à la volonté de Dieu, car les croyants sont aussi

> ceux qui témoignent de la rigueur aux dénégateurs et entre eux font preuve de miséricorde (48 : 29).

Il leur est demandé ailleurs d'être fermes dans la défense de leur foi et de leurs droits humains (8 : 15 et 45).

L'harmonie

Malgré l'exigence coranique selon laquelle les croyants doivent bousculer la paix chaque fois qu'elle abrite les démons de l'injustice et de l'oppression, le Coran demande aux croyants de mener une vie libre de vaines disputes et querelles.

> Si des païens les interpellent, ils disent : « Salut ! » (25 : 63). Ecarte-toi des païens (7 : 199).

Le problème tient bien sûr au fait que la définition coranique de l'« ignorant » (*al-jâhilun*) est circulaire, en ce qu'elle en donne une définition qui peut ne pas être acceptable par la personne ainsi définie. Refuser d'entrer dans le débat avec l'ignorant peut donc être compris comme du snobisme intellectuel. L'acceptation de la discussion doit se faire sur la base de son utilité, dans un contexte donné, et de la volonté de l'autre partie d'écouter. Il ne faut pas accepter de discuter avec quelqu'un qui est ancré dans sa colère. A propos des qualités du vertueux, le Coran parle de

> ceux qui contiennent leur ressentiment [...] (3 : 134).

L'espoir

Face à la grâce de Dieu qui imprègne toute chose, le Coran exige des croyants qu'ils conservent espoir en cette grâce et ne désespèrent jamais. En fait, le Coran décrit le pessimisme profond comme une marque de *kufr* (rejet) :

> Ne désespérez pas du souffle apaisant de Dieu. Ne désespère de ce souffle que le peuple des dénégateurs (12 : 87).

Ce verset, de même que 2 : 195, a été utilisé par de nombreux savants musulmans pour dénoncer le suicide comme acte de *kufr*. Une évaluation approfondie du phénomène de dépression amènera, espérons-le, une interprétation plus nuancée de ces textes. Le suicide pourrait-il être – au moins pour certains – une tentative désespérée pour accéder vraiment à la miséricorde de Dieu, que ceux qui sont dans cette situation ont désirée si profondément et qui, semble-t-il, leur a fait défaut dans cette vie [1] ?

Le courage

Le Coran utilise assez souvent le mot *sabr*, qu'on interprète fréquemment comme signifiant la patience passive. En fait, il veut dire « persévérer et rester ferme », comme le montre à l'évidence le verset suivant :

> Vous qui croyez, soyez patients, rivalisez de patience, tenez-vous en alerte, prémunissez-vous envers Dieu, dans l'espoir d'être des triomphants (3 : 200).

Un autre verset fait allusion à la piété, qui consiste à

> prendre patience dans la douleur et l'adversité au moment du malheur : ceux-là sont les véridiques, ce sont eux qui se prémunissent (2 : 177).

Cette persévérance doit être exercée aussi bien face à des défis physiques qu'en présence d'attaques verbales. Les bons musulmans font respecter la vérité et la justice

> sans craindre le reproche de personne (5 : 54).

Ici aussi il faut avancer avec prudence, car on peut facilement se réfugier dans l'autosatisfaction lorsqu'on est interpellé par d'autres. Au lieu de réfléchir aux accusations dont on est l'objet, la tentation est grande d'invoquer allègrement le Coran.

L'austérité

Le Coran exhorte les croyants à mener une vie austère, et ceux qui dénoncent les plaisirs de cette vie sont sur un terrain coranique beaucoup plus ferme que ceux qui affirment que le plaisir et la jouissance font partie de la vie religieuse aussi longtemps qu'ils restent dans les limites de la *sharî'a* (loi islamique). Décrivant certaines caractéristiques de la conduite musulmane, le Coran parle de ceux

> qui s'écartent du verbiage (23 : 3)
> et qui, s'ils passent devant le verbiage, passent avec gravité (25 : 72).

Bien entendu, on peut soutenir que la détente, le rire et les plaisanteries font partie intégrante du bien-être émotionnel de chacun, à l'image de certains épisodes de la vie du Prophète. A la lecture du Coran, pourtant, on ne peut s'empêcher d'avoir le sentiment qu'il porte un regard sévère sur la plupart des formes contemporaines de loisirs. Les savants musulmans légitiment généralement les formes de loisirs inoffensives, comme le tir à l'arc, l'équitation ou la natation, du point de vue de la forme physique plutôt que du pur plaisir. Sans cesse le Coran répète que la vie future est meilleure et permanente.

La richesse est un dépôt confié par Dieu

Le Coran est méprisant pour ceux qui s'attachent à des richesses qui excèdent ce dont on a besoin pour sa subsistance quotidienne. Un tel attachement est une distraction qui détourne du chemin menant à Dieu, et qui donne un sentiment illusoire d'éternité.

> Rivaliser par le nombre vous divertit au point que vous rendez visite aux cimetières (102 : 1-2).
> Malheur à tout détracteur aux mimiques hostiles, qui accumule des biens, les multiplie et se figure qu'ils le rendent éternel ! Non pas ! Qu'il soit rejeté dans la Hutama (104 : 1-4) !

L'idée de subsistance correctement acquise (*rizq halâl*) est centrale dans la façon dont le Coran aborde les richesses, et a été intégrée par tous les musulmans pieux. Même ainsi, les musulmans se voient interdire de s'engager dans tout gaspillage et toute dépense ostentatoire (17 : 26-27). Le Coran identifie, pour les dénoncer, un certain nombre de moyens d'acquérir illégalement argent ou biens, par exemple la pratique des prêtres et des moines qui dévorent les biens des gens (9 : 34), le jeu (5 : 90) et le vol (60 : 12). Certains peuvent être les victimes de ces formes de richesse mal acquise, mais le Coran appelle aussi victimes ceux qui commettent ces actes malhonnêtes, au sens où leur propre humanité est dégradée et où ils sont réellement habités par un feu dévorant (4 : 10).

L'épanouissement sexuel dans le cadre des relations établies

Le Coran rejette toute forme d'impudeur sexuelle :

> Dis aux croyants de baisser les yeux et de contenir leur sexe : ce sera de leur part plus net. Dieu est de leurs pratiques informé. Dis aux croyantes de baisser les yeux et de contenir leur sexe (24 : 30-31).

Le Coran n'approuve que deux formes de relation propres à l'épanouissement sexuel – celle du mariage entre un homme et une femme, et la propriété d'une esclave – et passe sous silence les autres, telles que les unions homosexuelles et la masturbation [2]. Dans un texte en général considéré comme traitant des préparatifs financiers du mariage, le Coran dit pourtant :

> Que ceux qui ne trouvent pas de quoi se marier s'efforcent à la chasteté (24 : 33).

Le Coran tolère également que la propriété d'une autre personne – l'esclavage – légitime les relations sexuelles, c'est-à-dire qu'un homme libre puisse avoir des relations sexuelles avec ses esclaves femmes. Cette tolérance est habituellement oubliée, dans un silence embarrassé, par la plupart des commentaires contemporains, ou replacée « dans son contexte historique spécifique ». L'insistance sur la règle du mariage entre un homme et une femme comme unique autre fondement légitime pour l'épanouissement sexuel l'a par ailleurs investie d'une immuabilité anhistorique. D'autres formes d'accomplissement sexuel entre deux personnes sont assimilées à des adultères, c'est-à-dire à des actes honteux.

> N'approchez pas de la fornication. C'est une infamie, une voie funeste (17 : 32)[3].

Le comportement social et économique

Le Coran recommande une société fondée sur l'honnêteté, la moralité, la générosité, la justice et l'équité. Il considère que l'humanité a des droits socioéconomiques intrinsèques et des responsabilités concomitantes – y compris la responsabilité de combattre pour la défense de ces droits.

Inviolabilité de la vie

Toute vie humaine est sacrée car

> Nous sommes généreux envers les enfants d'Adam (17 : 70)

et personne n'est autorisé à prendre la vie d'autrui,

si ce n'est à bon droit (6 : 151).

Ce point est habituellement interprété comme voulant dire qu'il est permis de tuer pendant une guerre juste, pour se défendre ou après une procédure de jugement en bonne et due forme dans un système juridique juste. L'affaiblissement causé à l'humanité entière par le meurtre d'une seule personne est mis en avant (5 : 32). Alors que l'infanticide – en particulier dans le cas d'une fille – est condamné, le Coran reste silencieux sur les droits du fœtus. Conformément aux pratiques sociales de l'Arabie préislamique, le Coran reconnaît la loi du talion en cas de meurtre et des autres blessures aux membres. Il précise cependant que cela doit être fait avec justice, et que l'exonération de la sentence de mort est une source de « miséricorde venant de Dieu » (2 : 178). Dans une société où les vendettas se sont poursuivies durant des générations, l'injonction coranique peut même être interprétée comme graduelle, car le blessé ou sa famille devait limiter ses représailles à l'équivalent du crime originel. Ce n'est que dans ce sens que le verset suivant peut produire une signification cohérente :

Dans l'exercice du talion, vous pouvez gagner une vie, ô dotés de moelles (2 : 179) !

L'inviolabilité de la propriété légalement acquise

Le vol manifeste est condamné (5 : 38), de même que les autres façons plus discrètes de priver les autres de ce qui leur appartient, comme la complicité pour dépouiller quelqu'un d'un héritage, le refus de rendre à quelqu'un une chose confiée en dépôt (4 : 58) ou la tricherie sur la pesée des marchandises vendues (17 : 35). Le Coran est particulièrement véhément quand il dénonce l'usure :

> Ceux qui mangent l'usure ne se lèveront qu'à la façon de celui que l'atteinte de Satan aura fracassé. Cela parce qu'ils se disent : « La vente n'est autre qu'analogue à l'usure. » Or Dieu autorise la vente et prohibe l'usure. Celui qui se sera laissé édifier par son Seigneur, donc en aura fini avec l'usure, gardera toutefois son gain antérieur, quitte à ce que son décret revienne à Dieu. Qui récidive [...] ce sont les compagnons du feu : ils y seront éternels. Dieu anéantit le croît usuraire, et fait grossir l'aumône. Dieu déteste tout pécheur plongé dans la dénégation (2 : 275-276).

Les musulmans, qui recommandent différents systèmes économiques, allant d'un capitalisme réfléchi jusqu'au contrôle socialiste par l'Etat, justifient leur choix par le Coran. La plupart des musulmans pensent que le Coran n'est ni socialiste ni capitaliste, mais qu'il possède sa propre doctrine économique[4]. Le Coran approuve les notions de propriété individuelle, celle dont des individus sont les propriétaires légitimes, et la propriété privée, qui permet aux individus de garder secrète l'étendue de leur fortune et d'être les seuls arbitres de la façon de la dépenser. Toute richesse est considérée comme un dépôt confié par Dieu.

La générosité et la redistribution de la richesse

Le Coran condamne l'avidité et l'épargne ou thésaurisation.

> Pour le jour où l'or et l'argent portés au rouge dans le feu de la Géhenne leur brûleront le front, les flancs, le dos : « Voilà ce que vous avez thésaurisé pour vous-mêmes. Savourez donc ce que vous thésaurisiez ! » (9 : 35).

L'avidité est condamnée, et ceux qui en sont exempts sont « ceux qui réussissent ». Le Coran considère la richesse à la fois comme un don de Dieu et comme le produit du travail, ou de l'exploitation du travail des autres. Cela fournit une base de justification à la fois pour ceux qui prônent la propriété collective des biens, et pour ceux qui défendent la propriété personnelle ou privée.

> Vous qui croyez, faites dépense sur les choses bonnes que vous aurez acquises et que Nous aurons fait sortir pour vous de la terre (2 : 267).

Les gens n'ont droit qu'à ce qu'ils ont gagné.

> [...] que l'homme obtient seulement le fruit de sa tribulation, que sa tribulation sera considérée, qu'alors il en recevra l'exacte rétribution (53 : 39-41).

Ailleurs, le Coran dit :

> N'aspirez pas à ce dont Dieu avantage les uns sur les autres. Les hommes auront une part de ce qu'ils se seront acquis, les femmes une part de ce qu'elles se seront acquis (4 : 32).

De ceux auxquels les bontés de Dieu auront été données, on attend pourtant qu'ils distribuent les richesses excédentaires.

> Ils t'interrogent sur quoi faire dépense. Dis : « L'excédent » (2 : 219).

Contrairement à ceux qui thésaurisent, les musulmans

> qui sur leur avoir font dépense nuit et jour, en secret et en public, trouveront en Dieu leur salaire. Pour eux point de crainte à avoir, non plus qu'ils n'auront deuil (2 : 274).

Le Coran est de l'avis qu'il convient de réserver

> sur leurs biens un droit au mendiant, au frustré (51 : 19 ; 70 : 24-25),

et accorde un grand mérite au fait de donner au-delà de l'aumône institutionnalisée appelée *zakât*. Ce don purifiera l'âme de celui qui donne, et doit inclure ce à quoi on se sent vraiment attaché, car

> vous n'atteindrez à la vertu qu'en faisant dépense sur ce que vous aimez (3 : 92).

Il sera fait de préférence discrètement (2 : 271), « nuit et jour, en secret et en public », et ne doit pas être accompagné de paroles blessantes qui feraient ressentir au bénéficiaire qu'il est redevable à l'égard de son bienfaiteur.

En dehors des commandements exigeant que les esclaves soient traités avec douceur, le Coran va très loin pour promouvoir la fin de l'esclavage (90 : 12-13). Donner de l'argent pour émanciper des esclaves est considéré comme un investissement auprès de Dieu (2 : 177), et cette émancipation est un des cas que le Coran autorise pour dépenser la taxe obligatoire sur les biens (9 : 60). Les moyens de faciliter cette émancipation sont énoncés, et libérer un esclave peut servir à expier un crime majeur tel qu'un homicide involontaire (4 : 92), à annuler la déclaration déraisonnable de divorce (58 : 3) ou le cas d'incapacité à respecter un serment solennel (5 : 89).

L'égalité sociale

Le Coran adopte le point de vue selon lequel tous sont égaux devant Dieu et devant la loi. Aucun être humain ne se distingue par une supériorité intrinsèque vis-à-vis des autres sur la base de la lignée ou de la race. Il reconnaît et tolère pourtant la différence, la différenciation ou la discrimination fondées sur le sexe, la religion, la connaissance et la piété. Etant donné que ces quatre catégories sont très importantes, et que leur définition est difficile à valider et à estimer empiriquement, il est douteux qu'on puisse réellement utiliser le Coran comme une norme pour justifier les conceptions contemporaines sur l'égalité sociale et les droits de l'homme. Les deux versets qui suivent, souvent invoqués pour les justifier, reflètent bien ce problème :

> Humains, prémunissez-vous envers votre Seigneur. Il vous a créés d'une âme unique, dont il tira pour celle-ci une épouse ; et de l'une Il a répandu des hommes en nombre, et des femmes. Prémunissez-vous envers Dieu, de qui vous vous réclamez dans votre mutuelle sollicitation, et aussi envers les matrices. Dieu est là-dessus votre surveillant (4 : 1).
>
> Humains, Nous vous avons créés d'un mâle et d'une femelle. Si Nous avons fait de vous des peuples et des tribus, c'est en vue de votre connaissance mutuelle. Le plus digne au regard de Dieu, c'est celui qui se prémunit davantage (49 : 13).

Le premier de ces versets affirme l'unicité de la source de notre création – « une âme unique[5] » – et implique que tous les peuples sont par conséquent égaux. La réalité est que le Coran contient également une foule d'injonctions détaillant les différentes façons de traiter les esclaves et les personnes libres, les hommes et les femmes, ceux qui appartiennent à la communauté des croyants et ceux qui sont en dehors, ceux qui savent et les ignorants. Le second a été invoqué par les militants contre le racisme, le tribalisme et la xénophobie, et il affirme que Dieu veut que nous nous connaissions les uns les autres. L'idée que la piété est le critère unique aux yeux de Dieu a été un instrument de rassemblement particulièrement puissant pour les militants de l'égalité sociale et de l'égalité des sexes. Par ailleurs, ceux qui désirent conserver leur propre identité ethnique et tribale – ce qui implique souvent de trouver et de mettre en œuvre des moyens de maintenir « l'autre » à l'extérieur – affirment aussi que cette tribu et cette nation sont des « dons » de Dieu. Outre l'idée que Dieu est réellement et en permanence en train de refaçonner les tribus et les nations, et la question plutôt problématique de la « main de Dieu » dans les guerres et les génocides qui accompagnent inéluctablement ce constant « remake », c'est un verset difficile à comprendre.

La justice

La justice se voit accorder une prééminence telle dans le Coran qu'elle est considérée comme une des raisons de la création de la Terre par Dieu :

> Dieu a créé les cieux et la terre dans le Vrai, de sorte que toute âme soit rétribuée à raison de ses acquis : l'on ne sera nullement lésé (45 : 22).

C'est une caractéristique d'un Dieu qui assure sans cesse Sa création qu'Il ne commettra jamais à son encontre une injustice ne serait-ce que du poids d'un atome (4 : 40 ; 10 : 44). Beaucoup des injonctions du Coran qui passent pour barbares prennent leur source dans un souci de justice à la fois pour le coupable et pour la victime :

> Nous leur avons prescrit : âme pour âme, œil pour œil, nez pour nez, oreille pour oreille, dent pour dent ; compensation pour les blessures ; quiconque à titre d'aumône [renoncerait à la compensation] cela vaudrait pour lui expiation [...] Qui ne juge pas selon ce que Dieu a fait descendre [...] voilà les iniques (5 : 45).

> S'il vous faut punir, que la peine infligée n'excède pas celle subie, ou si plutôt vous patientez, meilleur sera-ce pour qui aura patienté (16 : 126).

Les exigences que le Coran impose aux individus pour maintenir la justice sont extraordinaires, et transcendent tous les liens sociaux. Alors que chacun réclame la justice pour soi-même, il est impératif – ce qui est plus important – de la respecter vis-à-vis des autres, quel qu'en soit le prix pour soi-même et pour sa propre communauté.

> Vous qui croyez, assumez l'équité, témoignez de Dieu, fût-ce à l'encontre de vous-mêmes, de vos pères et mères, de vos proches, qu'il s'agisse d'un riche ou d'un indigent ; dans l'un comme dans l'autre cas, Dieu doit avoir la priorité. Ne suivez pas la passion plutôt que la justice. Si vous éludez ou vous dérobez, Dieu est Informé de vos agissements [...] (4 : 135).

Le jihâd

Le mot *jihâd* signifie littéralement « combattre », « s'efforcer » ou « dépenser » (de l'énergie ou de la richesse). Dans le Coran, il est fréquemment suivi de l'expression « sur le chemin de Dieu » et « de leurs biens et de leur personne ». Pour les musulmans, le terme *jihâd* a fini par signifier la « sacralisation du combat » (Schlefer, 1982, p. 122). Malgré sa signification populaire de « guerre sainte » (ou de « combat armé »), le terme *jihâd* a toujours été compris par les musulmans dans le sens plus large de combat pour transformer à la fois soi-même et la société. Le Coran lui-même utilise ce mot dans ses différentes acceptions, qui vont de la guerre défensive (4 : 90 ; 25 : 52 ; 9 : 41) au combat spirituel contemplatif (22 : 78 ; 29 : 6) et même à l'exhortation (29 : 8 ; 31 : 15). Etant donné l'usage extensif du terme par le Coran, et la façon dont le *jihâd* est censé transformer à la fois l'individu et la société, on peut dire qu'il est simultanément un combat et une praxis[6]. Pour de nombreux musulmans, le *jihâd* est le paradigme islamique de la guerre de libération, et le fait que la justice – plutôt que la mise en place de l'islam comme système religieux – soit l'objectif du *jihâd* constitue un thème récurrent du discours musulman progressiste. Des chercheurs musulmans récents affirment que la justice ne peut être établie qu'à travers la mise en place d'un ordre islamique, d'où l'assimilation du *jihâd* aux moyens propres à fonder un gouvernement islamique.

Les relations sociales

Dans le Coran, on trouve deux idées qui gouvernent les relations sociales : *huqûq* – les droits, c'est-à-dire les obligations que quelqu'un a à mon égard ou que la société me doit, et qui doivent être défendus – et *ihsân*, la générosité qui va au-delà des obligations. Bien que le Coran ne fasse pas nettement cette distinction, comme le montre l'exemple de la charité, ces deux idées sont présentées ainsi par souci de commodité. Le principe de base des droits et des devoirs se trouve dans le verset suivant :

> [...] sans lésion à subir non plus que vous n'en aurez exercé (2 : 279).

Nous avons ici une déclaration simple, qui dit que les droits des autres ne doivent pas être violés, et qui prescrit aussi l'obligation au musulman de s'assurer que ses propres droits ne sont pas violés. Dans la vie sociale, cela englobe la nécessité pour chacun d'être fiable et digne de confiance dans ses entreprises et dans ses promesses (4 : 105, 8 : 27 et 16 : 91), et dans les questions économiques (4 : 29-30), de s'abstenir de dissimuler des preuves (2 : 283), de diffamer les autres (49 : 6), de médire et de calomnier (49 : 12), d'être hypocrite (2 : 8-19) et d'exploiter la vulnérabilité des autres (2 : 275-276). Le Coran condamne également des formes plus subtiles de préjudice envers les autres, au détriment de la condition d'être humain de celui qui les commet. Parmi les péchés de ce type, les critiques du Coran vont à la suspicion (49 : 12), au fait de se moquer des autres ou de l'objet de leur adoration (49 : 11) ou de donner des surnoms injurieux (*ibid.*). Si toutes ces injonctions s'appliquent à chacun dans une société fondée sur les principes coraniques, le Coran fait pourtant une distinction entre les différentes communautés religieuses qui vivent dans une telle société. La plupart des injonctions qui traitent spécifiquement de telles questions furent alimentées par les rencontres quotidiennes que la première communauté musulmane eut avec ces communautés. Le Coran est explicite sur l'importance de relations harmonieuses avec tous ceux qui ne sont pas en guerre avec les musulmans (60 : 8), l'autorisation de consommer la nourriture abattue par les gens du Livre et du mariage des hommes musulmans avec leurs femmes (5 : 5).

Outre ces devoirs à l'égard de Dieu, de la société et/ou des citoyens, le Coran reconnaît qu'au cœur d'une société morale, quelque chose va au-delà des droits et des obligations légales, d'où les concepts de *ihsân* (générosité) et de *sadaqa* (charité). Les croyants sont ainsi continuellement incités à dépasser le minimum requis en aidant les autres. Des vertus générales comme l'expression de la gratitude (22 : 38), la compassion (90 : 17) et un discours aimable (2 : 83) sont encouragées, mais le Coran est également précis sur les moyens que les musulmans doivent employer pour en faire plus et partager leurs biens, prendre soin des orphelins et libérer des esclaves.

Les orphelins constituent une autre catégorie de personnes marginalisées que le Coran traite avec un immense souci de compassion. Les musulmans sont invités à les traiter avec gentillesse (93 : 9 et 4 : 36), à réserver une partie de leur succession à l'entretien des orphelins (4 : 8), à s'occuper avec équité des biens leur appartenant qu'on se voit confier parce qu'ils sont encore jeunes (4 : 3) et à les honorer (89 : 17-18). La bienveillance à manifester aux orphelins est à ce point importante que ceux qui les repoussent sont considérés comme des gens ayant rejeté jusqu'à la foi (107 : 1-3). Tout en assurant que tout ce qui précède représente des prescriptions pour les croyants, le Coran reconnaît pourtant que s'engager pour ces valeurs et vivre conformément à cet engagement est exceptionnellement difficile.

> Comment te faire comprendre ce qu'est l'ascendante ? C'est d'affranchir une nuque, de nourrir au jour de famine un orphelin efflanqué ou un pauvre empoussiéré, et de plus d'être de ceux qui croient, se prêchent mutuellement la patience, se prêchent la compassion. Ceux-là sont les compagnons du côté faste [...] (90 : 12-18).

Les relations entre les sexes

Dans le contexte de l'Arabie du septième siècle, on peut penser que le Coran incite à un sens de l'égalité entre les sexes et de la compassion envers toutes les victimes de l'oppression, y compris les femmes.

> Les femmes ont droit à l'équivalent de ce qui leur incombe selon les convenances (2 : 228).

En général, on perçoit une tendance très forte à l'égalitarisme quand le Coran traite des responsabilités éthiques et religieuses et de la rétribution des croyants, et une tendance discriminatoire quand il s'agit des obligations sociales et juridiques des femmes. Pourtant, concernant chacun de ces deux aspects, il existe deux autres tendances : d'abord, on trouve des déclarations de nature générale aussi bien pour affirmer que pour nier l'égalité entre les sexes et, ensuite, quand des injonctions spécifiques sont énoncées, elles sont en général discriminatoires pour les femmes.

En matière sociale ou juridique, le Coran procure un ensemble d'injonctions et d'exhortations où les femmes sont habituellement et en même temps infantilisées et mises sur un piédestal – afin d'être protégées, et économiquement assistées par les hommes, mais aussi réprimandées et punies si elles désobéissent. A l'époque de la révélation du Coran, l'Arabie du huitième siècle vivait un changement social et anthropologique considérable, dans l'ensemble de la région et plus particulièrement dans le Hijaz. Alors que la société arabe fonctionnait à divers égards comme une société matriacale, elle était en voie d'être remplacé par un système totalement patriarcal. La plupart des musulmans pensent que c'était une période où les femmes étaient considérées comme « des esclaves ou du bétail » (Siddiqi, 1972, p. 16). Elles n'héritaient fondamentalement de rien, mais faisaient elles-mêmes partie de l'héritage. Elles faisaient partie des biens de leur mari, et pouvaient devenir la propriété de ses héritiers ou des autres hommes de sa tribu. Avoir une fille était pour un homme une marque de déshonneur, et beaucoup préféraient enterrer vivantes les filles qui naissaient plutôt que d'affronter l'opprobre social. Dans la société préislamique, le paiement se faisait au père, ou au parent de sexe masculin le plus proche, dans une vente « directe » permettant d'épouser une femme. Le Coran modifia cette pratique et la femme, au lieu d'être l'objet du contrat, devint légalement une partie contractante, avec comme seul droit la dot, en échange du droit à l'union sexuelle. Dans la pratique du divorce, le Coran abolit la procédure par laquelle un mari pouvait sommairement répudier sa femme, et introduisit une période d'attente afin d'explorer toutes les voies possibles de réconciliation avant que le divorce et la séparation ne deviennent effectifs. Durant cette période, la femme avait droit au soutien financier de son mari. Sur la question de l'héritage, le Coran modifia les règles préislamiques qui excluaient habituellement les femmes et les enfants mineurs. « Les dispositions [coraniques modifiées][...] abolirent le système de succession exclusive par les parents de sexe masculin, et reconnurent aux femmes la capacité à bénéficier de la succession » (Coulsen, 1978, p. 16).

La famille

Le Coran, reflétant les normes de la société arabe traditionnelle, ne reconnaît qu'une forme de relation familiale – la famille étendue avec un homme à sa tête. Cette famille peut comprendre plus d'une femme, avec les parents d'une épouse ou de toutes les épouses, ainsi que les frères et sœurs et toute la progéniture issue du ou des mariages. Le mariage et les questions associées comme la résolution des conflits, le divorce, la confiance et les responsabilités mutuelles sont abordés longuement et de manière beaucoup plus détaillée que pour toute autre forme de relation sociale. S'il déconseille le monachisme, le Coran ne rejette pas le célibat. Le mariage est un contrat social entre un homme et une femme, qui suppose le consentement des deux parties, et une dot faisant l'objet d'un accord mutuel, payée par le marié à l'épousée (4 : 4). Le Coran interdit le mariage entre certaines catégories de personnes : frères et sœurs, beaux-frères et belles-sœurs (4 : 23). La transmission automatique d'une femme comme propriété du frère de son mari à la mort de ce dernier (4 : 19) est également interdite. Le mariage doit être fondé sur l'amour et la compassion (30 : 21), les hommes étant les « protecteurs » des femmes (4 : 34), qui doivent les traiter en permanence avec gentillesse (4 : 19). Le Coran autorise la pratique préislamique de la polygamie, un homme pouvant épouser au plus quatre femmes et devant être en mesure de les traiter toutes sur un pied d'égalité. Alors que cette autorisation est communément considérée comme s'appliquant en toute circonstance, le contexte du verset concerné suggère qu'il fut descendu dans une situation liée aux orphelins et aux veuves de guerre. Les façons de gérer les disputes maritales, y compris le refus de la femme de se conformer aux demandes de son mari, sont détaillées. Elles incluent l'arbitrage et le châtiment (4 : 35). Lorsqu'un mariage est irrémédiablement rompu, alors le divorce est permis, en douceur. Le Coran est alors clair sur les étapes que ce processus doit suivre, et sur les obligations qu'il faut respecter à court terme vis-à-vis de l'épouse (2 : 241 et 65 : 1-7).

Le Coran rappelle aux adultes dont les parents sont encore en vie le temps où ils étaient petits et où leur mère les portait « malaise sur malaise », totalement dépendants qu'ils étaient vis-à-vis de leurs parents (31 : 14). Ne serait-ce que pour cette seule raison, on doit à ses parents une obligation éternelle de gratitude, de compassion et de sollicitude.

> [...] dans le bel-agir à l'égard des père et mère. Si chez toi ils atteignent au grand âge, l'un d'eux ou bien tous les deux, ne va pas leur dire : « Bof ! », ni les rudoyer ; dis-leur des paroles généreuses, abaisse devant eux l'aile de la déférence, en esprit de miséricorde ; dis-toi : « Que Dieu les garde tous deux en Sa miséricorde, de même qu'ils m'ont élevé tout petit » [...] (17 : 23).

Le Coran fait rarement directement allusion au comportement avec les enfants ou aux relations entre parent et enfant, sinon sous la forme des exhortations évoquées précédemment. Des exemples en sont pourtant fournis dans les récits relativement longs sur la relation entre Abraham et Ismaël, entre Abraham et son père Azar (6 : 74-88), ainsi que dans les conseils fournis par Luqman, le vieux sage, à son fils (31 : 13-19). Tous ces récits expriment la chaleur des relations de sollicitude et d'obéissance à l'égard des parents, aussi longtemps qu'ils ne demandent pas d'associer une quelconque divinité à Dieu (31 : 15). Le Coran ne contient aucune référence aux relations avec les filles, à l'exception de la dénonciation virulente du meurtre des filles en bas âge.

> Quand on annonce à l'un d'eux une fille, son visage noircit, il doit se contenir, il se cache à tous, honteux de la funeste annonce : va-t-il ignominieusement la garder, ou l'escamoter dans la poussière ? N'est-ce pas là un jugement honteux (16 : 58-59) ?

L'Etat et le gouvernement

Il n'est fait aucune allusion directe dans le Coran à un Etat islamique. Il contient toutefois quelques injonctions prescrivant d'obéir à ceux qui détiennent l'autorité.

> Vous qui croyez, obéissez à Dieu, obéissez à l'Envoyé et aux responsables d'entre vous (4 : 59).

Le fait que cette injonction soit liée à l'obéissance à Dieu et à Son Prophète incite à conclure que cette autorité doit être musulmane. Toute hypothèse selon laquelle l'Etat islamique serait le résultat de la volonté de Dieu et non d'un ensemble particulier de circonstances politiques, telles qu'elles se déployèrent à Médine du vivant du Prophète, se fonde sur une interprétation de ce que dit le Coran, plutôt que sur une proclamation explicite allant en ce sens.

Le Coran fait à plusieurs reprises référence à la souveraineté de Dieu, ce que les idéologues islamistes ont interprété comme une allusion à une théocratie islamique.

N'est-Il pas Le seul à juger (6 : 62) ?

En dépit du fait que pratiquement tous les versets qui parlent de la souveraineté de Dieu traitent de questions de croyance ou sont relatifs au Jugement dernier, ceux qui revendiquent au nom de Dieu la souveraineté sur cette terre se comportent comme s'ils avaient correctement compris la volonté de Dieu, prétendant mettre en œuvre les prolongements politiques de cette souveraineté. Le Coran demande à Muhammad de juger par la volonté de Dieu :

> C'est Nous qui avons fait descendre sur toi l'Ecrit porteur du Vrai pour que tu juges entre les hommes selon les vues que Dieu t'inspirera (4 : 105).

Le problème qui a surgi peu après la mort du Prophète est celui de l'authenticité de ceux qui proclament qu'ils sont les instruments politiques de Dieu et de ceux qui, parmi les prétendants, vont devoir interpréter « correctement » Sa volonté. Contrairement à ce que peuvent imaginer les observateurs du monde contemporain de l'islam, il n'y a que très peu de devoirs spécifiques détaillés dans le Coran pour un islam politique, et toutes les révélations pertinentes appartiennent à la période médinoise. Il semble que les deux principes fondamentaux en la matière soient la consultation et la justice. Au Prophète il fut prescrit :

> Consulte-les sur la tactique (3 : 159).

Et aux croyants il est d'une façon générale demandé qu'ils

> soumettent leurs affaires à la concertation mutuelle (42 : 38).

Quant à la justice en politique, le Coran dit :

> Oui, Nous avons envoyé Nos Envoyés avec les preuves, et fait descendre avec eux l'Ecriture et la balance, pour que les hommes mettent en œuvre l'équité [...] (57 : 25).

Cela consiste à entrer en *jihâd* pour défendre la foi ou pour répondre à une agression, pour recueillir et distribuer la *zakât* et pour infliger la punition d'un nombre très limité de péchés et de crimes. Les crimes et péchés pour lesquels le Coran précise des mesures punitives sont la calomnie (24 : 4-9), l'adultère (24 : 2-3 et 4 : 16), le vol (5 : 38), le banditisme, la trahison et l'insurrection armée (5 : 33), le meurtre et la mutilation physique (2 : 178-179).

Les pratiques religieuses institutionnalisées

Ainsi que nous l'avons vu, le Coran rassemble un grand nombre d'injonctions, la plupart de nature éthique, religieuse et sociale. Seuls trois rites religieux formels, ou pratiques institutionnalisées, bénéficient d'une attention significative dans le Coran : les prières formelles (*salât*), le jeûne du mois de *ramadân* et le pèlerinage à La Mecque (*hajj*). Les trois font partie de ce que l'on appelle couramment les cinq piliers de l'islam, les deux autres étant la déclaration de foi – il n'y a de divinité que Dieu, et Muhammad est Son Envoyé – et la *zakât*, l'aumône légale.

*La prière (*salât*)*

Il est souvent fait référence dans le Coran à la *salât* et à son importance : c'est très clairement la principale activité socioreligieuse qui ait maintenu la cohésion de la première communauté musulmane. Son importance dans la vie du musulman, et pour Dieu, peut se mesurer au fait que le Coran détaille les façons de s'écarter du modèle normal de rituel quand on a quelque chose à craindre (2 : 239), ou en plein combat au cours du *jihâd* (4 : 101). Sauf en cas de maladie, de menstruations ou de précarité, on n'est jamais dispensé de l'obligation de la prière. Le verset suivant est typique de ceux qui traitent de la prière.

> Accomplissez la prière, acquittez la purification, inclinez-vous avec ceux qui s'inclinent (2 : 43).

Le verbe « accomplir » (racine *q-w-m*) apparaît très fréquemment au sujet de la prière et met l'accent sur sa nature quotidienne et institutionnalisée, ce qui la distingue des autres formes d'adoration comme le rappel de Dieu, le chant de Ses louanges, etc. L'instruction « inclinez-vous avec ceux qui s'inclinent » concerne son caractère collectif. Comme c'est le cas dans ce verset, accomplir les prières quotidiennes est associé pas moins de trente-six fois à la purification liée au paiement de la *zakât*. C'est une façon de souligner que ce qui semble purement sacré est indissociable de ce qui semble purement profane. Le Coran indique à plusieurs reprises que le but des prières quotidiennes est de demander

> une aide à la patience, à la prière (2 : 153),

un moyen de se protéger et de s'abstenir des « actes répugnants » et de tout ce qui est contraire à la raison (29 : 45), d'invoquer la grâce de Dieu (35 : 29-30), de se rappeler Dieu (29 : 45) et d'atteindre le bonheur en ce monde et dans l'au-delà autant que l'élévation spirituelle (87 : 14-15). Les versets 107 : 4-7 sont un exemple intéressant de la façon dont le Coran souhaite que la générosité d'esprit émerge des prières.

> Malheur à ceux qui, priant, sont distraits de leur prière, et malgré de grands airs vous refusent de l'aide (107 : 4-7).

L'heure exacte des prières est laissée dans un flou relatif dans le Coran :

> Quand vous êtes tranquillisés, accomplissez (intégralement) la prière, car pour les croyants elle s'inscrit à heures fixes [...] (4 : 103).

Leur moment est fixé par interprétation des versets qui parlent du temps[7] (mais qui peuvent être lus d'un grand nombre de façons), et à partir de ce qu'on connaît de la pratique du Prophète. Bien que la grande majorité des musulmans soutiennent qu'il y a cinq prières quotidiennes, les sunnites considèrent qu'elles correspondent à cinq moments, alors que les chiites pensent qu'on doit les offrir en trois fois. Deux parmi les cinq doivent être combinées, la prière de midi (*zuhr*) avec celle de l'après-midi (*'asr*), et celle qui suit immédiatement le coucher du soleil (*maghrib*) avec la prière de la nuit (*'ishâ*). Tous s'accordent sur le fait que la prière de l'aube (*fajr*) se fait seule.

Il est deux fois question de l'appel à la prière (*adhân*), mais rien n'est dit de la façon de le lancer (62 : 9-10 et 5 : 58). Les conditions préalables à la prière sont la sobriété et l'ablution – la nature symbolique de cette dernière étant démontrée par le fait qu'on peut utiliser de la poussière en l'absence d'eau.

> Vous qui croyez, si vous vous mettez en devoir de prier, alors rincez-vous le visage, et les mains jusqu'au coude, passez-vous la main sur la tête et sur les pieds jusqu'aux chevilles. Si vous êtes en état d'impureté, alors purifiez-vous. Si vous êtes malades, ou en voyage, ou revenez de la selle, ou avez touché à des femmes et ne trouviez pas d'eau, utilisez en substitution un sol sain pour en passer sur votre visage et vos mains. Dieu ne veut vous

imposer aucune gêne, mais vous épurer, parfaire sur vous Son bienfait, escomptant que vous en aurez gratitude (5 : 6).

En ce qui concerne la manière de faire la prière, le Coran parle seulement d'inclinaison (*rukû'*) et de prosternation (*sujûd*) et dit, indiquant que cela ne doit pas se faire bruyamment :

> Donc psalmodiez ce que vous pouvez faire aisément du Coran (73 : 20).

Etre présent en esprit et par le cœur est indispensable à la prière, et ceux qui prient de manière paresseuse et nonchalante sont assimilés aux hypocrites (4 : 142 et 9 : 54). On trouve parmi les œuvres de jurisprudence musulmane de gros volumes concernant les prières, leurs types, les conditions de validité, les heures, les modes, ce qui les rend nulles, etc. L'essentiel a été tiré des dits attribués au Prophète et/ou du raisonnement des juristes, plutôt que du Coran.

Le jeûne

Le Coran aborde la question du jeûne dans deux contextes différents : le jeûne prescrit durant le mois de *ramadân*, qui est un acte d'adoration, et le jeûne qui sert de moyen d'expiation d'un péché, ou d'un écart de conduite dans un devoir religieux spécifique. Le texte suivant, relativement long, est le seul texte significatif du Coran qui traite du jeûne du mois de *ramadân* en tant qu'institution.

> Vous qui croyez, le jeûne vous est prescrit, comme à vos devanciers, dans l'attente que vous vous prémunissiez, durant un certain nombre de jours. A quiconque d'entre vous serait malade, ou se trouverait en voyage, incombe un certain nombre

de jours pris ailleurs. A ceux qui en sont capables (mais le rompent), incombe comme rançon de nourrir un pauvre. Quiconque fait mieux, spontanément, c'est pour lui meilleur. Si vous jeûnez, c'est parce que le jeûne est meilleur pour vous, pour autant que vous sachiez.

Le mois de *ramadân* est celui pendant lequel fut commencée la descente du Coran, en tant que guidance pour les hommes et que preuves ressortissant de la guidance et de la démarcation (entre le bien et le mal). Quiconque parmi vous sera témoin de la naissance de ce mois le jeûnera. A qui serait malade, ou se trouverait en voyage, incombe un même nombre de jours pris ailleurs. Dieu n'exige de vous que l'aisé, Il n'exige pas de vous le malaisé. A vous de parfaire le nombre imparti, en glorifiant Dieu de Sa guidance [...] Peut-être Lui en aurez-vous gratitude.

Que si Mes adorateurs t'interrogent sur Moi, Je suis tout proche à exaucer l'invocation de qui M'invoque, quand on M'invoque. Puissent-ils donc Me répondre, puissent-ils croire en Moi dans l'espoir d'aller selon la droiture [...]

Vous est rendu licite, durant une nuit de jeûne, le rapport avec vos femmes. Ne sont-elles pas votre vêture, et vous la leur ? Dieu sait bien que vous vous fraudiez vous-mêmes. Il S'est repenti en votre faveur. Il a passé sur votre faute. Donc, désormais, ayez commerce avec elles. Désirez à la mesure de ce que Dieu vous assigne [...] Mangez et buvez jusqu'à ce qu'un fil blanc se laisse par vous distinguer d'un fil noir, à l'aurore. Après quoi, jeûne complet jusqu'à la nuit suivante [...] Cependant, n'ayez pas rapport avec elles quand vous faites retraite dans les sanctuaires [...] Ce sont là normes expresses de Dieu. Ne les serrez pas de trop près [...] C'est ainsi que Dieu explicite Ses signes aux hommes, dans l'attente qu'ils se prémunissent (2 : 183-187).

Le seul objectif du jeûne à être indiqué dans le Coran est d'acquérir la *taqwâ* – la retenue, en restant conscient qu'on est toujours en présence de Dieu et, au bout du compte, responsable vis-à-vis de Lui[8]. Comme le montre à l'évidence la dernière partie du texte cité, jeûner suppose de s'abstenir de nourriture, de boisson et de rapport sexuel dès le premier signe que la nuit prend fin, et jusqu'après le coucher du soleil[9]. A la lumière du fait que le Coran fut révélé au cours de ce mois, et des objectifs du jeûne, il apparaît qu'il est une période de prise de conscience spirituelle accrue et de dévotion plus intense. La dernière phrase du texte ci-dessus parle d'une retraite, que de nombreux musulmans pieux entreprennent, dans les dix derniers jours de *ramadân*, dans les mosquées à travers le monde.

Le hajj

Le mot *hajj* signifie « aller à un endroit dans l'intention de visiter ou de regarder », dans le cas présent rendre visite à la Ka'ba ou, ainsi qu'on l'appelle aussi, la maison de Dieu à La Mecque. Le Coran utilise d'autres termes pour cette structure de forme cubique, qui sont

> Ta Maison consacrée (*baytika al-muharram*) (14 : 37),
> l'Oratoire ultime (*al-masjid al-harâm*) (17 : 1),
> la Maison fréquentée (*al-bayt al-ma'mûr*) (52 : 4),
> la première Maison instituée pour les habitants de Bakka (3 : 96).

Le Coran propose une relation particulièrement sommaire de l'histoire de la Ka'ba :

> Lors Nous constituâmes la Maison en lieu de retour et de sauveté pour les hommes. Faites de la station d'Abraham un emplacement de prière [...] Nous impartîmes à Abraham et à Ismaël d'avoir à purifier Ma Maison pour qui voudrait tourner autour, y faire retraite, s'incliner, se prosterner. Lors Abraham dit : « Mon Seigneur, fais de ce lieu une ville sûre, attribue de ses fruits à son peuple, à qui d'entre eux croira en Dieu et au Jour dernier. » Dieu dit : « Qui déniera, Je ne lui accorderai que

jouissance passagère, et puis le contraindrai au torrent de feu. » Destination funeste ! Et tandis qu'Abraham élevait les assises de la Maison avec l'aide d'Ismaël : « Notre Seigneur, veuille l'accepter de nous ! Tu es l'Entendant, le Connaissant (2 : 125-127).

La relation que fait le Coran entre La Mecque, appelée la « Mère des cités » (42 : 7), et une « ville sûre » (*amîn*) (95 : 3), est assez peu claire. Quand les chercheurs critiques suggèrent que c'est la cité avec sa dynamique géosociale qui a fait naître le temple, la plupart des musulmans pensent que la présence de la Ka'ba sanctifie La Mecque. La racine *k-'-b* signifie « elle est devenue plus forte » ou « elle est devenue prééminente et magnifiée ». Le verset 14 : 37 semble indiquer que la Ka'ba existait déjà quand Abraham laissa Hagar et Ismaël dans le désert. Le texte qui précède fait probablement allusion à la reconstruction et à la purification par Abraham et Ismaël. Seize mois après que Muhammad eut trouvé refuge à Médine, la direction vers laquelle les musulmans se tournent pour accomplir les prières quotidiennes (*salât*) fut modifiée, passant de la direction de Jérusalem à celle de La Mecque, plus précisément de la Ka'ba. La première injonction à faire le pèlerinage date de la période mecquoise tardive.

Lors Nous assignâmes à Abraham l'emplacement de la Maison : Ne M'associe personne, purifie Ma Maison à l'intention de ceux qui en font le tour, et s'inclinent et se redressent dans la prosternation. Lance parmi les hommes l'appel au pèlerinage : qu'ils te viennent à pied ou sur quelque bête amaigrie, affluant de tout profond défilé pour connaître leur propre avantage et rappeler le nom de Dieu, en des jours bien connus, sur Notre attribution, sous la forme d'une bête de troupeau : « Mangez-en et nourrissez-en le malheureux indigent. » Et puis qu'ils éliminent leurs excroissances, qu'ils s'acquittent de leurs vœux, qu'ils fassent le tour de la franche Maison (22 : 26-29).

Le *hajj* est obligatoire pour tous ceux qui sont capables de se rendre à La Mecque (3 : 97)[10]. Il a lieu dans les dix premiers jours du mois, qui porte bien son nom, de *dhû al-hijja* (c'est-à-dire « celui qui possède le *hajj* »). Le Coran fait allusion à la particularité de ce moment lorsqu'il suggère que le cycle de la lune est destiné à servir à marquer le temps.

> Ils t'interrogent sur les premières lunaisons. Dis : « Ce sont des jalons du temps à l'usage des hommes, et pour le pèlerinage » (2 : 189).

Quant aux rites eux-mêmes, le Coran est plus précis que pour tout autre acte de dévotion, comme le jeûne ou les prières quotidiennes. Pourtant, comme toujours en la matière, le Coran n'indique pas nettement l'enchaînement de ces rites.

Même si le Coran ne prescrit aucune façon de se vêtir pour le pèlerin, on suppose qu'il s'agit pour les hommes de deux morceaux de tissu sans coutures, qui couvrent l'un le haut et l'autre le bas du corps, et pour les femmes d'un vêtement simple. Les femmes qui portent habituellement un voile doivent l'abandonner[11]. On appelle ce vêtement *ihrâm*, de la racine *r-h-m* qui dénote le sacré et rappelle le fait que le pèlerin est lui-même en état de *ihrâm* (sacralité). Les juristes musulmans ont élaboré un ensemble d'obligations liées à cet état, de pénalités en cas de violation, fondées sur le précédent prophétique (*sunna*).

> Qui se l'impose (le pèlerinage) durant ces mois s'abstiendra de rapport sexuel, de tout libertinage, de toute dispute en cours de pèlerinage. Ce que vous faites de bien, Dieu le connaît (2 : 189).

Le pèlerin peut mettre le *ihrâm* à tout moment quand il a pris le chemin de La Mecque, mais la loi islamique stipule qu'on ne peut entrer dans La Mecque pour le *hajj*, et franchir ainsi certaines limites appelées *miqat*, qu'en état de *ihrâm*. Lorsque les pèlerins atteignent ce point, on entend une immense explosion de « *labbayk ! Allahumma labbayk !* » (« Me voici ! Me voici, mon Dieu, en Ton auguste présence ! »). C'est une réponse directe à l'appel lancé par Abraham, sur ordre de Dieu (22 : 27).

Immédiatement, ou peu après l'arrivée à La Mecque, le premier acte du pèlerin est d'entreprendre les tournées rituelles autour de la Kaʿba.

> Qu'ils fassent le tour de la franche Maison (22 : 29).

Le *tawâf* se fait en tournant autour de la *Kaʿba* – en chantant en permanence la grandeur de Dieu, en présentant des supplications et en se tenant le plus près possible de la Kaʿba. Le *tawâf* commence à la pierre noire (*al-hajar al-aswad*) qu'on embrasse, ou vers laquelle on fait un geste de respect si on ne peut l'atteindre. Après le *tawâf*, les pèlerins entreprennent le *saʿy*, la course entre les deux petites collines – al-Safâ et al-Marwa – de La Mecque. Il s'agissait, comme pour le *tawâf*, d'une pratique préislamique, et les premiers musulmans étaient assez méfiants lorsqu'ils couraient entre deux collines au sommet desquelles, dans les temps qui ont précédé l'islam, était placée une idole. Pourtant, ainsi que le dit le Coran,

> Safâ et Marwa font partie des repérages de Dieu. Quiconque visite la Maison en pèlerinage communautaire ou privé pourra sans faillir tourner de l'un à l'autre (2 : 158).

Le *hajj* proprement dit commence au huitième jour de *dhû al-hijja* quand tous les pèlerins marchent vers Minâ, une immense plaine entre La Mecque et ʿArafa, à une quinzaine de kilomètres de La Mecque. Ils y arrivent avant midi, puis ils quittent Minâ à midi, le jour suivant, pour se rendre à 'Arafa. Dans la plaine de 'Arafa se trouve un monticule, le mont de la Miséricorde, où l'on rapporte que le Prophète a délivré son dernier sermon, au cours du seul pèlerinage qu'il ait accompli. Dans ces deux lieux – Minâ et 'Arafa – les pèlerins passent leur temps en dévotions, chantant la grandeur de Dieu. Après le coucher du soleil, ils quittent 'Arafa et marquent un arrêt en un lieu appelé Muzdalifa, dont le Coran parle comme d'un monument sacré.

> Quand vous vous répandez du haut d''Arafa, rappelez le nom de Dieu auprès du repère consacré. Rappelez-Le comme Il vous accorde Sa guidance [...] (2 : 198).

Ils y restent jusqu'au matin suivant, puis retournent à Minâ le matin du 10 du mois. Les animaux sont alors sacrifiés, puis les pèlerins rentrent à La Mecque pour accomplir le *tawâf* d'adieux autour de la Ka'ba. Ce n'est qu'après ce *tawâf* que les pèlerins sont libérés de l'état de *irhâm*, même s'ils doivent retourner à Minâ pour deux ou trois jours, endroit où le *hajj* se termine.

Post-scriptum

A la suite des événements du 11 septembre 2001, toutes les librairies occidentales ont vu une ruée sur le Coran. Beaucoup de gens, convaincus que les musulmans étaient probablement responsables, avaient très envie de comprendre ce qui, dans ce livre, poussait des musulmans à faire s'écraser sur des immeubles des avions pleins d'êtres humains innocents, dans l'intention de faire encore plus de victimes. D'autres souhaitaient simplement mieux comprendre cet islam et le livre qui en était le cœur.

Je soupçonne la plupart de ces gens de ne pas avoir dépassé les quelques premières pages, car le Coran est un livre difficile à pénétrer pour ceux qui lui sont « étrangers », et même pour beaucoup de musulmans qui veulent seulement le lire. Le Coran est un livre dans lequel on se lance – avec lequel on peut dire qu'il faut se battre – et qui est psalmodié plutôt que lu. Quant à ceux qui persistent à chercher à comprendre les événements du 11 septembre en lisant le Coran, peut-être y trouveront-ils quelque chose car le Coran, comme la plupart des Ecritures sacrées, procurera aux *taliban* occidentaux (littéralement « ceux qui "cherchent" ») ce qu'ils recherchent. Il ne s'agit pas de suggérer que le Coran contient « à peu près tout ». Mais l'engagement du Coran sur les principes du monothéisme et de la justice sociale, par exemple, sont indiscutables.

De nombreux versets du Coran justifient – et en fait encouragent – le recours à la lutte armée pour défendre sa propre liberté et ses droits. Ceux qui sont par principe attachés à la non-violence peuvent avoir un mouvement de recul face à ces versets. Les polémistes justifieront l'idée que le Coran lui-même est responsable de la violence des terroristes musulmans, sans voir qu'eux-mêmes reflètent la même logique fondamentaliste que celles des gens qu'ils cherchent à dénoncer. C'est le « texte en lui-même qui fait problème », disent-ils. « Le texte en lui-même est la réponse », répondent en écho les musulmans manquant de sens critique. Les textes, nous le savons maintenant, répondent aux questions qu'on leur pose, et de même que les talibans, « ceux qui cherchent », ne sont ni vierges ni issus de nulle part, de même le texte n'est pas affranchi d'une histoire et d'un contexte. C'est d'une part par une interrogation permanente sur nous-mêmes comme lecteurs, et sur l'environnement qui façonne nos questions et les réponses, et d'autre part grâce à une étude attentive du texte et de son engagement avec son contexte – à la fois alors et maintenant – que nous pouvons apprécier sa signification. Aucun de nous qui abordons le Coran n'est neutre par rapport à la question des sexes, des classes, aucun n'est une figure désintéressée et déshumanisée qui « cherche simplement à comprendre ». Le besoin de comprendre est suscité, au moins en partie, par ce que nous sommes et par ce que sont nos intérêts pour conserver nos positions de sexe, de race, de classe, de clan ou d'ethnie. Il est aussi téméraire d'aborder le texte sans référence à l'histoire que de prétendre que nous sommes des êtres hors de toute histoire. Nous finirons alors comme les talibans qui se sont trompés eux-mêmes sur le terme « chercheurs » quand ils ont acquis la conviction inébranlable qu'ils avaient complètement compris la volonté de Dieu, dans tous ses détails et pour toute l'humanité.

Parmi les musulmans, nous avons vu comment, d'une part, Oussama ben Laden avait tiré verset coranique après verset, comme des balles de colère, « sur les infidèles qui occupent la Terre sainte et sur leurs alliés musulmans » et, d'autre part, les *'ulamâ* protégés par l'Etat (savants religieux) ont tiré autant de versets sur Oussama et ses partisans, les accusant d'être les pires destructeurs de la foi. Nous avons constaté, une fois de plus, que le Coran est une Ecriture controversée.

D'autres, comme moi, ont cherché et trouvé dans le Coran ce qui nous inspire un engagement profond pour la vie et pour la création d'une société paisible, fondée sur la justice et sur la compassion. Nous ne sommes pas aveugles sur ce qu'ont trouvé beaucoup de nos coreligionnaires ; nous sommes seulement un peu plus patients sur de nombreuses questions et quelque peu convaincus par une image d'ensemble du Coran, faite d'acceptation, de patience, de résistance et de libération. Quant à la certitude absolue, le Coran a une expression intéressante à ce sujet :

> Adore ton Seigneur, jusqu'à ce que t'arrive la certitude (15 : 99).

De nombreux savants ont interprété le mot *yaqîn* comme signifiant ici « mort ». Je crois également que la certitude absolue, pour l'être humain, ne vient qu'avec la mort. La certitude ultime, elle, appartient à Dieu.

A la façon des textes religieux écrits par des musulmans, je dirai en conclusion : « *Allah ya'lam* », « Dieu sait mieux ». Non pas le mieux, mais mieux, éternellement mieux que quoi que ce soit et que quiconque.

Notes

Introduction

1. De façon générale, ma présentation de ces positions doit être considérée comme descriptive plutôt qu'évaluative. Je ne suis donc pas en train de suggérer que le premier niveau est « le plus élevé » ou « le plus bas ».

2. La version française utilisée pour les citations coraniques est celle de Jacques Berque, *Le Coran, essai de traduction de l'arabe annoté et suivi d'une étude exégétique*, Paris, Albin Michel, 1995.

3. Tout panorama littéraire ou toute sélection bibliographique sur un sujet aussi vaste que le Coran est inévitablement arbitraire. En général, j'ai limité mes références, dans cette section, aux sources que j'ai fréquemment consultées. Mon panel se limite à l'anglais et l'arabe, avec quelques œuvres en ourdou et en allemand.

4. Mawdûdi, originaire d'Inde, est un des érudits et militants les plus influents du vingtième siècle, dont les œuvres ont inspiré deux générations de militants islamiques. Son œuvre exégétique en six volumes est en ourdou, et s'intitule *Tafhîm al-Qur'ân* (*Comprendre le Coran*), Lahore, 1949-1972.

5. Islahi est un savant indien qui a composé *Tadabbur al-Qur'ân* (*Réflexions sur le Coran*), une œuvre d'exégèse écrite en ourdou et fondée sur les idées de Hâmid al-Dîn al-Fârâhi (mort en 1930), qui insistait fortement sur la cohésion et l'harmonie de la structure du Coran. Diverses parties du *Tadabbur al-Qur'ân* furent publiées à Lahore par trois

éditeurs différents entre 1967 et 1980. Il est actuellement en cours de réimpression, en neuf volumes (Lahore).

6. Muhammad Husayn Tabâtabâ'i, un des grands théologiens chiites contemporains, est l'auteur d'une œuvre en vingt volumes, *Al-mîzân fî tafsîr al-Qur'ân,* Beyrouth, 1995, qui est un exposé philosophique, mystique, linguistique et théologique exhaustif du Coran.

7. Muhammad Asad, savant polonais, a traduit le Coran en 1980 (Gibraltar, Dar al-Andalus). Intitulée *The Message of the Qur'an* (*Le Message du Coran*), et dédiée aux « gens qui réfléchissent », sa traduction, qui comporte des commentaires approfondis, est largement utilisée par les musulmans anglophones modernistes et progressistes.

8. Parmi les quelques femmes spécialistes du Coran, on trouve l'Egyptienne 'Â'isha 'Abd al-Rahmân qui s'est distinguée par ses études littéraires et exégétiques du Coran, en particulier *Al-tafsîr al-bayân li al-Qur'ân al-karîm*, en deux volumes, Le Caire, Dar al-Ma'arif, 1962-1969, et *Al-Qur'ân wa al-tafsîr al-'asri,* Le Caire, Dar al-Ma'arif, 1970. Autre spécialiste égyptienne du Coran, Zaynab al-Ghazâli al-Hubayli, qui a écrit *Nazârat fî Kitâb Allâh* (*Aperçus sur le Livre de Dieu*), Le Caire, Dar al-Shuruq, 1994.

9. Al-Dhahabî, professeur de sciences coraniques à l'université al-Azhar du Caire, a rédigé un compte rendu exhaustif en quatre volumes du développement de l'exégèse (*tafsîr*) et des commentateurs depuis les premiers temps jusqu'à ce jour. Son *Tafsîr wa al-mufassirûn* (*Exégèse et exégètes*) fut terminé en 1976 et a connu depuis quatre éditions successives (Le Caire, Maktabah al-Wahbah, 1989).

10. Le *Manahil al-'irfân fî al-'ulum al-Qur'ân* (*Sources de connaissance dans les sciences du Coran*) de Muhammad 'Abd al-'Azîm al-Zarqani (Le Caire, Maktabah al-Wahbah, 1996) adopte la forme traditionnelle de la plupart des œuvres de science coranique.

11. Le *Al-bayân fî tafsîr al-Qur'ân* (*L'élucidation de l'exégèse du Coran*) de Abû al-Qasim al-Khu'i est une contribution brillante au domaine de la polémique entre chiites et sunnites autour du Coran et de ses origines comme canon. J'ai utilisé la traduction d'une partie de cette œuvre en anglais par Abdulaziz Sachedina, parue sous le titre *The Prolegomena to the Qur'an* (*Les prolégomènes du Coran*), Oxford, 1998.

12. Rudiger Lohker a publié une large analyse d'un grand nombre d'articles en anglais et en allemand sur le Coran. On la trouve sur Internet à http ://www.sub.uni-goettingen.de/ebene1/orient/koran1.htm

13. Rahman, qui était un chercheur pakistanais, reste le doyen de l'érudition musulmane moderniste contemporaine. Ses conceptions sur le Coran sont présentées dans de nombreux articles et livres. Son *Major*

Themes of the Qur'an (Thèmes majeurs du Coran), Minneapolis, 1989 est une contribution importante à l'exégèse coranique thématique.

14. Arkoun est un érudit algérien formé à la Sorbonne, qui a accompli un travail de pionnier sur le Coran, la révélation et la sémiotique. Il a cependant pris ses distances par rapport à l'orientation plus réformiste d'autres savants que j'ai placés dans cette catégorie (Arkoun, 1987b, p. 2).

15. Abû Zayd a été condamné comme apostat par les savants musulmans conservateurs de sa ville natale du Caire, en raison de ses idées sur le Coran exprimées dans *Mafhûm al-Nass – Dirâsa fi 'ulûm al-Qur'ân (Interpréter le texte – Etudes en sciences coraniques),* Le Caire, 1993. Il est actuellement (2002) installé aux Pays-Bas.

16. Cf. Fuat Sezgin, *Geschichte des Arabischen Schriftums (Histoire des Ecritures arabes),* en six volumes, Leyde, 1967. L'œuvre de Sezgin est une compilation de manuscrits, datant essentiellement des quatre premiers siècles de l'islam, qui est utilisée pour valider la transmission des hadiths (les traditions de Muhammad).

17. Les points de vue de Smith sur le Coran comme texte sacré sont réunis dans une série d'articles intitulée « The True Meaning of Scripture : An Empirical Historian's non-Reductionist Interpretation of the Qur'an » (« La véritable signification de l'Ecriture : une interprétation empirique et non réductionniste du Coran par l'historien »), dans *The International Journal of Middle Eastern Studies*, 1980.

18. Les opinions de Graham sur le Coran doivent être prises en compte dans le contexte de sa notion d'« érudition humaine », qui reconnaît que réduire la foi à des déterminants purement psychiques, sociaux ou génétiques, et a fortiori la considérer comme excentrique, c'est porter un jugement sur des choses que l'historien n'a en fin de compte aucune capacité à pénétrer avec tant soit peu d'assurance » (1983, p. 25). Ses positions sont abordées, entre autres, dans un livre intitulé *Divine Word and Prophetic Word in Early Islam (Parole divine et parole prophétique dans l'islam des origines),* La Haye et Paris, 1977, et dans différents articles, le plus pertinent pour ce qui nous intéresse ici étant « The Earliest Meaning of "Qur'an" » (« La signification la plus ancienne du "Coran" ») publié dans *Die Welt des Islams*, p. 23-24 et p. 361-377 (1984). Voir également la critique par Wilfred Cantwell Smith des modèles analytiques de pensée « [qui se] détournent par nature de la globalité, de la créativité et de la vision synthétisante propres à l'homme » (1980, p. 497).

19. Cf. Montgomery Watt, « Early Discussions About the Qur'an » (« Discussions anciennes sur le Coran »), dans *Muslim World*, XL, 50 :

27 (1950) ; *Companion to the Qur'an (Compagnon du Coran)*, Oxford, 1994 ; et *Islamic Revelation in the Modern World (La révélation islamique dans le monde moderne)*, Edimbourg, 1969.

20. Kenneth Cragg a écrit un grand nombre de livres sur le Coran, et sur les réactions à son égard, ainsi que de nombreux articles. Ses œuvres les plus importantes sont *The Event of the Qur'an – Islam and its Scripture (L'avènement du Coran – L'islam et son Ecriture sacrée)*, Oxford, 1994 ; *Readings in the Qur'an (Lectures du Coran)*, Londres, 1988 ; et *The Pen and Faith – Eight Modern Muslim Writers and the Qur'an (La plume et la foi – Huit écrivains musulmans modernes et le Coran)*, Londres, 1985. Pour une vue d'ensemble des perspectives chrétiennes contemporaines sur le Coran comme Ecriture sainte, voir Ford, 1993.

21. Le *Qur'anic Studies : Sources and Methods of Scriptural Interpretation (Etudes coraniques : sources et méthodes de l'interprétation scripturaire)* de Wansbrough est toujours l'œuvre maîtresse sur le Coran pour tous les chercheurs révisionnistes ultérieurs, même si tous ou presque parviennent à des conclusions différentes, voire contraires, ce qui est probablement dû à l'importance qu'ils accordent à la méthode. Wansbrough soutient que tout le texte sacré islamique a été produit dans le cadre d'une controverse sectaire, sur une période de deux siècles, et ensuite fictivement projeté en arrière vers un point d'origine arabe.

22. Bien que je sois peu familier du syriaque et de l'araméen, et que je ne puisse donc pas faire de commentaire autorisé de l'œuvre de Luxenborg, il ne me semble pas qu'elle doive acquérir la même importance, pour la recherche révisionniste, que le *Qur'anic Studies* de Wansbrough ou le *Hagarism* de Crone et Cook.

23. Crone et Cook combinent, dans leur investigation de l'histoire primitive de l'islam, des récits musulmans anciens aussi bien que des sources grecques et syriaques. Ils concluent que toute l'histoire islamique, jusqu'à la période de 'Abd al-Malik ibn Marwân (mort en 86/705), est une fabrication et, en réalité, le produit des luttes identitaires parmi des peuples unis par leur seul statut commun de communautés conquérantes. Dans une note de bas de page de *Hagarism*, Crone et Cook reconnaissent leur admiration mutuelle et leur collaboration de chercheurs avec Wansbrough (1977, p. viii). C'est un point important, étant donné l'argument avancé par ceux qui privilégient l'approche littéraire du Coran. Fazlur Rahman les critique en disant que, « ayant désancré le Coran de ses mouillages historiques dans la vie du Prophète, l'unique tâche de Wansbrough et de Rippin consiste à l'ancrer à nouveau historiquement, mais ailleurs » (2001, p. 200). Je pense cependant que c'est

une erreur de suggérer que Wansbrough et les autres soutiennent que la seule approche utile du Coran est celle de la critique littéraire.

24. Les musulmans considèrent souvent l'essentiel de l'érudition coranique non musulmane comme faisant partie d'une attaque contre l'islam, et le fait de faire remonter les origines de l'érudition critique sur le Coran à Pierre le Vénérable (mort en 1156) en témoigne. La critique coranique contemporaine, quelles que soient les polémiques hostiles à l'islam qu'elle puisse nourrir, est pourtant essentiellement une combinaison de la critique postérieure aux Lumières de toute pensée religieuse d'une part et du projet colonialiste d'autre part, plutôt qu'une entreprise « anti-islam » ou « anti-Coran ». Selon les mots de David Tracy, « nous sommes au cœur d'une poussée déconstructiviste destinée à mettre en évidence l'instabilité radicale de tout texte et l'intertextualité inévitable de tout texte apparemment autonome » (1987, p. 12).

25. J'utilise le terme « prophétique » au long de cet ouvrage strictement dans le sens musulman à propos d'une personne désignée par Dieu pour transmettre Ses messages au monde. En outre, sauf si le contexte montre clairement qu'il en est autrement, je l'utilise pour faire référence à Muhammad, que les musulmans reconnaissent comme le dernier d'une nombreuse lignée de prophètes.

26. Farid Esack donne ici des indications propres à la traduction vers l'anglais du texte coranique qu'il a adoptée pour la version originale de son ouvrage. (*N.d.T.*)

1. *Le Coran dans la vie des musulmans*

1. Un hadith, que je traduis par « tradition », fait référence à un dit ou à une tradition du Prophète rapportés par l'un des membres de sa famille ou par un Compagnon. Il contient le nom des narrateurs – qu'on appelle habituellement la chaîne des narrateurs – et l'affirmation attribuée au Prophète ou le récit d'un événement auquel il a pris part. Les hadiths se trouvent dans divers recueils qui diffèrent selon leur degré d'acceptabilité par les musulmans. Les musulmans sunnites admettent six recueils, ceux de Muhammad ibn Ismâ'îl al-Bukhâri (mort en 256/870) et de Abû al-Husayn Muslim ibn al-Hajjâj (mort en 261/875) faisant particulièrement autorité. Les chiites s'en remettent aux *akhbâr* (récits) plutôt qu'aux hadiths et tiennent cinq recueils en estime particulière, les plus éminents étant ceux de Muhammad ibn Ya'qûb al-Kulini (mort en 328/939) et de Muhammad ibn 'Alî ibn Babuya al-Qummi

(mort en 381/991). Les hadiths comme source faisant autorité, et comme forme de « révélation transmise », sont analysés au chapitre 5.

2. Cragg explique que « le cœur de la révélation chrétienne est la "venue" de Jésus comme Christ, reconnu comme le dévoilement sous forme humaine de la nature même de Dieu. Il en résulte que le Nouveau Testament dérive de la révélation antérieure et première de la parole vivante "faite chair et demeurant parmi nous". Les Evangiles sont ainsi considérés comme un moyen sûr d'accéder au Christ et rendus appropriés pour ce rôle par l'Esprit Saint » (1988, p. 17). Les musulmans pourraient tenir un raisonnement du même type sur le rôle de Muhammad dans l'accès au Coran. Bien qu'il n'y ait pas d'équivalent direct avec l'Esprit Saint dont parle Cragg, le rôle interprétatif de Muhammad est cependant considéré comme divinement inspiré.

3. Pour un récit fascinant et étonnamment accessible de ce débat et de la tragédie politique qui l'a accompagné, voir, de Richard Rubenstein, *When Jesus Became God – The Struggle to Define Christianity during the Last Days of Rome (Quand Jésus devint Dieu – La lutte pour définir le christianisme durant les derniers jours de Rome)*, New York, 2000.

4. Voir par exemple *Defenders of Reason in Islam – Mu'tazilism from Medieval School to Modern Symbol (Les défenseurs de la raison en islam – Le mu'tazilisme de l'école médiévale jusqu'au symbole moderne)*, de Richard C. Martin *et al.*, Oxford, 1997. Les auteurs font le lien entre les débats dans l'islam primitif autour de questions telles que la création du Coran, qui semblaient être réglées, et certains aspects des approches contemporaines modernistes et postmodernistes de l'islam.

5. L'idée de l'intercession auprès de Dieu au Jour du jugement, face aux horreurs de ce jour-là, est une idée fréquemment mentionnée dans le Coran, lequel décrit souvent Dieu lui-même comme l'unique intercesseur (6 : 70 ; 6 : 51 ; 32 : 4) et déclare que toute autre intercession ne peut intervenir qu'avec Sa permission (2 : 255 ; 10 : 3).

6. « Au nom de Dieu, navigation et mouillage ! Mon Seigneur est Tout pardon, Miséricordieux » (11 : 41).

7. « Dieu, il n'est de dieu que Lui, le Vivant, l'Agent suprême. Somnolence ne Le prend, non plus que sommeil. A Lui appartient ce qu'il y a dans les cieux et sur la terre. Qui oserait intercéder auprès de Lui, si ce n'est sur Sa permission, Lui qui sait l'imminent et le futur des hommes, alors qu'eux n'embrassent même pas une parcelle de Sa connaissance, excepté ce qu'Il veut ? Son siège s'étend aux cieux et à la terre, dont la sauvegarde ne Lui coûte aucun labeur. Il est le Sublime, le Grandiose » (2 : 255).

8. Les djinns sont cités un certain nombre de fois dans le Coran et

semblent n'avoir que peu, sinon rien, à voir avec le génie familier du folklore. Muhammad Asad suggère qu'ils sont des « forces spirituelles [cachées], au-delà de la perception parce qu'ils n'ont pas d'existence corporelle » (Asad, 1980, p. 1995). Les djinns « ne sont pas invisibles par eux-mêmes mais sont plutôt des êtres qu'on n'a pas vus jusqu'ici [...] ». Les références aux djinns sont parfois destinées à rappeler certaines légendes profondément enfouies dans la conscience des gens auxquels le Coran s'est adressé en premier, « le but étant [...] non la légende elle-même mais l'illustration d'une vérité morale » (*ibid.*).

9. Un Compagnon (*sahâbî*) est un disciple de Muhammad qui a embrassé l'islam du vivant de Muhammad et qui a physiquement rencontré Muhammad. En tant que groupe, on les appelle les *sahâba* et ils jouissent d'une position prééminente dans la tradition islamique. Les chiites accordent une primauté à la famille du Prophète sur tous les *sahâba*.

10. Graham nous rappelle que « les "livres" étaient jusqu'à une date récente fondamentalement des textes destinés à être lus à haute voix ou appris par cœur et récités [et que]... c'était *a fortiori* vrai des livres sacrés... L'explosion de la culture livresque rattache intimement la notion de texte à la parole imprimée plutôt qu'à la parole parlée » (1984, p. 367).

11. La première forme, sans capitale initiale, est destinée à souligner sa nature rebelle et à mettre en évidence la fluidité de sa signification à ce stade. Les révélations ne peuvent être appelées « le Coran » – c'est-à-dire un nom propre désignant une chose – que durant ou après le processus de canonisation.

12. Alors que certains linguistes en faisant des comparaisons avec d'autres sociétés, par exemple slave, latine et africaine, peuvent évoquer l'impact similaire des textes classiques, au sens large, et leur puissance d'évocation formidable sur leurs auditoires, la plupart des musulmans diraient que cet effet, plutôt que d'être enraciné dans la nature orale de leurs sociétés – ou ce qui en reste –, est dû au Coran lui-même.

13. Le traditionalisme peut être défini comme « la volonté de pétrifier la société conformément à la mémoire d'une société passée, où la religion et la coutume sont fusionnées, et où l'historicité de la société est oblitérée en faveur d'une société intemporelle imaginaire, agressée par une modernité pernicieuse » (Oliver, 1985, p. 122).

14. Je définis le modernisme comme la volonté consécutive aux Lumières de repenser la tradition, et la littérature traditionnelle, à la lumière des données scientifiques contemporaines et des découvertes de la sociologie, et de les associer, sans qu'il y ait nécessairement volonté de le faire pour satisfaire des objectifs sociaux ou politiques.

15. Ce terme est, depuis le milieu des années 80, en vogue parmi un certain nombre d'islamistes en Afrique du Sud et ailleurs (cf. Irfani, 1983). Il a par conséquent été défini comme « la compréhension de l'islam et de ses sources, produite et façonnée par un engagement à transformer une société injuste, où les gens sont de simples objets d'exploitation par les dirigeants, les institutions socioéconomiques et les relations iniques ». Voir www.freespeech.org/pmn/

16. Dérivé du mot *shi'a* qui signifie littéralement « disciples », « parti », « groupe » ou « partisan », le mot apparaît plusieurs fois dans le Coran : 19 : 69 ; 28 : 15 et 37 : 83. Il concerne les musulmans dont la source d'inspiration essentielle, après Muhammad, est sa famille. Ils considèrent son cousin 'Alî comme son héritier légitime. Les chiites duodécimains pensent que, après Muhammad, l'autorité religieuse s'est transmise à travers douze imams guidés et purs, commençant avec 'Alî et finissant avec Muhammad ibn al-'Askari, qui disparut en 872. Selon les chiites, il est dans une « occultation », et il est le Messie qui apparaîtra avant la résurrection. Ces imams infaillibles sont considérés par les chiites comme disposant du droit de gouverner et de l'autorité ultime dans toutes les questions de jurisprudence et d'exégèse.

17. Dans la mesure où le programme scolaire qu'ils suivent dans les *madrasa* est envahi par le *fiqh* (jurisprudence), une appellation plus correcte serait *fuqahâ* (juristes).

18. Le mois de *ramadân* est le neuvième mois du calendrier musulman, et le seul cité dans le Coran. C'est le mois au cours duquel la croyance situe la révélation du Coran. Il est le mois du jeûne, durant lequel l'activité religieuse va généralement croissant. Voir le chapitre 7.

19. Rahman contextualise et décrit l'enseignement de la *madrasa* comme suit : « Avec le déclin de la créativité intellectuelle et la montée d'un conservatisme de plus en plus profond, le programme de formation [...] a sombré, et les disciplines intellectuelles et scientifiques ont été exclues, laissant le champ libre aux disciplines purement religieuses au sens le plus étroit du terme. Un enseignement largement mécanique a pris la place de la pensée originale. Avec le treizième siècle commence l'âge des commentaires, et nombreux sont les auteurs qui ont écrit un texte très lapidaire dans un certain domaine, afin qu'il soit mémorisé par les étudiants, et qui ensuite, pour expliquer le texte énigmatique, ont rédigé eux-mêmes à la fois un commentaire et un commentaire du commentaire ! » (1980, p. 239-240).

20. Ce déplacement de la connaissance du sous-continent indo-pakistanais et du monde arabe vers le reste du monde de l'islam a énormément

contribué au développement d'un islam plus formel, scripturaire, légaliste et « orthodoxe ».

21. Voir le *Mantle of the Prophet* de Roy Mottabedeh, Oxford, 2001, pour une présentation brillante de l'érudition traditionnelle et de ses tensions avec le vaste monde sociopolitique. Bien que son ouvrage se situe en Iran, il réflète par maints côtés l'érudition islamique traditionnelle dans son entier.

22. Farid Esack fait ici allusion aux caractéristiques de la médecine allopathique, fondée sur l'utilisation de médicaments (elle est donc sans effets si l'on n'utilise pas ces médicaments). La médecine traditionnelle, parce qu'elle est holistique, fait appel à des approches plus « immatérielles » (y compris la récitation ou le port de versets du Coran sur soi). La prise de médicaments compte moins, dans ces conditions, que l'état psychologique ou spirituel du malade. (*N.d.T.*)

23. Leur paradigme « action – réflexion sur l'action – action » contient une ressemblance étroite avec celui de la théologie chrétienne, ressemblance qu'ils ont ouvertement reconnue (Esack, 1997).

2. *Le Coran entre dans le monde*

1. Le Coran fait parfois allusion à la Torah et aux Evangiles comme étant les Ecritures révélées respectivement à Moïse et à Jésus, et à d'autres moments aux Ecritures que ces communautés ont aujourd'hui à leur disposition. Les musulmans contemporains utilisent habituellement ces mots pour faire référence à la totalité du Nouveau Testament et à la Torah.

2. La « table gardée » est aussi considérée comme la gardienne de la destinée, sur laquelle le « calame » écrit. En ce sens, le Coran fut envoyé à la table comme un événement qui devait se produire dans le futur. Ces deux conceptions de la table, comme contenant à la fois les lois de Dieu et la connaissance de la destinée, se rencontrent aussi dans la Torah, où le Livre des Jubilés 3 : 10 [texte hébraïque apocryphe d'inspiration essénienne, *N.d.T.*] parle des lois relatives à la « purification des femmes après la naissance de l'enfant qui sont écrites sur les tables au ciel ». Jubilés 5 : 13 parle du jugement sur tout ce qui existe sur terre, qui est inscrit sur les tables au ciel.

3. Le chiffre sept est assez abondamment présent dans la cosmogonie islamique, et exprime l'idée de « plusieurs » ou « un certain nombre ».

L'image des sept cieux apparaît souvent dans le Coran et ne doit pas être prise au pied de la lettre.

4. Watt et Bell, se fondant sur le fait que Gabriel n'est mentionné que deux fois dans le Coran, les deux fois à propos de révélations survenues à Médine, suggèrent que sa participation à l'appel originel « semble être une interprétation tardive d'une chose que Muhammad avait au début comprise autrement » (1970, p. 19).

5. C'est la conception la plus largement admise, fondée sur un hadith transmis par 'Â'isha bint Abî Bakr (morte en 58/678) qu'on trouve chez Bukhâri et Muslim. Suyûtî cite d'autres points de vue, parmi lesquels le début de la sourate *al-Muddaththir* (chapitre 74, *Il s'est couvert d'une cape*) et la sourate *al-Fâtiha* (chapitre 1, *Ouverture*) sont cités comme première révélation (1973, 1 : 24).

6. Le pèlerinage était une vieille coutume sémitique, comme le démontre Exode 34 : 23 : « Trois fois l'an, toute la population mâle se présentera devant le Seigneur. » L'Arabie préislamique connaissait différents lieux de pèlerinage en Arabie même, où des fêtes étaient également célébrées. Les trois mois indiqués pour le pèlerinage étaient *dhû l-qâ'da*, *dhû l-hijja* et *muharram*, au cours desquels les querelles tribales étaient hors la loi et toutes les armes laissées en dehors du sanctuaire du pèlerinage.

7. Le Coran utilise le mot *hanîf* (pluriel *hunafâ*) pour le patriarche Abraham (3 : 67 et 2 : 135) et oppose le *hanif* à la fois au monothéisme corrompu et au polythéisme. Plus tard, à Médine, le mot finit par être utilisé comme synonyme de « musulman ».

8. Voir en particulier C.C. Torrey, *The Jewish Foundation of Islam (Le fondement juif de l'islam)*, 1967 et Abraham Geiger, *What did Muhammad Borrow from Judaism ? (Qu'est-ce que Muhammad a emprunté au judaïsme ?)*, 1989.

9. Watt affirme que, bien qu'il ne mentionne pas ces questions [la tendance à un monothéisme flou], et qu'il marque ostensiblement un départ complètement nouveau, l'islam naissant a en réalité agi comme un aimant, attirant ces valeurs et ces tendances nébuleuses (1953, p. 96).

10. Dans un article intitulé « Abraha and Muhammad » (1987), Lawrence Conrad réexamine la preuve d'une date plausible pour l'invasion du Hijaz par Abrahâ, qui venait du Yémen, appelée l'« année de l'éléphant », et dont on pense qu'elle fut l'année de naissance de Muhammad, 570. Conrad conclut que la date la plus vraisemblable est en réalité 552.

11. Les narrations de Ibn Hishâm contiennent un récit poignant de Muhammad comme être marginalisé dès ses premiers jours. Halîma

raconte comment elle faisait partie d'un grand groupe de femmes bédouines à la recherche d'enfants à nourrir, comme source de revenus. Apprenant que Muhammad était orphelin de père, aucune des femmes ne voulait le prendre : « Nous pensions aux cadeaux que nous recevrions du père de l'enfant. Nous nous disions : "Un orphelin ! Que vont pouvoir faire sa mère et son grand-père ?" Et nous n'en voulions pas. Chaque femme de notre groupe trouva un bébé, sauf moi. Aussi, au moment de partir, ai-je dit à mon mari que j'allais, par Dieu, retourner vers cet orphelin et le prendre : "Par Dieu, je n'aimerais pas rentrer à la maison avec les autres femmes, mais sans bébé" » (1985, 1 : 215-16).

12. Alors que cet épisode, réel ou supposé, est passé dans l'histoire musulmane comme un indice important de la véracité de Muhammad, d'autres ont suggéré que c'est là que Muhammad a d'abord acquis sa connaissance du christianisme, qui s'est plus tard exprimée dans le Coran. Alfonso Mingana a aussi suggéré que « Bahîra » est en fait une appellation impropre pour « Bhira », nom donné à tout moine par les Araméens. Selon Mingana, il s'agissait de Sergius, un moine nestorien excommunié et exilé en Arabie pour expier ses péchés (1919, p. 407).

13. Watt suggère que l'âge de Khadîja était exagéré, étant donné qu'elle a par la suite porté sept enfants de Muhammad et que ce fait n'a jamais été rappelé dans aucun écrit ancien alors que, si elle avait effectivement eu quarante ans, « cela aurait été suffisamment inhabituel pour mériter un commentaire » (Watt, 1953, p. 38).

14. L'épisode de la grotte de Hîra' ne fut pas en réalité la première expérience de révélation pour Muhammad. Selon 'Â'isha, le premier type de révélation se produisit sous la forme de rêves sacrés (*al-ru'ya al-saliha*) qui venaient « comme la pointe du jour » (Bukhâri, 1981, p. 5).

15. La chronologie du texte coranique fut une préoccupation pour beaucoup des premiers orientalistes de la recherche coranique, et elle sera analysée dans le chapitre 4.

16. Watt suggère que la première version (« Que dois-je lire ? ») a conduit à l'autre version afin de conforter le dogme selon lequel Muhammad ne savait pas écrire, ce qui constitue un élément de preuve important de la nature miraculeuse du Coran (1953, p. 46).

17. Se fondant sur un hadith du recueil de Muslim, certains savants incluent dans cette première révélation les deux versets suivants du même chapitre : « Lui qui enseigna par le calame (4) enseigna à l'homme ce qu'il ne savait pas (5). »

18. C'est le titre d'un fameux roman de Salman Rushdie (Londres, 1988), où il s'empare de cet incident pour mettre en évidence les frontières poreuses, voire leur absence, entre vérité et mensonge, entre lumière

et ténèbres. La publication du roman a provoqué des manifestations dans le monde entier, et feu l'ayatollah Khomeyni, alors leader spirituel de l'Iran, a prononcé une *fatwâ* (avis légal) en 1989 le dénonçant comme hérétique, ce qui légitimait une condamnation à mort.

19. Allât était une déesse adorée à Ta'if, al-'Uzza l'était à Nakhla, près de La Mecque, et Manât à un tombeau situé entre La Mecque et Médine.

20. Les Quraysh étaient une tribu vivant à La Mecque. Ces descendants de Fihr – Muhammad appartenait à la dixième génération – venaient des Arabes du Nord. Un des chefs de la sixième génération, Kusay, avait pris le contrôle du sanctuaire de La Mecque et établi l'hégémonie des Quraysh sur La Mecque.

21. Selon une réaction typique très répandue dans la recherche critique non musulmane, chaque fois qu'un texte apparaît comme préjudiciable à la foi musulmane, il est jugé authentique. C'est également le cas de ce texte de Tabari, en dépit de sa nature très sujette à caution (Rodinson, 1980, p. 152).

22. Le défi lancé par les détracteurs de Muhammad semble se fonder sur la croyance que les révélations précédentes s'étaient produites en une seule fois. Wansbrough soutient que ce verset se rattache à « un souci musulman prédominant de faire la distinction entre [la révélation coranique] et la façon dont la Torah a été révélée » (1977, p. 36).

23. Watt pense que la persécution se limitait à des mesures économiques et à des insultes verbales, et à quelques autres insultes mineures qui ne concernaient que la personne et non son clan (1953, p. 123-135). Il suggère aussi que la rivalité naissante parmi les premiers musulmans et la déception possible causée par la « direction politique » que prenait la mission de Muhammad étaient en partie responsables de l'immigration des musulmans vers l'Ethiopie. L'essentiel de son raisonnement est assez conjecturel sur ce point : il cite par exemple le cas d'un éminent Compagnon médinois qui ne revint d'Ethiopie que six ans après que Muhammad se fut établi en exil, suggérant par là que la persécution pourrait ne pas avoir été la raison principale qui l'avait poussé vers l'Ethiopie. On peut faire un parallèle avec ceux qui soutiennent que les Sud-Africains qui furent contraints à l'exil par l'apartheid, et qui décidèrent de ne pas rentrer chez eux après sa disparition, étaient partis pour des raisons autres que la persécution politique.

24. Il est important que Muhammad ait été un des tout derniers à fuir, après que pratiquement tous ses partisans se furent mis en sécurité. Cet événement dénote aussi la rupture des liens de parenté avec les Mecquois qui l'avaient persécuté.

25. Les *mushrikûn* (littéralement « associateurs ») sont les Mecquois qui vénéraient des objets matériels comme des sculptures, ou des corps célestes, les considérant comme des entités sacrées d'un point de vue religieux, dignes d'être obéies.

26. Ce verset est typique du style coranique cryptique. La référence à « avec un seul Compagnon » évoque Abû Bakr, qui fut souvent par la suite affectueusement mentionné par l'expression « deuxième de deux ».

27. Le calendrier hégirien établi par le deuxième calife, 'Umar ibn al-Khattâb (mort en 23/644), remonte au premier jour de l'année lunaire au cours de laquelle cet événement se produisit, dont on s'accorde à penser qu'il eut lieu le 16 juillet 622. Les dates islamiques sont donc notées A.H., c'est-à-dire après l'hégire, ou *anno hijra*.

28. Quand j'utilise le mot *islâm*, je fais référence à son sens littéral, qui est la soumission personnelle à la volonté de Dieu, sens le plus courant dans le Coran. Un processus progressif de chosification a conduit à l'érosion de la compréhension plus pluraliste du terme, jusqu'à ce qu'il en vienne à être utilisé pour signifier un système religieux rigide et formel appelé « islam ».

29. Bien que des tensions entre les juifs et les musulmans existaient depuis quelque temps avant la bataille de Badr (624), c'est immédiatement après cette bataille que Muhammad agit pour la première fois contre les juifs, quand la tribu des Bani Qaynuqa fut expulsée, accusée d'avoir ourdi son assassinat. Deux autres tribus, les Banu al-Nadir et les Banu Qurayza, furent expulsées à la suite de leur collaboration avec l'ennemi, respectivement aux batailles de Uhud (625) et de la Tranchée (627). Le dernier bastion juif, Khaybar, tomba aux mains des musulmans en 628, après un long siège dû au fait que ses habitants étaient censés avoir incité les Mecquois à reprendre les hostilités contre les Médinois. Pour deux points de vue très différents sur le sort des Banu Qurayza après la bataille de la Tranchée, voir al-'Umari (1991, 1 : 134-138) et Ahmad (1979, p. 67-94).

30. J'ai contesté cette orientation dans mon livre *Qur'an, Liberation and Pluralism (Coran, libération et pluralisme)*, Oxford, Oneworld, 1997.

31. Cette théorie est habilement étayée par un long récit de la recherche spirituelle de Salmân al-Fârisi (mort en 658) avant sa rencontre avec le Prophète. On dit que Salmân ressentait du chagrin en pensant à ses amis profondément pieux qui n'avaient pas pu embrasser l'islam, étant morts avant d'avoir entendu parler de la nouvelle foi. On rapporte que le Prophète lui a dit : « Quiconque est mort dans la foi de Jésus et est mort dans l'*islâm* avant d'avoir entendu parler de moi, son destin sera

favorable. Mais quiconque entend parler de moi aujourd'hui et n'adhère pas périra » (Tabari, 1954, 1 : 323).

32. Pour un survol de la position du Coran sur un certain nombre de questions sociales ou éthiques, voir *Qur'anic Foundations and Structure of Muslim Society (Fondements coraniens et structure de la société musulmane)*, de Fazlur Rahman Ansari, Karachi, 1973 et *Major Themes of the Qur'an (Les thèmes majeurs du Coran)*, de Fazlur Rahman, 1989.

33. Pour ceux qui optent pour cette sélection, le premier verset est celui qui correspond le plus manifestement à la révélation finale. On rapporte que le Prophète ne vécut que neuf jours après la révélation de ce verset, et il n'existe aucun témoignage d'une révélation ultérieure (Zarkashi, 1972, 1 : 82).

34. Bien que ces versets soient maintenant dispersés dans le Coran, c'est un des rares exemples dans l'islam des débuts où l'on trouve une référence à un groupe de versets tournant autour du même thème.

3. *Le Coran comme parole écrite*

1. Le Coran parle d'un Aaron, frère de Moïse (2 : 248 ; 7 : 142 ; etc.) et d'un Aaron, frère de Marie (19 : 28). Cf. Asad, 1980, p. 460, n° 22.

2. La *basmala*, qu'on appelle aussi la *tasmiya*, sert aussi à invoquer la présence de Dieu quand on commence un acte licite conscient, du démarrage de la voiture au début de la préparation du repas. On rapporte que le Prophète a dit : « Tout acte important qui ne commence pas par le nom de Dieu est retranché [c'est-à-dire coupé de la grâce de Dieu]. »

3. Dans le texte du Coran lui-même, la *basmala* n'apparaît qu'en 27 : 30 au début d'une lettre du prophète Salomon à la reine de Saba, en forme d'introduction. Il devait apparaître aussi plus tard en tête de toutes les dépêches du Prophète, remplaçant une formule antérieure, « En Ton nom, ô Dieu ! » (*bismika llahumma*).

4. Il est intéressant de noter que la question du nom d'une sourate n'a jamais été d'une importance particulière pour les savants musulmans classiques.

5. Dans la sourate 16 (*Les abeilles, al-Nahl*), l'abeille est mentionnée à la moitié du texte, alors que dans la sourate 26 (*Les poètes, al-Shu'râ'*), les poètes n'apparaissent que vers la fin du texte.

6. Cette division est celle vers laquelle convergent la majorité des savants traditionnels. Il existe cependant des différences à son sujet, et

elles ont été répertoriées dans la plupart des œuvres sur les sciences coraniques. Voir Zakashi, 1972, 1 : 244-245.

7. Certains musulmans sont ainsi prénommés *Yâ-Sîn* (*y-s*), *Tâ-Hâ* (*t-h*) ou *Hâ-Mîm* (*h-m*).

8. Maxime Rodinson suggère qu'elles ont un rapport avec la « tentative confuse » du Prophète « de se hâter d'exprimer de ce qu'il avait entendu, en balbutiant et en bredouillant » (1980, p. 75).

9. Quand le lecteur peu familier de l'islam et peu connaisseur de l'arabe prend la traduction commune du Coran, cette spécificité peut être difficile à repérer. Alors que celui qui apprend le Coran en arabe y voit une œuvre d'une puissance et d'une beauté consommées, la plupart des étrangers peuvent le trouver difficile à saisir, déroutant et, dans la plupart des traductions, astreignant.

10. Ghazi 'Inayat a rassemblé les différentes opinions et leurs arguments sur ce sujet (1996, 4 : 60-71).

11. Le *Tadabbur al-Qur'ân* d'Islahi fut à l'origine publié en huit volumes (voir la bibliographie). Il est actuellement en cours de publication en neuf volumes par la Fondation Faran à Lahore. Muhammad Ali, dans sa traduction anglaise du Coran (Lahore, 1973), essaie de proposer ce qu'il considère comme une sorte de séquence logique de la relation entre les différentes sourates, dans la brève introduction qui précède chacune d'elles. Son introduction plus complète à l'ensemble du Coran tente de présenter un lien thématique à travers le Coran, en commençant par *al-Fâtiha* (*Ouverture*) pour conclure avec *al-Nass* (*Les hommes*, sourate 114). Ses commentaires sont cependant si ouverts qu'on peut aisément changer l'ordre des sourates et constater que ses commentaires, censés montrer la cohérence du contenu et de la signification, perdent de leur pertinence.

12. La plupart des livres sur les études coraniques ont une section traitant de l'existence de mots non arabes dans le Coran. Le plus exhaustif est probablement celui de Suyûtî, dont le *Al-Itqan fî 'ulûm al-Qur'ân* (1973, p. 135-141) contient une longue liste de tels mots, avec leur origine probable. Suyûtî fournit aussi un résumé détaillé du débat sur l'emploi de mots non arabes dans le Coran, dans l'introduction de son *Al-Muhadhdhab fî ma waqa'a fî'l-Qur'ân min al-mu'arrab* (1988). L'érudition critique a consacré une attention considérable à ce sujet. Jusqu'à Luxenborg (2000), l'œuvre la plus importante, bien que non exempte de biais théologique, est celle d'Arthur Jeffrey (1938). Sa bibliographie (pp. XI-XIV) contient une liste complète d'œuvres antérieures utiles.

13. La recherche récente semble indiquer que la plus grande partie des œuvres supposées anciennes de Ibn 'Abbâs, et qui traitent de la présence de mots non arabes dans le Coran, sont peut-être « une fiction

destinée à donner aux textes une crédibilité accrue, en leur attribuant une image ancienne et éminente » (Rippin, 1981, p. 24).

14. L'expérience religieuse musulmane fait beaucoup référence au goût (*dhawa*), marquant ainsi le côté « charnel » de cette expérience, où les cinq sens sont sollicités.

15. La version originelle en anglais propose une traduction d'Arthur Jeffrey qui tente de rendre la prose rimée du texte arabe. (*N.d.T.*)

4. *L'assemblage du Coran*

1. Les rafidites, habituellement décrits comme étant un « groupe d'extrémistes chiites », accusèrent 'Uthmân d'avoir expurgé le Coran de quelques versets (Zarkashi, 1972, 1 : 240). Le terme de rafidites, qui signifie littéralement « répudiateurs », était aussi utilisé de façon abusive par certains théologiens sunnites pour désigner tous les chiites. Aucun des groupes chiites anciens qui ont rejeté l'authenticité du canon de 'Uthmân n'existe encore aujourd'hui.

2. Il est relativement difficile de comprendre ces traditions car elles supposeraient qu'un groupe de cinq ou dix versets constitue le cadre approprié pour traiter d'une injonction particulière ou un groupe d'injonctions. Ceci n'est pas corroboré par l'ordre des versets tel que nous le connaissons actuellement. L'idée de gérer un groupe vaste et en croissance permanente, où chaque individu mémorise – de manière coordonnée – quelques versets, semble assez étrange pour l'époque.

3. Cette question sera débattue au chapitre suivant.

4. Suyûtî rapporte également que le matériau sur lequel la révélation a été écrite était stocké dans la maison du Prophète (1973, 1 : 81).

5. Il faut noter que la sourate où se situe ce verset est également considérée comme entièrement mecquoise, ce qui jette un peu d'ombre sur l'exactitude de tout ce qui est rapporté à son sujet.

6. Burton (1977, p. 118) cite Zayd ibn Thâbit qui aurait dit : « Le Prophète mourut et le Coran n'avait pas été assemblé en un seul endroit. » La référence qu'il fournit est Ibn Hajar, 1939, 9 : 9. Ce que j'ai pu retrouver de plus proche dans Ibn Hajar est Ibn Hajar lui-même disant que le Coran était complètement transcrit du vivant du Prophète, bien que non rassemblé en un lieu unique (*ghayr majmu' fi mawdi'in wahid*), et bien que les sourates ne fussent pas ordonnées (*wa la murattab al-suwar*).

7. De nombreux musulmans invoquent les développements de la

science et de la technologie à l'appui de leurs déclarations. Dans le cas présent, la mémoire phénoménale des microprocesseurs est invoquée pour suggérer que, si tel est ce que l'humanité est capable de créer, à l'évidence le Créateur de l'humanité peut créer quelque chose de beaucoup plus spectaculaire.

8. On dit que l'accord s'est fait sur le mot *mushaf* à l'issue d'un processus de consultation lancé peu après qu'Abû Bakr eut achevé la compilation (Suyûtî, 1973, 1 : 89).

9. La bataille de Yamama fut la conséquence d'une insurrection conduite par un certain Mûsâ ylima, qui revendiquait la prophétie pour lui-même après la disparition de Muhammad, dans une région centrale d'Arabie, bien à l'est de La Mecque et Médine. Ce fut une des nombreuses insurrections qui se produisirent juste après la mort du Prophète, toutes brisées par les musulmans, quoique avec de lourdes pertes.

10. Il existe un certain nombre de traditions louant Abû Bakr pour cette initiative, dont une attribuée à 'Alî : « Qu'Allah ait Abû Bakr en Sa miséricorde, car il est le premier à avoir assemblé le Coran » (Zakarshi, 1972, 1 : 239).

11. Zayd ne fut évidemment pas toujours en mesure de trouver plus d'un témoin, comme l'indique un rapport d'Ibn Shihab. « Un verset de la sourate *al-Ahzâb* fut laissé de côté quand nous avons copié le *mushaf.* J'avais entendu le Prophète de Dieu, que la paix soit sur lui, le lire mais ne le trouvai chez personne d'autre que Khuzayma. C'était le verset "il est parmi les croyants de vrais hommes qui avérèrent les termes de leur pacte avec Dieu", et je l'ai inclus dans la sourate. Ainsi le témoignage de Khuzayma al-Ansari eut-il la valeur de deux témoignages » (Zarkashi, 1972, 1 : 234). « En outre, dit Zarkashi, le témoignage de Khuzayma vint en fait s'ajouter à celui de Zayd » (*ibid.*).

12. La *Shorter Encyclopedia of Islam (Petite encyclopédie de l'islam)* soutient que, selon des listes des martyrs de la bataille de Yamama qui ont été transmises, la plupart étaient de nouveaux convertis et il est peu probable qu'ils aient eu une vaste connaissance du Coran. En outre, la période entre la bataille de Yamama (633) et la mort d'Abû Bakr (634) est « trop courte » pour s'acquitter d'une telle tâche (Gibb & Kramers, 1974, p. 278).

13. Il n'y a aucune trace d'un recueil initial de Zayd ayant été mis en circulation. On peut attribuer à cela des raisons autres que le fait qu'il n'ait pas existé. Qu'il n'ait pas circulé, et qu'il ait abouti chez Hafsa, qui n'était pas un personnage public, témoigne aussi de son manque de statut officiel.

14. Quelques récits suggèrent que sept copies furent produites,

incluant celles soi-disant destinées à La Mecque, à Bahreïn et au Yémen (Zarkashi, 1972, 1 : 240).

15. Ces traditions sont largement alléguées par ceux qui soutiennent les revendications de 'Alî au califat, contre celle d'Abû Bakr, de 'Umar et de 'Uthmân, et la prééminence de la famille du Prophète.

16. La version sunnite de ce même hadith parle du « Livre de Dieu et de la pratique de Son Prophète » (*sunna*). On peut ainsi voir comment la famille du Prophète devient une source de législation pour les musulmans chiites, alors que, pour les sunnites, cette source est la pratique du Prophète.

17. Le bassin fait allusion à une source où les croyants chercheront refuge contre la soif au Jour du jugement.

18. Les chiites avancent que 'Alî et ses partisans restèrent silencieux sur cette question afin de préserver l'unité de la communauté (cf. Tabâtabâ'i, 1996, p. 100).

19. La concordance entre les arguments et les matériaux de base de Burton et d'Al-Khu'i est stupéfiante, et fournirait une matière fascinante pour quelqu'un qui étudierait la façon dont une érudition critique nourrit l'érudition religieuse musulmane, sans que cela soit reconnu.

20. Les kharidjites constituèrent une des sectes anciennes de l'islam, qui joua un rôle important au cours d'insurrections continuelles contre 'Alî et les Omeyyades. Ils apparurent pour la première fois durant le conflit entre 'Alî et Mu'awiya, qui culmina avec la bataille de Siffîn (juillet 657). Ils refusèrent de permettre que la question soit résolue par médiation, insistant au contraire sur l'idée que « le jugement appartient à Dieu seul ».

21. Parmi les plus connues de ces versions, figurent celles attribuées à Zayd ibn Thâbit (Hijaz), 'Abd Allâh ibn Mas'ûd (Kufa), Abû Mûsâ al-'Ash'ari (Bassora), Miqdad ibn Amr (Homs) et Ubayy ibn Ka'b (Damas). La version attribuée à 'Abd Allâh ibn Mas'ûd, par exemple, ne contient pas *al-Fâtiha (Ouverture)*, et certaines versions ignorent les deux derniers chapitres. Lahib as-Sa'id soutient que c'est parfaitement vraisemblable dans la mesure où ces deux sourates étaient tellement connues qu'il n'était pas justifié de les inclure dans un texte à usage personnel (1975, p. 35). Jeffrey a recensé quinze manuscrits majeurs, et un grand nombre de recensions extracanoniques mineures, alors que le '*Ulum al-Qur'ân* de Denffer comporte une liste détaillée des différences entre les différentes recensions archivées par les savants et les commentateurs classiques (1983, p. 46-52).

22. Wansbrough soutient que les « manuscrits de Compagnon » qui contenaient les lectures différentes étaient « fabriqués à partir d'éléments

exégétiques afin de soutenir la recension ʻuthmanienne, cruciale pour la version traditionnelle du processus de canonisation. La majeure partie de ce matériau a pourtant subsisté sous la forme de déviations standard par rapport au canon, rendues acceptables grâce à la doctrine des *ahruf* » (1977, p. 204). Voir aussi p. 208-227.

23. L'idée qu'il y ait sept variantes prit un temps considérable pour s'imposer. Certains prétendirent qu'il y avait dix variantes de lecture, et d'autres quatorze.

24. Al-Khu'i a consacré deux chapitres à examiner systématiquement toutes les traditions sunnites concernant la diversité des lectures et des modes. Il part du principe que « les différences dans la lecture... provoquent la confusion entre ce qui vient du Coran et ce qui n'en est pas, et le rend difficile du point de vue de la forme et de la vocalisation [...] » (1998, p. 111). Grâce à une déconstruction assez polémique de ces traditions, il conclut que l'idée d'une diversité de lectures est infondée dans les « vraies » traditions prophétiques. Aucune de ces lectures, assure-t-il, n'est « parvenue à une seule tradition » et certaines « n'ont été ni reconnues ni confirmées comme dignes de foi » (*ibid.*, p. 105). De même que ses arguments sur le recueil du Coran, les conclusions de al-Khu'i aboutissent à circonvenir un océan d'arguments exceptionnellement difficiles et de prétentions contradictoires concernant les lectures différentes, et à une croyance ferme dans le bien-fondé du *mushaf* que les musulmans ont aujourd'hui en leur possession. Pourtant, la façon dont il canalise toutes les traditions hypothétiques pour se mettre ensuite à attaquer systématiquement leur authenticité place le corpus entier du matériau traditionnel dans une position encore plus instable.

25. Voir aussi comment Wansbrough fait un usage considérable (et non critique) des récits traditionnels de la rencontre entre Jaʻfar ibn Abî Tâlib, un des premiers musulmans à émigrer vers l'Ethiopie, et le Négus, afin de promouvoir l'idée que le Coran consiste en un assemblage d'homélies et d'arguments déjà existants, et de *logia* prophétiques qui devaient trouver plus tard leur voie vers le Coran (1977, p. 38-43).

5. *Le Prophète et le Coran engendré, non pas créé*

1. Ibn Qutayba donne un contexte polémique plus vaste à ces affirmations, disant que les miracles de Moïse étaient l'expression d'un âge de la sorcellerie (*zamân al-sihr*), ceux de Jésus d'un âge de la médecine

(*zamân al-tibb*) et ceux de Muhammad d'un âge de l'éloquence (*zamân al-bayân*) (1954, p. 10).

2. Wansbrough situe ces défis dans un probable contexte judéo-chrétien quand il suggère qu'ils étaient liés au projet de développement d'une *lingua sacra* arabe et à « l'élaboration d'un islam caractérisé par ses origines exclusivement arabes » (1977, p. 81). « L'exégèse des versets de *tahaddi* (défi) présuppose, quand elle vise à souligner le total échec de toute tentative pour relever le défi, l'éloquence spécifiquement arabe de tous ceux qui relèvent le défi (cette *mu'arada*, c'est-à-dire cette absence de logique dans ce raisonnement, n'a jamais été admise). Quand cette tentative échoue, ce qui en effet ne manque pas de se produire, comment nier la revendication d'inimitabilité ? » (*ibid.*)

3. Le mot arabe *kalâm* signifie normalement « discours ». Dans son sens technique, il peut être rendu par théologie spéculative, dogmatique ou scolastique. Le mot est appliqué non seulement à la méthode dialectique mais également aux débats dans lesquels elle était utilisée et au corps de doctrine qui a émergé de ces débats (*Encyclopedia of Islam*, article « Kalam » [Anawatil]).

4. Nyberg soutient que l'enseignement mu'tazilite ne peut, dans son ensemble, être « parfaitement compris » que comme « la cristallisation théorique du programme politique des Abbassides avant leur accession au pouvoir » (cité par Gimaret, 1986) – les Abbassides, deuxième dynastie de l'islam, succédèrent aux Omeyyades en 749, et régnèrent jusqu'en 1258. Cela exagère peut-être la nature politique de la relation entre les enseignements mu'tazilites et le programme politique des Abbassides. Pourtant, même si les idées ne naissent pas toujours avec la conscience de leurs conséquences politiques, elles ne se forment jamais dans un vide idéologique. Etant donné que l'islam a mêlé dès l'origine, et de façon inséparable, religion et politique, il n'est pas surprenant que les querelles politiques parmi les premiers musulmans aient aussi conduit à susciter des problèmes idéologiques. Il était inévitable que les questions politiques s'habillent de vêtements religieux. Vu la coopération explicite ultérieure entre l'idéologie politique abbasside et le discours théologique mu'tazilite, il est parfaitement défendable qu'il y ait eu une parfaite convergence entre eux au moment où ils se sont formés.

5. Que les facteurs externes soient inévitablement vus comme ayant influencé uniquement la genèse et le développement des idées adverses, et jamais les siennes propres, n'y change rien. Cette « influence étrangère » fut le sujet de beaucoup de débats parmi les savants musulmans et se limita à des allusions imprécises qui tentaient de discréditer les idées des adversaires en insinuant que le lieu de gestation de ces idées était

étranger au monde islamique. Très souvent, la personnalité même des adversaires musulmans était l'objet d'attaques qui suggéraient que c'étaient leurs antécédents chrétiens, juifs ou mandéens qui avaient déterminé leur interprétation de la doctrine (Watt, 1950, p. 29).

6. Ainsi appelés d'après le nom de Jahm ibn Safwân, disciple de Jad ibn al-Dihram, qui fut exécuté pour ses opinions « hérétiques » dans les dernières années du règne du calife omeyyade Hishâm (mort en 745). Al-Shahrastâni, l'hérésiographe, dit que al-Jad fut le premier à adopter le concept de Coran créé. Les jahmites, contrairement aux mu'tazilites, nient qu'Allah parle réellement. Leur nom en vint à être associé pour l'éternité à ceux qui nient le caractère créé du Coran.

7. Il y eu de nombreuses disputes sur le point de savoir si finalement Abû Hanîfa soutint le doctrine du Coran incréé (cf. Momen, 1986).

8. Les acharites, dont le nom vient de celui de Abû al-Hasan al-Ash'ari (mort en 324/935), le théologien renommé de Bassora, sont les théologiens héritiers de Ibn Hanbal, dont ils utilisent les méthodes du *kalâm*, qu'il dénonçait, afin de parvenir à ses conclusions.

9. On raconte que al-Ash'ari écrivit un commentaire sur cette question dans lequel il explique chaque verset utilisé par ses adversaires d'une manière telle que sa nouvelle interprétation vient à l'appui de ses propres positions.

10. Les mu'tazilites furent loin d'être ces libéraux éclairés que l'érudition occidentale vit en eux à ses débuts. Leur arrogance implacable et leur autosatisfaction se manifestent à l'évidence dans leur idée de *akfir al-awam*, à savoir que les masses sont incroyantes en raison de leur manque de raffinement dans la connaissance. La conviction d'un mu'tazilite pieux, Abû Mûsâ al-Murdar, selon laquelle lui seul et trois de ses disciples seraient capables d'entrer au paradis, quoique assez exceptionnelle, n'en reste pas moins la conséquence logique de cette arrogance mu'tazilite (cf. Shahrastâni, 1961, 1 : 51).

11. Avec la notion de *bila kayfa*, Ibn Hanbal tente de résoudre le conflit entre raison et révélation, et elle fut en particulier utilisée pour « expliquer » les expressions en apparence anthropomorphiques dans le Coran. Tel est aujourd'hui le point de vue admis par l'orthodoxie. Ibn Hanbal, plus qu'aucun des trois autres éminents juristes éponymes sunnites, finit pourtant par exprimer une position théologique particulière : le littéralisme et l'acceptation du dogme sans investigation.

12. Al-Lat était une déesse adorée à Ta'if, al-Uzza et Nakhla, près de La Mecque, et Manat avait son lieu de pèlerinage entre La Mecque et Médine.

13. Wansbrough, cohérent avec son cadre de référence général consis-

tant à situer les approches musulmanes de la révélation dans un contexte scripturaire juif, décrit la *sunna* comme une *mishna*, qui est « un élément de plus dans le syndrome mosaïque de la prophétologie musulmane » (1977, p. 57).

14. Des dizaines de milliers de hadiths furent par exemple attribués à Abû Hurayra (mort en 57 ou 58/676-677), un Compagnon qui n'avait passé que trois ans en compagnie du Prophète. Muhammad Mustafa al-'Azami estime qu'il existe environ sept cent cinquante mille hadiths (1978, p. xix).

15. Brown remarque que « l'expansion de la contrefaçon fut extraordinaire. Les contrefacteurs apparurent déjà du vivant du Prophète, malgré la mise en garde selon laquelle quiconque répandrait des mensonges à son sujet irait brûler en enfer. Pendant le califat de 'Umar, le problème devint si sérieux qu'il interdit complètement la transmission de hadiths. C'est seulement sous les Omeyyades – la première dynastie de l'islam qui régna de 661 à 750 – que la contrefaçon connut son plein développement. Ils considéraient les hadiths comme un moyen pour soutenir leur pouvoir et diffusèrent activement des traditions hostiles à 'Alî et favorables à Mu'âwiya [ibn Abî Sufyân (mort en 680), fondateur de la dynastie]. Les Abbassides [qui leur succédèrent] suivirent le même modèle, diffusant des hadiths prophétiques qui prédisaient le règne de chaque dirigeant. En outre, les conflits religieux et ethniques contribuèrent à la contrefaçon de hadiths. On rapporte que les *zanadiqa* – ceux qui professaient l'islam tout en conservant des idées manichéennes, selon ce que nous disent les hérésiographes –, par exemple, ont diffusé douze mille traditions inventées de toutes pièces. L'ampleur du problème se mesure au témoignage des *muhaddithûn* eux-mêmes. Bukhâri lui-même a choisi neuf mille traditions à partir de sept cent mille » (1999, p. 96).

16. Al-'Azami suggère que la première instruction donnée concerne l'interdiction d'écrire le Coran et les textes non coraniques sur la même feuille « parce que cela aurait pu conduire à un malentendu », ou que les gens se voyaient interdire, dans les premiers temps, d'écrire les hadiths car « toute l'attention devait être tournée vers le Coran et sa préservation » (1978, p. 23-24).

17. Certains musulmans, qui rejetaient entièrement l'autorité des hadiths, insistaient sur le fait que l'interdiction prophétique de mettre par écrit ce qu'il disait était toujours en vigueur. Cependant, la grande majorité soutient que l'interdiction fut réelle au début de la mission du Prophète, parce qu'il craignait que les musulmans puissent confondre ces écrits avec la révélation divine, compromettant ainsi l'intégrité du

Coran. Une fois le Coran bien établi comme corpus écrit naissant, l'interdiction fut levée.

18. « Un prophète de Dieu doit posséder la qualité d'infaillibilité, dit Tabâtabâ'i. En recevant la révélation venant de Dieu, en la protégeant et en permettant qu'elle atteigne les gens, il doit être affranchi de toute erreur » (1995, p. 144). Les musulmans sunnites étendent cette infaillibilité à tous les Compagnons en matière de transmission coranique, malgré les différences dans leurs narrations, et les musulmans chiites pensent que, outre les prophètes, seuls les imams sont infaillibles (*ibid.*, p. 185).

19. Wansbrough soutient que cette distinction entre mode répété (*litteratum*) et mode non répété (paraphrase) de révélation est « purement théorique ». « Dans la pratique, la *sunna* comme révélation fut transmise avec d'infinies précautions et fut l'instrument principal grâce auquel la révélation coranique fut reliée à la figure historique d'un prophète arabe » (1977, p. 52).

20. La théologie musulmane distingue généralement entre péchés majeurs et péchés mineurs. Les péchés majeurs sont définis comme ceux pour lesquels le Coran prévoit une sanction juridique particulière. Les autres sont mineurs. Pour les premiers, on peut citer le meurtre, le vol, la diffamation de femmes vertueuses, et l'adultère, alors que les péchés mineurs comprennent l'injure verbale, la malédiction et le mensonge.

21. La toile de fond des points de vue de Graham est la recherche de ce qui était perçu par la première communauté musulmane et de la façon dont l'événement que constituait la révélation y était reçu, plutôt que ce qui était la situation « réelle » ou ce que la révélation était « concrètement ».

6. *Comprendre et interpréter le Coran*

1. Les exceptions à cette règle sont les sourates *al-Baqara (La vache), al-Nisâ (Les femmes), al-Hajj (Le pèlerinage)* et *al-Hujurât (Les appartements).*

2. Traduit par « Ah non ! », ce mot apparaît trente-trois fois dans le Coran, dans quinze sourates, toutes dans la seconde moitié du Coran.

3. Dans *Quranic Studies (Etudes coraniques)*, Wansbrough soutient que le matériau des *asbâb* était réellement une extension de la fonction à l'origine juridique ou, comme aurait dit Wansbrough, « *halakhique* » du Coran [de l'hébreu *halakha*, nom de l'aspect juridique ou normatif de la tradition judaïque, *N.dT.*]. Andrew Rippin examine un certain nombre de textes de « circonstances de la révélation » et en conclut que

l'objectif premier du matériau constitué par la *sabab* n'est pas *halakhique* mais *haggadique* [de l'hébreu *haggada*, qui se rapporte aux récits, en particulier celui de la sortie d'Egypte, à l'aspect narratif, homélitique, etc., de la tradition juive telle qu'elle s'exprime notamment dans le Talmud, *N.dT.*], c'est-à-dire que « les fonctions des *asbâb* contribuent à fournir une interprétation d'un verset dans un contexte narratif large » qui situe l'origine du matériau des *asbâb* dans le cadre des *qussas*, « les conteurs errants et les prêcheurs pieux, et d'une situation de dévotion religieuse essentiellement populaire où de telles histoires se révélaient à la fois agréables et édifiantes » (1988).

4. Les mu'tazilites ont justifié la doctrine du caractère créé du Coran en se fondant sur 2 : 106. Ils ont affirmé que, si le Coran pouvait être sujet à abrogation, alors il ne pouvait pas être éternel. Selon Râzi, certains d'entre eux rejetèrent la théorie du *naskh* (1990, 3-4 : 248).

5. L'œuvre de Nadia Abbot utilise une abondante documentation issue de Fuat Sezgin pour soutenir que le *tafsîr* était chose courante dans les premiers temps de l'islam. Tout en reconnaissant que c'était une activité à laquelle étaient hostiles des gens comme 'Umar, le deuxième calife, elle affirme que cette opposition se limitait à quelques types de versets particuliers, comme les versets ambigus.

6. Ce terme, comme celui de *tafsîr*, était également appliqué aux commentaires arabes et grecs d'Aristote, de même qu'aux explications des vers dans la poésie antéislamique. Goldfield a démontré comment la nomenclature de base des concepts pour l'interprétation en islam « semble indiquer une intimité avec ces termes beaucoup plus longue que celle qu'auraient produite les seules quarante ou cent années après le Prophète » (Goldfield, 1993, p. 15).

7. Les premiers exégètes comme Tabari et Mâturidi (mort en 944) utilisaient les termes de façon interchangeable, comme le montrent les titres de leurs commentaires, respectivement *Jami'al-bayân 'an ta'wîl ay al-Qur'ân* et *Jami'al-bayân fî tafsîr al-Qur'ân*. Dans les éditions ultérieures, l'exégèse de Tabari fut rebaptisée *Jami'al-bayân fi tafsîr al-Qur'ân*, révélant ainsi la connotation péjorative attachée ultérieurement au mot *ta'wîl*.

8. Zarkashi, sous l'autorité de Sufyân al-Thawri, cite Ibn 'Abbâs qui aurait admis que le *tafsîr* est de quatre types : 1. ce qui est connu par les Arabes à travers leur langue ; 2. la signification qui est évidente, dont l'ignorance est inexcusable ; 3. ce qui est connu à travers la réflexion intellectuelle (*ijtihâd*) des *'ulamâ*, qu'on appelle aussi le *ta'wîl* ; 4. ce qui n'est connu que de Dieu (1972, 2. 174-180). Même si Zarkashi donne des exemples de chaque type, le critère de cette typologie, également

adoptée par Suyûtî, a peu de sens. Je la mentionne pour signaler la présence de typologies autres que celle qui devait être homologuée ultérieurement comme « orthodoxe ».

9. Birkeland a remarqué que la plupart des chaînes de transmission du *tafsîr* de Tabari ne remontent pas jusqu'aux Compagnons ou au Prophète, mais s'arrêtent vers l'an 100 de l'hégire (cité par Smith, 1975, p. 59). L'accueil fait à Tabari ne se développa vraiment qu'après sa disparition, et l'école juridique qu'il fonda disparut peu après. Il fut à différentes époques attaqué par les hanbalites de Bagdad comme par certains chiites. Il fut salué ultérieurement et universellement par l'« orthodoxie », mais l'historien Yaqut raconte que ses funérailles durent se dérouler de nuit par crainte de la colère de la foule, qui soupçonnait chez lui des tendances chiites.

10. Cette tendance fait remonter à juste titre ses origines aux conséquences du tumulte politique qui s'est produit dans le sillage de l'assassinat de 'Uthmân en 658. Durant une période qui a vu le pillage de Médine et la profanation de la Ka'ba (vers 682), de nombreux musulmans pieux cherchèrent le chemin du renoncement à toutes les aspirations matérielles et de l'isolement, comme moyens de protéger leur foi. Les violentes querelles théologiques décrites au chapitre 4 ont aussi contribué à faire naître cette tendance. « Ces discussions arides, dit Ahmad, laminèrent le rôle subtilement fragile des sentiments humains. L'idée de Dieu qui était ainsi présentée ne pouvait plus apporter chaleur et force à l'âme » (1968, p. 99). Le dédain pour ces gymnastiques dialectiques trouva un écho dans l'affirmation que « la prière des *mutakallimûn* est proche d'exhaler l'athéisme » (*ibid.*).

11. Gatje décrit cela comme une « exégèse parallèle », par laquelle le caractère de réalité de la « signification extérieure » est conservé, en y voyant des « allusions (*ishâra*) qu'il est important de comprendre » (1976, p. 40).

12. « Quant au discours des soufis, dit Suyûtî, ce n'est pas du *tafsîr*. Et si quelqu'un y voit du *tafsîr*, il est alors coupable de *kufr* » (1973, 2 : 184).

13. Je suis redevable à Andrew Rippin de son résumé de ces types dans *The Encyclopedia of Religion*.

14. Il est important de noter que Wansbrough ne pense pas que le *tafsîr* soit réellement étranger au texte du Coran, qu'il appelle l'« *evangelium* muhammadien » (1977, p. 69), le canon s'étant en fait dans une large mesure développé pour devenir ce qui allait plus tard être considéré comme le *tafsîr*.

15. Seules deux figures contemporaines [du Coran] y sont, par

exemple, nommées : Abû Lahab, un oncle du Prophète, et Zayd, son fils adoptif.

16. De l'hébreu *massôrâ*, tradition, la massore est la mise au point critique de la vocalisation du texte de la Bible par les docteurs juifs, entre les sixième et dixième siècles ap. J.-C. (*N.d.T.)*

17. Abû Zayd pense que l'étude du Coran dans une perspective historique et linguistique produira nécessairement des résultats progressifs pour un certain nombre de questions sociales. Il prend ses distances avec les méthodologies de gens comme Tantawi Jawhari, Rashid Rida et Muhammad 'Abduh, qui ont tenté d'interpréter le Coran dans la perspective des nouvelles théories des sciences exactes et/ou des visions de la société relatives à la démocratie, les droits de l'homme et l'égalité entre les sexes. Il affirme qu'ils prennent comme prémices les valeurs contemporaines, plutôt que le contexte sociohistorique du Coran (cf. 1995).

18. Voir mon *Qur'an, Liberation and Pluralism* comme exemple de cette contribution à l'herméneutique coranique.

19. Néologisme fondé sur l'opposition de sens entre les préfixes grecs « *exe* » (vers l'extérieur) et « *eise* » (vers l'intérieur), qui exprime la démarche inverse (s'introduire dans le texte) de l'exégèse (extraire du texte) *(N.d.T.)*.

7. *Croire en le Coran*

1. Par exemple 3 : 56 ; 4 : 57, 122 ; 5 : 9 ; 6 : 48 ; 7 : 42 ; 10 : 9 ; 11 : 23 ; 13 : 29 ; 14 : 23 ; 18 : 30 ; 18 : 107 ; 19 : 60 ; 22 : 50 ; 24 : 55 ; 25 : 70 ; 27 : 58 ; 31 : 8 ; 32 : 19.

2. Par exemple 2 : 281 ; 3 : 24 ; 4 : 40, 85 ; 12 : 56 ; 16 : 111 ; 28 : 84.

3. L'origine du mot *allah* est controversée. Certains pensent qu'il est formé de l'article *al* (la) et de *ila* (divinité), alors que d'autres penchent pour *lah* (secret), donnant *al-lah* (celui qui est un secret). Abû Hanîfa dit que, de même que Allah n'est pas dérivé, et est dans Son essence immuable, ainsi en est-il de Son nom. Si le terme est d'origine arabe, alors il se peut qu'il ait été à l'origine *al-llah* (« le Dieu »). D'autres ont suggéré qu'il aurait pu provenir de l'araméen *'alaha*, « le Dieu » (Gibb & Kramers, 1974, p. 33).

4. La plupart des chrétiens affirment que la doctrine de la Trinité n'équivaut pas au trithéisme, l'adoration de trois dieux (Kung, 1987, p. 90 et s. ; Watt, 1978, p. 21-22 et p. 47-49 ; Basetti-Sani, 1967,

p. 188-193). Certains chrétiens, comme les unitariens, rejettent même toute idée de Trinité.

5. Contrairement au Livre de la Genèse, le Coran ne décrit pas en détail le processus de la création.

6. Le fait que le Coran ne mentionne aucune femme dans ce rôle n'insinue pas que Dieu n'a jamais choisi de femme pour une telle mission. Aucun Noir, aucun Caucasien, aucun Latino-Américain ni aucun Chinois mâle n'est mentionné, sans que cela implique que la possibilité que l'un d'entre eux puisse avoir été envoyé comme prophète soit exclue.

7. De plus en plus, les musulmans engagés dans le dialogue interreligieux situent l'islam dans le contexte de la religion abrahamique.

8. On dit que cela fait référence au mot « *kun !* » (« sois ! »). Dieu a voulu créer Jésus simplement en prononçant ce mot, plutôt que par le biais naturel de la conception, et c'est bien ainsi que les choses se sont passées. « Son ordre, quand Il veut une chose, tient à ce qu'Il dise : "Sois", et elle est » (36 : 82).

9. Asad soutient que « lui » et « sa mort » font référence aux juifs et aux chrétiens. Tous les juifs et les chrétiens croyants réalisent au moment de mourir que Jésus était vraiment un prophète de Dieu – qui n'était ni un imposteur ni le fils de Dieu (1980, p. 135). Selon Yusuf 'Ali, la forme emphatique du verbe « croire » peut également suggérer, dans ce cas, qu'il s'agit d'un devoir imposé aux juifs et aux chrétiens, plutôt que d'un fait (1989, p. 236).

10. La littérature eschatologique musulmane contient des textes abondants sur la vie dans la tombe et, plus particulièrement, sur le châtiment dans la tombe. La plus grande partie de ces textes a été rejetée par des groupes comme les mu'tazilites ou les Ikhwân al-Safâ et par de nombreux savants chiites qui nient toute ressemblance entre ce qui se produit dans la tombe et l'expérience sur terre.

11. L'eschatologie musulmane est remplie de références au *sirât*, un pont au-dessus de l'enfer qu'on doit franchir pour entrer au paradis. Le Coran n'y fait pourtant aucune allusion.

12. Un autre mot que le Coran utilise avec un sens identique est *hawiyya*, c'est-à-dire un abîme, ou un endroit sans fond.

13. L'obscurcissement des visages est aussi mentionné ailleurs comme châtiment de l'enfer : « Le Jour où blanchiront des faces, où noirciront des faces. Quant à ceux de qui elles auront noirci : "Vous M'aviez dénié après avoir cru ? Eh bien ! goûtez le châtiment à raison de votre dénégation" » (3 : 106. Voir aussi 80 : 40-42).

14. Jacques Berque traduit « lieu d'approche », en indiquant que le

mot *mawlâkum* est interprété comme venant de *waly*, « proximité ». Il signale que d'autres comprennent « maître ». *(N.d.T.)*

15. Le fait que soit cachée la nature fugace du paradis est contenu dans le mot lui-même. Dérivé de *j-n-n*, il signifie la dissimulation d'une chose afin qu'elle ne soit pas perçue par les sens. Dans le langage ordinaire, *janna* signifie « jardin » parce que le sol y est caché par l'herbe et les arbres.

16. Il est curieux que ce soit les garçons, et non les filles, qui sont présentés comme symboles d'innocence, et l'absence de plaisirs similaires pour les femmes renforce l'idée que les destinataires essentiels du Coran sont les hommes.

8. La conduite vertueuse selon le Coran

1. Le phénomène du suicide des porteurs de bombes a en général été condamné par les juristes musulmans sur la base de ce texte. Cette position ignore le fait que ceux qui s'en rendent coupables ne sont pas mus par le désespoir, et ne voient pas leur acte comme destiné à mettre fin à leur vie mais comme un acte qui, dans leur logique, prolonge leur vie « réelle » dans la proximité de Dieu. Il est en outre considéré comme un acte de grand courage.

2. Malgré le principe juridique selon lequel toute chose est à la base permise, c'est-à-dire que quelque chose est autorisé sauf s'il a été prohibé, la plupart des savants ont, en se fondant sur l'approbation [explicite] de certaines formes d'union, tiré la conclusion que les autres formes d'accomplissement sexuel sont condamnées par le Coran.

3. Ce verset est invoqué pour un vaste éventail de situations, allant de la prohibition de la poignée de mains entre sexes opposés jusqu'au confinement des femmes dès l'âge de la puberté en passant par la masturbation.

4. Chaque fois qu'un travail concret et sérieux est accompli sur le supposé modèle islamique unique, il manifeste invariablement une ressemblance étroite avec le capitalisme, le discours étant agrémenté de quelques mots arabes et une vigilance suffisante pour qu'aucun investissement direct ne soit fait dans quoi que ce soit d'expressément interdit dans le Coran, comme le jeu ou l'alcool. Les réseaux auxquels ces institutions sont liées tiennent toutefois rarement compte de ces interdits.

5. Les féministes musulmanes ont fait remarquer que le terme arabe *nafs wâhida* est féminin, et qu'il brise donc le mythe de la femme créée

d'un homme pour les hommes. Ce verset se poursuit par « dont il tira pour celle-ci une épouse ».

6. La praxis peut se définir comme « l'action consciente entreprise par une communauté humaine qui a la responsabilité de sa propre détermination politique [...] et fondée sur la façon dont les humains réalisent l'histoire » (Chopp, 1989, p. 137).

7. Voici les quatre versets considérés comme traitant de l'heure des prières quotidiennes : « Accomplis la prière aux deux pointes du jour, et au cours des heures de la nuit (qui leur sont proches) » (11 : 114) ; « Vous qui croyez, que vos droites propriétés et ceux d'entre vous qui n'ont pas encore l'âge de raison vous demandent permission (d'entrer) en trois occurrences : avant la prière de l'aube, alors que vous avez mis bas vos vêtements à la méridienne, et après la prière du soir » (24 : 58) ; « Accomplis la prière entre le déclin du soleil et l'obscurité de la nuit ; la psalmodie du Coran à l'aube : le Coran de l'aube a des témoins » (17 : 78) ; « Soyez assidus aux prières, surtout à la prière médiane » (2 : 238).

8. De nombreux musulmans ont également suggéré que les objectifs du jeûne sont que « chacun réalise à travers sa propre expérience ce que veut dire avoir faim et soif, et sache ainsi vraiment ce que ressent le pauvre » (Asad, 1980, p. 39). Outre que cette idée ne se fonde sur aucun texte coranique, elle semble suggérer que tous les musulmans sont généralement bien nourris et fait du pauvre « l'autre ». Qui plus est, les pauvres ne sont pas dispensés du jeûne.

9. Il existe une autre forme de jeûne, dans laquelle s'engagent de nombreux soufis, qui implique de s'abstenir de parler et d'éviter les relations sociales. On l'appelle *sawm-i Maryam*, le « jeûne de Marie ». Avant que Marie ne reçoive la bonne nouvelle qu'elle aurait un fils, il lui fut prescrit de se retirer du monde : « Lors elle s'isola des siens dans un lieu oriental et se couvrit encore d'eux par un voile » (19 : 16-17).

10. Cette « capacité » est normalement interprétée par rapport aux moyens financiers et à la santé physique. Les musulmans y voient aussi le fait d'être spirituellement préparé, et le sentiment d'un appel personnel.

11. La plupart des musulmans font remarquer que le but de l'extrême simplicité du vêtement est d'éliminer tout signe de distinction sociale quand on se trouve en présence de Dieu. Muhammad Ali va plus loin en suggérant que les femmes voilées doivent enlever leur voile durant le *hajj* parce que le voile était symbole de distinction sociale dans l'Arabie préislamique (1990, p. 393).

Bibliographie

Abû Zayd, Nâsr Hâmid. 1993a. *Mafhûm al-Nass – Dirâsa fi 'ulûm al-Qur'ân (Interpréter le texte – Etudes en sciences coraniques)*, Le Caire, Al-Hay'ah al-Masriyyah al-'Ammah li'l-Kutub.

— 1993 b. « Al-Mar'ah : Ba'd al-Mafqud fi'l-Khitab al-Dîn al-M''asir », dans *Al-Hajar,* 1, 51-83.

— 1995 « Tajdid al-Fikr al-Islami », dans *Al-Hajar,* 3, 6-7.

Adams, Charles. 1976. « Islamic Religious Tradition », dans *The Study of The Middle East,* dirigée par Binder, L., pp. 60-73, New York, Wiley.

— 1987. « The Qur'an – Its Text and History », dans *The Encyclopedia of Religion,* 16 vol., dirigée par Mircea Eliade, 156-176, New York, Macmillan.

Ahmad, Barakat. 1979. *Muhammad and the Jews : A Re-Examination,* New Delhi, Vikas Publishing House.

Ahmad (Jullandari) Rashid. 1968. « Quranic Exegesis and Classical Tafsir », dans *Islamic Quarterly Review,* 12 : 1, 71-119.

Akhtar, Shabbir. 1991. « An Islamic Model of Revelation », dans *Journal for the Study of Islam and Muslim-Christian Relations,* 2 : 1, 95-106.

Ali, Abdullah Yûsuf. 1989. *The Holy Qur'an : Text, Translation and Commentary,* nouvelle édition revue, Washington D.C., Amanah Corporation.

Ali, Muhammad Maulana. 1973. *The Holy Qur'an. Arabic Text with English Translation and Commentary,* Lahore, Ahmadiyyah Anjuman Isha'at Islam.

— 1990. *The Religion of Islam,* Michigan, Ahmadiyyah Anjuman Isha'at Islam.

Anawati, Georges. « Kalam », dans *The Encyclopedia of Religion,* 16 vol., dirigée par Mircea Eliade, vol. 8, 231-242. New York, Macmillan.

Ansari, Fazlur Rahman. 1973. *Qur'anic Foundations and Structure of Muslim Society*, Karachi, World Federation of Islamic Missions.

Arkoun, Mohammed. 1987a. *The Concept of Revelation : From the People of the Book to the Societies of the Book*, Claremont, CA, Claremont Graduate School.

— 1987b. *Rethinking Islam Today*, Washington D.C., Center for Contemporary Arab Studies.

— 1988. « The Concept of Authority in Islamic Thought : « La Hukma illa li-llah' », dans *Islam, State and Society,* dirigé par Ferdinand, K. et Mozaffer, M., pp. 53-73, Londres, Curzon Press.

Asad, Muhammad. 1980. *The Message of the Qur'an*, Gibraltar, Dar al-Andalus.

Askari, Hassan. 1986. « Christian Mission to Islam : A Muslim Response », dans *Journal of International Muslim Minority Affairs,* 7, 314-329.

Asqalani, Ahmad. 'Alî ibn Muhammad Ibn Hajar al-. Non daté. *Fath al-Bari,* 13 vol., Le Caire, Dar al-Kutub.

Ayoub, Mahmud. 1984. *The Qur'an and its Interpreters*, vol. 1, Albany, State University of New York Press.

— 1987. « The Qur'an – Its Role in Muslim Piety », dans *The Encyclopedia of Religion,* 16 vol., dirigée par Mircea Eliade, 12, 176-179, New York, Macmillan.

— 1989. « The Roots of Muslim-Christian Conflict », dans *Muslim World,* 79 : 1, 25-45.

Azami, Muhammad al-. 1974. *Kuttab al-Nabi*, Beyrouth, Al-Maktab al-Islami.

— 1978. *Studies in Early Hadith Literature*, Indiana, American Trust Publications.

Baljon, J. M. S. 1986. *Religion and Thought of Shah Wali Allah Dihlawi (1703-1762)*, Leyde, Brill.

Baqillani, Abu Bakr Muhammad ibn al-Tayyib al-. 1930. *I'jaz al-Qur'an,* Le Caire, Al-Matba'ah al-Salafiyyah.

Basetti-Sani, Julius. 1967. « For a Dialogue Between Christians and Muslims », dans *Muslim World,* 57 : 2, 126-137 et 57 : 3, 186-196.

Bashir, Zakaria. 1978. *The Meccan Crucible*, Londres, Federation of Students Islamic Societies.

Birkeland, Harris. 1955. *Old Muslim Opposition Against Interpretation of the Koran,* Oslo, Kommisjon Hos Jacob Dybwad.

Boullata, Issa J. 1988. « The Rhetorical Interpretation of the Qur'an

– *I'jaz* and Related Topics », dans *Approaches to the History of the Interpretation of the Qur'an,* dirigé par A. Rippin, pp. 139-157, Oxford, Clarendon Press.

Brown, Daniel, 1999. *Rethinking Tradition in Modem Islamic Thought,* Cambridge, Cambridge University Press.

Bukhâri, Muhammad ibn Ismâ'îl, al-. 1981. *Sahih al-Bukhâri,* édité par 'Abd al-Fattah 'Abd al-Hâmid Murad, Le Caire, Maktabah al-Jumhuriyyah al-'Arabiyyah.

Burton, John. 1977. *The Collection of the Qur'an,* Cambridge, Cambridge University Press.

Busti, Abû Sulayman Hamad Ibn Muhammad, al-. 1981. *Ma'alim al-Sunan ai-Imam Abi Dawud,* 6 vol., Beyrouth, Makataba al-'Ilmiyyah.

Chejne, Anwar G. 1968. *The Arabic Language – Its Role in History,* Minneapolis, University of Minnesota Press.

Chopp, Rebecca, S. 1989. *The Praxis of Suffering,* New York, Orbis.

Conrad, Lawrence. 1987 « Abraha and Muhammad », dans *The Quest for the Historical Muhammad,* dirigé par Ibn Warraq, Amherst, Prometheus Books.

Cook, Michael. 1981. *Early Muslim Dogma,* Cambridge, Cambridge University Press.

Cragg, Kenneth. 1971. *The Event* of *the Qur'an : Islam and Its Scripture,* Londres, George Allen and Unwin.

— 1988. *Readings in the Qur'an – Selected and Translated with an Introductory Essay,* Londres, Collins.

Crone, Patricia et Cook, Michael. 1977. *Hagarism – The Making of the Islamic World,* Cambridge, Cambridge University Press.

Dhahabî, Muhammad Husayn. 1979. *Al-Tafsir wa'l-Mufassirun,* 4 vol., Le Caire, Maktab Wahbah.

Encyclopedia of Islam. 1987. 4 vol., dirigée par M. Th. Houtsma *et al.,* Leyde, E.J. Brill.

Encyclopedia of Religion. 1987. 16 vol., dirigée par Mircea Eliade, New York, Macmillan.

Dihlawi, Shâh Walî Allâh. 1952. *Hujjat Allah al-Balighah,* 2 vol., Le Caire, Dar al-Kutub al-Hadithah.

— 1966. *Al-Fawz al-Kabir fi 'UsuI aI-Tafsir,* Karachi, Qadimi Kutub Khana.

Esack, Farid. 1988. *The Struggle,* Johannesburg, Call of Islam.

— 1997. *Qur'an, Liberation and Pluralism,* Oxford, Oneworld.

Fârûqî, Ismâ'îl Raji al-. 1982. *Tawhîd : Its Implications for Thought and Life,* Kuala Lumpur, International Institute of Islamic Thought.

Ford, Peter F. Jr. 1993. « The Qur'an as Sacred Scripture : An Assessment of Contemporary Christian Perspectives », dans *Muslim World,* 92-3 : 2, 142-164.

Gatje, Helmut. 1976. *The Qur'an and its Exegesis, Selected Texts with Classical and Modern Muslim Interpretations,* traduit et dirigé par Alford T. Welch, Londres, Routledge and Kegan Paul.

Geller, Ernest. 1994. « Foreword », dans *Islam, Globalization and Post-Modernity,* dirigé par Akbar Ahmed et Hastings Donnan, pp. xi-xiv, Londres, Routledge.

Gimaret, J. 1986. « Mu'tazilah », dans *Encyclopedia of Islam,* Leyde, Brill, 7 : 783-93.

Goldfield, Y. 1993. « The Development of Theory on Qur'anic Exegesis in Islamic Scholarship », dans *Studia Islamica,* 67 : 5, 5-27.

Goldziher Ignaz. 1981. *Introduction to Islamic Theology and Law,* traduit par Andreas et Ruth Hamori, Princeton, Princeton University Press.

Graham, William A. 1977. *Divine Word and Prophetic Word in Early Islam*, La Haye et Paris, Mouton.

— 1980. « Review of John Wansbrough's Quranic Studies : Sources and Methods of Scriptural Interpretation », dans *Journal of American Oriental Society,* 100 : 2, 137-141.

— 1983. « Those who Study and Teach the Qur'an », dans *International Congress for the Study of the Qur'an,* dirigé par Anthony H. Johns, pp. 9-28, Canberra, Australian National University.

— 1984. « The Earliest Meaning of Qur'an », dans *Die Welt des Islams,* 23-24, 361-377,

Harvey, Van A. « Hermeneutics », dans *The Encydopedia of Religion,* 16 vol., dirigée par Mircea Eliade, 6 : 279-287. New York, Macmillan.

Hassan, Ahmad. 1965. « The Theory of Naskh », dans *Islamic Studies,* 4 : 2, 181-200.

Hermansen, Marcia K. 1985. « Shah Wali Allah of Delhi's *Hujjat Allah al-Balighah :* Tensions Between the Universal and the Particular in an Eighteenth-Century Islamic Theory of Religious Revelation », dans *Studia Islamica,* 63 : 143-157.

Humphreys, Stephen. 1991. *Islamic History – A Framework for Inquiry,* Princeton, Princeton University Press.

Ibn 'Atiyya. 1954. *Muqaddimah fi Ulum al-Qur'an,* dirigé par Arthur Jeffrey, Le Caire, Maktabah al-Khanji.

Ibn Hanbal, Ahmad. 1959. *Musnad Imam Ahmad,* 6 vol., Le Caire, n.p.

Ibn Hazm, Abu Muhammad Ali. Non daté. *Kitab al-Fasl fi al-Milal,* Le Caire, n.p.

Ibn Hishâm, Abu Muhammad. 1985. *Sirah Nabawiyyah,* dirigé par Humam 'Abdur Rahim Sa'id, Amman, Makatabah al-Manar.

Ibn Manzûr, Muhammad ibn Mukarram. 1994. *Lisan al-'Arab,* 13 vol., Beyrouth, Dar al-Sadir.

Ibn Qutaybah, 'Abd Allâh ibn Muslim. 1954. *Ta'wil Mushkil al-Qur'an,* Le Caire, n.p.

Ibn Sa'd, Abu 'Abd Allah Muhammad. 1967. *Kitab al-Tabaqat al-Kabir,* traduit et dirigé par S. Moinul Haq, 2 vol., Karachi, Pakistan Historical Society Publications.

Inayat, Ghazi. 1996. *Huda al-Furqan fi Ulum al-Qur'an,* 4 vol., Beyrouth, 'Alam al-Kutub.

Inqilaab, Ramadan, 1987. Muslim Students Association, University of Cape Town.

Irfani, Shuroosh. 1983. *Revolutionary Islam in Iran – Popular Liberation or Religious Dictatorship ?,* Londres, Zed Publications.

Islahi, Amin Ahsan, 1967-80. *Tadabbur-i-Qur'an,* 8 vol., vol. 1-2 : Lahore, *Dar al-Isha'at al-Islamiyyah,* 1967-1971, vol. 3-4 : Lahore, *Anjuman-i Khuddamu'l-Qur'an,* 1973-1976, vol. 4-8 : Lahore, Faran Foundation, 1977-1980.

Izutsu, Toshihiko. 1966. *Ethico-Religious Concepts in the Qur'an,* Montréal, McGill University Press.

Jawziyya, ibn Qayyim al-. 1895. *I'lam al-Muwaqqi'in,* Delhi, n.p.

Jeffrey, Arthur. 1938. *The Foreign Vocabulary of the Qur'an,* Baroda, Oriental Institute.

Juwayni, 'Abd al-Malik al-. 1948. *Al-'Aqidah ai-Nizamiyya,* dirigé par M. Kawthari, Le Caire, Dar al-Kutub.

Khu'i, Abu'l Qâsim al-Mûsâ wu, al-. 1998. *The Prolegomena to the Qur'an,* traduit par Sachedina, A.A. Oxford, Oxford University Press.

Kung, Hans. 1987. « The Dialogue with Islam as One Model », dans *Muslim World,* 77, 80-95.

Lichtenstadter, Ilse. 1974. « Qur'an and Qur'an Exegesis », dans *Humaniora Islamica,* 11 : 1, 3-28

Lings, Martin. 1983. *Muhammad – His Life Based on the Earliest Sources,* Londres, George Allen and Unwin.

Luxenborg, Christoph. 2000. *Die Syro-Aramaische Lesart des Koran,* Berlin, Verlag Das Arabische Buch.

Mabani, Al-. 1954. *Al-Muqaddimah fi Ulum al-Qur'an,* dirigé par Arthur Jeffery, Le Caire, Dar al-Kutub.

Madelung, Wilfred. 1985. *Religious Schools and Sects in Medieval Islam,* Londres, Variorum Reprints.

Maliki, Ibn al-'Arabi al-. 1980. *'Aridah al-Awazi bi Sharh Sahih ai-Tirmizi,* 8 vol., Beyrouth, Dar al-Fikr.

Manzûr, Muhammad ibn Mukarram ibn al-.1994. *Lisan al-'Arab,* Beyrouth, Dar Lisan al-Arab.

Martin, Richard C., Woodward, Mark R. et Atmaja, Dwi S. 1997. *Defenders of Reason in Islam,* Oxford, Oneworld.

Mawdûdi, Abû al-'Alâ'. 1949-72. *Tafhîm al-Qur'ân,* Lahore, lslamic Publications.

McAuliffe, J.M. 1991. *Qur'anic Christians : An Analysis of Classical and Modem Exegesis,* Cambridge, Cambridge University Press.

Mir, Mustansir. 1986. *Coherence in the Qur'an : A Study of Islahi's Concept of Nazm in Tadabbur-i-Qur'an,* Indianapolis, American Trust Publications.

Momen, Abdur Rahman. 1986. « Imam Abu Hanifah and the Doctrine of *Khalq al-Qur'an », dans Hamdard Islamicus,* 9 : 2, 41-50.

Moore, Albert C. 1993. *Iconography of Religions : An Introduction,* Londres, SCM Press.

Mottahedeh, R. 2001. *The Mantle of the Prophet,* Oxford, Oneworld.

Nasr, Seyyed Hossein. 1987. *Science and Civilization in Islam,* Lahore, Suhail Academy.

Nimr, 'Abd al-Mun'im al-. 1983. *'Ulum al-Qur'an al-Karim,* Beyrouth, Dar al-Kitab al-Lubnani.

Nöldecke, Theodore, *et al.* 1909-38. *Geschichte des Qorans,* 3 vol., Leipzig, Dieterich'se Verlagsbuchhandlung.

Oliver, Roy. 1985. « Fundamentalism, Traditionalism, and Islam », dans *TELOS, 65,* 122-127.

Patton, W. M. 1897. *Ahmad ibn Hanbal and the Mihnah,* Leyde, Brill.

Quasem, Muhammad Abdul. 1979. *The Recitation and Interpretation of the Qur'an – Al-Ghazali's Theory,* Kuala Lumpur, University of Malaysia Press.

— 1983, « Al-Ghazali's Theory of Qur'an Exegesis According to One's Personal Opinion », dans *International Congress for the Study of the Qur'an,* dirigé par Anthony H. Johns, pp. 9-28, Canberra, Australian National University.

Rahman, Fazlur. 1966. *Islam,* Londres, Weidenfield and Nicholson.

— 1978. « Divine Revelation and the Prophet », dans *Hamdard Islamicus,* 1 : 2, 66-72.

— 1980. « Islam : Legacy and Contemporary Challenge », dans *Islamic Studies,* 19.

— 1981. « Roots of Islamic Neo-fundamentalism », dans *Change in the Muslim World,* dirigé par P. H. Soddard, D. C. Cuthell, and M. W. Sullivan, New York, Syracuse University Press.

— 1982. *Islam and Modernity – Transformation of an Intellectual Tradition,* Chicago, University of Chicago Press.

— 1983. « Some Key Ethical Concepts of the Qur'an », dans *Journal of Religious Ethics,* 2 : 2, 170-185.

— 1984. « Some Recent Books on the Qur'an by Western Authors », dans *The Journal of Religion,* 16 : 1 (janvier), 73-95.

— 1986. « Interpreting the Qur'an », dans *Inquiry,* mai, 45-49.

— 1988. « Translating the Qur'an », dans *Religion and Literature,* 20 : 1, 23-30.

— 1989. *Major Themes of the Qur'an,* Minneapolis, Bibliotheca Islamica.

— 2001. « Approaches to Islam in Religious Studies : Review Essay », dans *Approaches to Islam in Religious Studies,* dirigé par Richard C. Martin, pp. 189-202, Oxford, Oneworld.

Râzi, Fakhr al-Dîn al-. 1990. *Tafsir al-Fakhr al-Razi,* 32 vol., La Mecque, al-Maktabah al-Tijariyyah.

Rida, Muhammad Rashid. 1980. *Tafsir al-Manar,* Beyrouth, Dar al-Ma'rifah.

Rippin, Andrew 1981. « Ibn 'Abbas' *Gharib al-Qur'an* », dans *Bulletin for School of Oriental and African Studies,* 44, 323-333.

— 1987. « Tafsir », dans *The Encyclopedia of Religion,* 16 vol., dirigée par Mircea Eliade, vol. 8, pp. 236-244, New York, Macmillan.

— 1988a. « The Function of Asbab al-Nuzul in Qur'anic Exegesis », dans *Bulletin of the School of Oriental and African Studies,* 51, 1-20.

— 1988b. *Approaches to the History of the Interpretation of the Qur'an,* Oxford, Clarendon Press.

— 2001. « Literary Analysis of Qur'an, Tafsir and Sira – The Methodologies of John Wansbrough », dans *Approaches to Islam in Religious Studies,* dirigé par Richard C. Martin, pp. 151-163, Oxford, Oneworld.

Rippin, Andrew et Knappert, Jan (direction et traduction). 1990. *Textual Sources for the Study of Islam,* Chicago, University of Chicago Press.

Rodinson, Maxime. 1980. *Muhammad,* New York, Pantheon Books.

Rubenstein, Richard. 2000. *When Jesus Became God – The Struggle to Define Christianity in the Last Days of Rome*, New York, Harcourt.

Ruhl, F. 1987. « Koran », dans *Encyclopedia of Islam, 4* vol., 4 : 1063-1076. Leyde, Brill.

Rushdie, Salman. 1988. *The Satanic Verses,* Londres, Penguin.

Sawwaf, Mujahid Muhammad, al-. 1979. « Early Tafsir – A Survey of Qur'anic Commentary up to 150 A.H. », dans *Islamic Perspectives :*

Studies in Honour of Sayyid Abul 'Ala Mawdudi, dirigé par Ahmad, Khurshid and Ansar, Zafar, pp. 135-146, Leicester, Islamic Foundation.

Schleifer, Abdullah. 1982-4. « Understanding Jihad : Definition and Methodology », dans *Islamic Quarterly,* 27 : 1, 118-31 ; 27 : 4, 173-203 ; 28 : 1, 87-101 ; 28, 136-49.

Sells, Michael. 1999. *Approaching the Qur'an,* Ashland, Whitecloud.

Sezgin, Fuat. 1967. *Geschichte des Arabischen Schriftums,* 6 vol., Leyde, E.J. Brill.

Shahrastâni, Muhammad 'Abd al-Karim, al-. 1961. *Al-Milal wa al-Nihal,* 2 vol., dirigé par Muhammad Sayyid Kailani, Beyrouth, Dar al-Ma'rifah.

Shorter Encyclopedia of Islam. 1974. Dirigée par Gibb, H.A.R. et Kramers, J.H. Leyde, Brill.

Siddiqi, Mohammed Mazheruddin. 1972. *Women in Islam,* Lahore, Institute of Islamic Culture.

Smith, Jane. 1975. *An Historical and Semantic Study of the Term "Islam" as seen in a Sequence of Qur'an Commentaries,* Montana, University of Montana Press.

Smith, Jane L. et Haddad, Yvonne Y. 1981. *Islamic Understanding of Death and Resurrection,* New York, SUNY Press.

Smith, Wilfred Cantwell. 1980. « The True Meaning of Scripture : An Empirical Historian's non-Reductionist Interpretation of the Qur'an », dans *International Journal of Middle Eastern Studies,* 11, 487-505.

Sugirtharaja, R.S. 1990. « Inter-Faith Hermeneutics : An Example and Some Implications », dans *Voices from the Margin – Interpreting the Bible in the World,* dirigé par R.S. Sugirtharaja, pp. 352-363, New York, Orbis.

Suyuti, Jalal al-Din al-. 1973. *Al-Itqan fi Ulum al-Qur'an,* 2 vol., Beyrouth, Maktab al-Thaqafiyyah.

— 1988. *Al-Muhadhdhab fi ma waqa'a fi'l Qur'an min al-mu'arrab,* Beyrouth, Dar al-Kutub al-'Ilmiyah.

Tabari, Abu Ja'far Muhammad ibn Jarir al-. 1989. *Tarikh al-Umam wa'l-Muluk,* Beyrouth, Mu'assasah al-'Alam li'l-Matbu'at.

— 1954. *Jami' al-Bayan 'an Ta'wil Ay al-Qur'an,* dirigé par Mahmud Muhammad Shakir, Le Caire, Mustafa al-Bab al-Halabi.

Tabâtabâ'i, Muhammad Hussayn, al-. 1997. *Al-Mizan fi Tafsir al-Qur'an,* 12 vol., Beyrouth, Al-Hawzah al-'Ilmiyyah.

— 1996. *The Qur'an in Islam,* Le Cap, International Centre for Islamic Studies.

Tayob, Abdulkader. 1995. *Islamic Resurgence in South Africa – The Muslim Youth Movement*, Le Cap, University of Cape Town.

Thompson, Cathleen and Talgar, Aylin. Non daté. *Class Assignment : Connecticut College, 100 Percent Muslim*, n.p.

Torrey, C. C. 1967. *The Jewish Foundations of Islam*, New York, KTAV.

Tracy, David. 1987. *Plurality and Ambiguity : Hermeneutics, Religion, Hope,* San Francisco, Harper and Row.

Umari, Akram Diya', al-. 1991. *Madinan Society at Time of the Prophet,* 2 vol., traduit par Huda Khattab, Hemdon, Virginie, Institute of Islamic Thought.

Vollers, Karl. 1906. *Volksprache und Schriftsprache im alten Arabien,* Strasbourg, Karl J. Trubner.

Von Denffer, Ahmad. 1983. *'Ulum al-Qur'an – An Introduction to the Sciences of the Qur'an,* Leicester, Islamic Foundation.

Wansbrough, J. 1977. *Quranic Studies : Sources and Methods of Scriptural Interpretation,* Oxford, Oxford University Press.

Watt, W. Montgomery. 1950. « Early Discussions About the Qur'an » dans *Muslim World,* 60, 20-39 ; 61, 97-105.

— 1953. *Muhammad at Medina,* Oxford, Clarendon Press.

— 1969. *Islamic Revelation in the Modern World,* Edimbourg, Edinburgh University Press.

— 1978. « Thoughts on Muslim-Christian Dialogue », dans *Hamdard Islamicus,* 1 : 1, 1-52.

— 1994. *Companion to the Qur'an,* Oxford, Oneworld.

Watt, W. Montgomery et Bell, Richard. 1970. *Introduction to the Qur'an,* Edimbourg, Edinburgh University Press.

Welch, A.T. 1986. « Al-Kur'an », dans *Encyclopedia of Islam,* Leyde, Brill, 5 : 400-29.

Zarkashi, Badruddin Muhammad ibn 'Abd Allah al-. 1972. *Al-Burhan fi Ulum al-Qur'an,* 4 vol. Beyrouth, Dar al-Marifah.

Zarqani, Muhammad 'Abd al-'Azim al-. 1989. *Manahil al-'Irfan fi UIum al-Qur'an,* 4 vol., Le Caire, Makatabah Wahbah.

Index

Remerciements

Aux professeurs Tamara Sonn, Kambiz Ghanea Bassiri, Ebrahim Moosa et Richard Martin pour leur relecture soigneuse du manuscrit et leur soutien permanent pour ce projet comme pour mes autres activités universitaires. Leur feed-back a beaucoup aidé à améliorer ce livre. Les défauts qui y subsistent ne relèvent que de ma responsabilité.

A Muhammad Desai pour sa méticuleuse vérification de mes citations coraniques.

A Stefan Fix, Abdul Kader Riyadi et David Schweichler pour leur aide dans l'identification des sources et des précisions bibliographiques concernant différents chercheurs.

Au Sondernforschungsbereich de l'université de Hambourg, au Séminaire théologique d'Auburn à New York, et au Collège William and Mary de Williamsburg (Virginie) pour leur extraordinaire soutien administratif et dans le travail de recherche, concernant la rédaction de la majeure partie de ce livre.

A Adli Jacobs, Sa'diyya Fakier et Patrice Brodeur pour leur point de vue critique sur mon chapitre introductif.

A mes éditeurs Novin et Juliet Doostdar, et à leurs collègues que j'ai harcelées de tracas, Helen Coward, Victoria Warner et Rebecca Clare, pour leur patience et leur confiance sans limites.

Table

Dans la même collection

Un musulman nommé Jésus,
Tarif Khalidi, trad. Jean-Louis Bour, 2003.

Les Nouveaux Penseurs de l'islam,
Rachid Benzine, 2004.

Composition Nord Compo
et impression Bussière Camedan Imprimeries
en janvier 2004.

N° d'édition : 22238. – N° d'impression : 040269/4.
Dépôt légal : février 2004.
Imprimé en France.